DAS NEUE

ETF
LEXIKON

RICHARD BENO

Inhalt

AUM – Assets Under Management 9
Aktien 11
Aktiendividende 14
Allokations-ETF 16
Alpha 19
Anlageuniversum 21
Arbitrage 23
Auflegender Emittent 25
Ausschüttend 27
Benchmark 28
Benchmarkabweichung 30
Benchmarkindex 33
Bid-Ask-Spread 35
Blockchain-ETFs 38
Bottom-up-Analyse 41
Buy-and-Hold-Strategie 44
Carbon Offset ETF 46
Core 48
Core Exposure 49
Core-Bonds-ETF 51
Core-Satellite-Strategie 53
Covered Bond ETF 56
DAX - Deutscher Aktienindex 58

DR – Developed Markets 60
Dividendenpolitik 62
Dividendenrendite 65
Duration (Laufzeit) 66
EM – Emerging Markets 68
EONIA – Euro OverNight Index Average 70
EPS – Earnings per Share 72
ESG-ETF (Environmental, Social, Governance) 74
ESG-Impact Investing 76
ESG/SRI 78
ETF 80
ETF-Blase 81
ETF-Schließung 83
ETF-Sektorrotation 86
ETF-Sparplan 89
ETFs vs. aktiv gemanagte Fonds 92
Emittentenrisiko 95
FANG – Facebook, Amazon, Netflix, Google (Alphabet) 97
Factor-Exposure 100
Faktor-Investing 103
Faktorbasierte ETFs 105
Fondsauflage 108
Fondsdomizil 110
Fondsgröße 112
Fondsprospekt 114
Frontier Markets ETF 117

Full Replication (Vollständige Nachbildung) ... 120
Governance in ESG-ETFs ... 122
Green Bond ETF ... 125
Growth ... 127
HY – High Yield ... 129
IG – Investment Grade ... 132
IMI – Investable Market Index ... 134
IPO – Initial Public Offering ... 135
Impact-ETFs ... 138
Index ... 141
Indexgewichtung ... 143
Inflation-linked ETF ... 145
Intraday-Handel ... 147
Intraday-Liquidität ... 150
Intraday-NAV (Net Asset Value) ... 152
Inverse ETF ... 153
Investment-Grade ETF ... 155
KIID (Key Investor Information Document) ... 156
Kapitalertragssteuer ... 158
Kapitalfluss ... 159
Kreditrisiko ... 161
Krypto-ETFs ... 163
LIBOR – London Interbank Offered Rate ... 165
Large-Cap ... 167
Leveraged ETF (Hebel-ETF) ... 169
Limit Order ... 172

Liquidationswert 174
Liquidität 177
Long 179
MM – Market Maker 180
MSCI World Index 181
MSCI – Morgan Stanley Capital International 184
Market Maker 186
Market Order 188
Marktbewertung 190
Markteffizienz 193
Markttiming 195
Minimaler Anlagebetrag 197
Momentum-Strategie 200
Multi-Asset-ETF 203
NAV – Net Asset Value 206
NAV-Berechnung 208
Nasdaq 100 210
Nettofondsvermögen 213
Optimierte Indexnachbildung 215
Optimiertes Sampling 218
Orderbuch 220
P/E – Price-to-Earnings Ratio 222
Passive Anlagestrategie 224
Performanceanalyse 227
Portfolio Turnover Rate 229
Portfolio-Überwachung 230

Portfolioallokation 233
Primärmarkt 235
ROA – Return on Assets 237
ROE – Return on Equity 239
Rebalancing 240
Rendite 243
Rendite-Risiko-Verhältnis 245
Renditekompression 247
Rentenstrategie 249
Replikationsmethode 251
Risikoanpassierte Rendite 254
Risikomanagement bei ETFs 256
Risikostreuung 259
Russell 2000 261
S&P 500 Index 263
S&P – Standard & Poor's 265
SRI – Socially Responsible Investing 267
Schließungskosten eines ETFs 269
Sekundärmarkt 271
Sharpe Ratio 273
Short 275
Small-Cap 277
Smart Beta 279
Smart Contract ETFs 282
Sortino Ratio 285
Spread 287

Spread-Engagement 289

Stress-Test bei ETFs 291

Swap-basiertes ETF 294

Swing-Pricing 296

TCO – Total Cost of Ownership 298

TER (Total Expense Ratio) 300

Thesaurierend 303

Top-down-Analyse 305

Total Return Swap 308

Tracking Error 310

Tracking-Index 313

Transition Bond ETF 315

UCITS (Undertakings for the Collective Investment in Transferable Securities) 317

Underlying (Basiswert) 320

VaR – Value at Risk 322

Value 325

Vergleichsindex 327

Volatilität 330

WKN (Wertpapierkennnummer) 333

Wertpapierleihe 335

Währungsgesichert (hedged) 338

Währungsrisiko 340

Zukunft von ETFs 342

AUM – Assets Under Management

"AUM" steht für "Assets Under Management" und beschreibt den Gesamtwert aller finanziellen Vermögenswerte, die ein Investmentfonds oder eine Vermögensverwaltungsgesellschaft im Auftrag ihrer Kunden verwaltet. Diese Vermögenswerte können in unterschiedlichen Anlageklassen wie Aktien, Anleihen, Immobilien oder sogar Rohstoffen investiert sein.

Warum ist AUM wichtig?

Die Kennzahl AUM ist aus mehreren Gründen von Bedeutung:

1. **Größenindikator:** Der AUM-Wert zeigt die Größe eines Investmentfonds oder einer Vermögensverwaltungsgesellschaft. Größere AUM-Zahlen bedeuten in der Regel auch mehr Verwaltungskompetenz und Ressourcen zur Betreuung der Anlagegelder.

2. **Vertrauensindikator:** Ein hoher AUM-Wert signalisiert potenziellen Anlegern, dass viele andere Anleger bereits ihr Vertrauen in diesen Fonds oder diese Gesellschaft gesetzt haben. Dies kann oft als Qualitätssiegel gesehen werden.

3. **Gebührenbasis:** Für viele Investmentfonds und Vermögensverwalter ist die Höhe des AUM entscheidend, da die Verwaltungsgebühren oft als Prozentsatz des verwalteten Vermögens berechnet werden. Je höher die AUM, desto höher die Einnahmen für die Verwaltungsgesellschaft.

Wie wird AUM berechnet?

Die Berechnung von AUM umfasst verschiedene Komponenten. Hier sind die grundlegenden Schritte:

1. **Bewertung der Vermögenswerte:** Zunächst werden die aktuellen Marktwerte aller von der Gesellschaft verwalteten Anlagen ermittelt. Das umfasst Aktien, Anleihen, Immobilien und andere Vermögenswerte.

2. **Zuflüsse und Abflüsse:** Einflüsse neuer Investitionen werden hinzugefügt, während Abhebungen oder Verkäufe abgezogen werden.

3. **Marktentwicklung:** Veränderungen durch Kursgewinne oder -verluste der im Portfolio enthaltenen Anlagen werden ebenfalls berücksichtigt.

Beispielhafte Berechnung:

Nehmen wir an, ein ETF hat zu Jahresbeginn Vermögenswerte im Wert von 100 Millionen Euro. Im Laufe des Jahres fließen weitere 20 Millionen Euro durch neue Investitionen hinzu, und es werden Anteile im Wert von 10 Millionen Euro verkauft. Außerdem steigt der Wert der gehaltenen Vermögenswerte um 15 Millionen Euro. Der AUM würde dann folgendermaßen berechnet:

Anfangsbestand: 100 Millionen Euro

+ Zuflüsse: 20 Millionen Euro

- Abflüsse: 10 Millionen Euro

+ Marktgewinne: 15 Millionen Euro

Gesamt-AUM: 125 Millionen Euro

Aktien

Aktien sind ein wesentlicher Bestandteil des Finanzmarktes und stellen für viele Menschen eine zugängliche Möglichkeit dar, am wirtschaftlichen Erfolg von Unternehmen zu partizipieren. Einfach ausgedrückt, handelt es sich bei einer Aktie um einen Anteil an einem Unternehmen. Wenn Sie eine Aktie kaufen, erwerben Sie einen kleinen Teil dieses Unternehmens.

Eigentum und Dividenden

Mit dem Erwerb von Aktien werden Sie zu einem Miteigentümer des Unternehmens. Dies bedeutet, dass Sie – je nach Anzahl der gehaltenen Aktien – Anspruch auf einen Teil des Gewinns des Unternehmens haben. Diese Gewinne werden häufig in Form von Dividenden ausgeschüttet. Dividenden sind regelmäßige Zahlungen, die das Unternehmen an seine Aktionäre ausschüttet, in der Regel vierteljährlich, halbjährlich oder jährlich.

Stimmrechte

Als Aktionär haben Sie normalerweise auch ein Stimmrecht in der Hauptversammlung des Unternehmens. Dies erlaubt Ihnen, über wichtige Unternehmensentscheidungen wie die Wahl des Aufsichtsrats oder weitreichende strategische Maßnahmen abzustimmen. Allerdings haben gewöhnliche Anleger oft nur einen sehr kleinen Stimmanteil, solange sie nicht eine erhebliche Menge an Aktien besitzen.

Kursgewinne

Neben den Dividenden können Sie als Aktionär auch von Kursgewinnen profitieren. Der Aktienkurs, also der Preis, den Sie für eine Aktie zahlen müssen, kann steigen oder fallen. Steigt der Kurs nach dem Kauf, können Sie die Aktie später zu einem höheren Preis verkaufen und so einen Gewinn erzielen.

Risiken

Es ist wichtig zu beachten, dass Investitionen in Aktien auch mit Risiken verbunden sind. Der Kurs einer Aktie kann aus verschiedenen Gründen fallen, z. B. durch eine schwache Unternehmensleistung, schlechte Marktnachrichten oder wirtschaftliche Abschwünge. In extremen Fällen besteht das Risiko eines Totalverlusts, wenn das Unternehmen insolvent wird.

Diversifikation

Eine weit verbreitete Strategie zur Risikominimierung ist die Diversifikation. Das bedeutet, dass Sie Ihr Geld in verschiedene Aktien und andere Anlageklassen investieren, anstatt alles auf ein einziges Unternehmen zu setzen. Durch die Verteilung Ihrer Investitionen können Sie das Risiko mindern, durch den Kursverfall einer einzelnen Aktie erheblich geschädigt zu werden.

ETFs und Aktien

Exchange Traded Funds (ETFs) ermöglichen es Ihnen, in einen Korb von Aktien zu investieren. Dies ist besonders für Beginner nützlich, da es eine einfache Möglichkeit bietet, zu diversifizieren. Ein ETF kann Aktien eines bestimmten Indexes, einer Branche oder eines geografischen Bereichs enthalten, was Ihnen eine breite Marktteilnahme ermöglicht, ohne einzelne Aktien auswählen zu müssen.

Der Kauf von Aktien

Um Aktien zu kaufen, benötigen Sie ein Wertpapierdepot, das Sie bei einer Bank oder einem Online-Broker einrichten können.

Über dieses Depot können Sie Aktien an Börsen oder außerbörslichen Handelsplätzen kaufen und verkaufen. Dank der heutigen Technologie ist es einfacher denn je, online Aktien zu handeln, oft sogar mit niedrigen Gebühren.

Durch den Besitz von Aktien können Sie also direkt an der wirtschaftlichen Entwicklung von Unternehmen teilhaben und haben gleichzeitig die Möglichkeit, von deren Erfolgen zu profitieren. Wenn Sie die Risiken verstehen und eine durchdachte Anlagestrategie verfolgen, können Aktien ein wichtiger Baustein für Ihren finanziellen Erfolg sein.

Aktiendividende

Eine Aktiendividende ist eine besondere Form der Dividende, die ein Unternehmen seinen Aktionären ausschüttet. Statt in bar erfolgt die Ausschüttung in Form von zusätzlichen Aktien des Unternehmens. Dies kann für Anleger, insbesondere für Beginner im Bereich der ETFs und Aktien, anfangs etwas verwirrend sein. Lassen Sie uns daher die wichtigsten Aspekte leicht verständlich erklären.

Was ist eine Dividende?

Eine Dividende ist eine Gewinnausschüttung eines Unternehmens an seine Aktionäre. Diese Auszahlung erfolgt in der Regel aus den erwirtschafteten Gewinnen des Unternehmens. Traditionell werden Dividenden in bar gezahlt, aber es gibt auch die Möglichkeit der sogenannten Aktiendividende.

Wie funktioniert eine Aktiendividende?

Bei einer Aktiendividende erhalten Sie als Aktionär zusätzliche Aktien anstatt einer Barausschüttung. Das bedeutet, wenn Sie beispielsweise 100 Aktien eines Unternehmens besitzen und das Unternehmen eine Aktiendividende im Verhältnis 1:10 beschließt, erhalten Sie 10 zusätzliche Aktien. Ihr Gesamtbestand würde somit auf 110 Aktien steigen.

Warum geben Unternehmen Aktiendividenden aus?

Es gibt mehrere Gründe, warum ein Unternehmen sich entscheidet, Aktiendividenden anstelle von Barausschüttungen zu zahlen:

- **Kapitalschonung:** Das Unternehmen spart dadurch Barmittel. Dies ist besonders wichtig, wenn es liquide

Mittel behalten möchte, um z.B. neue Projekte zu finanzieren oder Schulden abzubauen.

- **Wertsteigerung:** Durch die Ausgabe von zusätzlichen Aktien können die Aktionäre von einem potenziellen Kursanstieg profitieren, wenn das Unternehmen erfolgreich ist.

Welche Vorteile haben Sie als Aktionär?

- **Reinvestition:** Sie haben die Möglichkeit, sofort wieder in das Unternehmen zu reinvestieren, ohne dass Sie zusätzliche Transaktionskosten haben.

- **Steuerliche Vorteile:** In einigen Ländern können Aktiendividenden steuerlich günstiger behandelt werden als Barauszahlungen.

Was sind die Nachteile?

- **Verwässerung:** Die Gesamtzahl der Aktien im Umlauf wird erhöht, was eine Verwässerung des Anteils jedes bestehenden Aktionärs bedeutet. Damit können auch Ihre Stimmrechte und der pro Aktie erzielte Gewinn gesenkt werden.

- **Marktwert:** Obwohl Sie mehr Aktien erhalten, kann der Wert einer einzelnen Aktie proportional sinken, sodass der Gesamtwert Ihrer Investition zunächst unverändert bleibt.

Allokations-ETF

Ein Allokations-ETF (Exchange Traded Fund) ist ein börsengehandelter Fonds, der sich auf die Aufteilung (Allokation) von Anlageklassen konzentriert. Im Gegensatz zu ETFs, die in eine bestimmte Branche oder Region investieren, zielt ein Allokations-ETF darauf ab, eine ausgewogene Mischung von Vermögenswerten zu bieten, um das Risiko zu streuen und stabile Renditen zu erzielen.

Was ist eine Allokation?

Allokation bedeutet im Finanzwesen die Verteilung von Ressourcen oder Anlagen auf verschiedene Investitionen. Diese Verteilung kann in mehrere Vermögensklassen wie Aktien, Anleihen, Rohstoffe und Immobilien erfolgen. Durch die Diversifikation versucht man, das Risiko zu minimieren. Beispielsweise können Aktien in einem Bärenmarkt fallen, während Anleihen stabil oder sogar steigen können. Eine gute Allokation hilft somit, Verluste in einem Bereich durch Gewinne in einem anderen Bereich auszugleichen.

Warum Allokations-ETFs?

Sie sind besonders für Anleger interessant, die ein einziges Anlageprodukt suchen, das eine breite Diversifikation bietet. Anstatt viele unterschiedliche Fonds oder Einzelinvestitionen zu tätigen, kann ein Anleger einfach einen Allokations-ETF kaufen. Das spart Zeit und mögliche Transaktionskosten. Darüber hinaus besteht der Vorteil, dass das Management des ETFs regelmäßig die Zusammensetzung überprüft und anpasst, um das angestrebte Risikoprofil zu halten.

Welche Arten von Allokations-ETFs gibt es?

Allokations-ETFs können sehr unterschiedlich aufgebaut sein. Einige können einen festen Prozentsatz in verschiedenen Anlageklassen halten, zum Beispiel 60% Aktien und 40% Anleihen. Andere könnten dynamisch angepasst werden, je nach Marktlage oder bestimmten Kriterien, die der Fondsmanagementgesellschaft wichtig sind. Es gibt auch Allokations-ETFs, die auf spezielle Zielsetzungen ausgerichtet sind, wie etwa "wachstumsorientiert" oder "konservativ".

Wie funktioniert die Auswahl der Anlagen?

Die Fondsmanager eines Allokations-ETFs wählen die einzelnen Anlagen gemäß den Zielen und Richtlinien des Fonds. Dabei berücksichtigen sie vor allem die Risiko-Rendite-Eigenschaften der verschiedenen Anlageklassen. Zum Beispiel könnte ein konservativer Allokations-ETF mehr in Anleihen und weniger in Aktien investieren, um das Risiko zu mindern. Ein aggressiverer Allokations-ETF könnte hingegen einen höheren Aktienanteil haben, um höheres Wachstumspotenzial zu bieten.

Für wen sind Allokations-ETFs geeignet?

Allokations-ETFs sind ideal für Anleger, die eine einfache und zeitsparende Möglichkeit suchen, in ein breit diversifiziertes Portfolio zu investieren. Sie eignen sich sowohl für neue Anleger als auch für diejenigen, die keine Zeit oder Expertise haben, um ein umfangreiches Anlageportfolio selbst zu verwalten. Durch einen einzigen Investment können Sie von einer umfassenden Streuung profitieren, was das Risiko minimieren kann.

Vor- und Nachteile von Allokations-ETFs

Vorteile:

- **Diversifikation:** Breite Streuung der Anlagen über verschiedene Anlageklassen.

- **Einfachheit:** Einfache Möglichkeit, ein ausgewogenes Portfolio zu halten.

- **Kosteneffizienz:** Reduziert die Notwendigkeit mehrerer einzelner Investitionen und senkt potenziell die Transaktionskosten.

- **Professionelles Management:** Regelmäßige Anpassung des Portfolios durch Experten.

Nachteile:

- **Kosten:** Obwohl günstiger als viele aktiv gemanagte Fonds, können Allokations-ETFs höhere Gebühren als rein passive ETFs haben.

- **Flexibilität:** Sie haben weniger Kontrolle über die individuelle Zusammenstellung Ihres Portfolios.

- **Abhängigkeit vom Fondsmanager:** Die Leistung hängt stark von den Entscheidungen und Fähigkeiten des Fondsmanagements ab.

Durch die Investition in einen Allokations-ETF können Sie also eine bequeme und breite Diversifikation erreichen, die Ihnen hilft, langfristig stabile Renditen zu erzielen und gleichzeitig Ihr Risiko zu minimieren.

Alpha

Alpha ist ein wichtiger Begriff in der Finanzwelt, insbesondere wenn es um Anlagen wie Exchange Traded Funds (ETFs) geht. Wenn man von Alpha spricht, meint man damit die Leistung oder Rendite eines Investments im Vergleich zu einem bestimmten Referenzwert oder Benchmark. In anderen Worten, Alpha zeigt, wie gut oder schlecht ein Investment im Vergleich zu einem allgemein akzeptierten Standard abgeschnitten hat.

Stellen Sie sich vor, Sie haben in einen ETF investiert, der den deutschen Aktienindex DAX nachbildet. Der DAX dient hier als Benchmark. Wenn Ihr ETF im Laufe eines Jahres eine Rendite von 10 % erzielt und der DAX nur eine Rendite von 8 % erzielt, dann haben Sie ein Alpha von +2 %. Das bedeutet, Ihr Investment hat um 2 Prozentpunkte besser abgeschnitten als der DAX.

Alpha wird oft in Prozent angegeben, kann aber auch in anderen Maßeinheiten wie Punkten oder Dollar ausgedrückt werden, je nachdem, wie die Leistung des Investments gemessen wird. Ein positives Alpha bedeutet, dass das Investment besser als der Benchmark abgeschnitten hat, während ein negatives Alpha darauf hinweist, dass es schlechter war.

Warum ist Alpha wichtig?

Alpha ist eine nützliche Kennzahl, um die Qualität eines Investments oder eines Fondsmanagers zu bewerten. Ein Fondsmanager, der regelmäßig ein hohes Alpha erzielt, beweist damit seine Fähigkeit, durch geschickte Auswahl und Timing überdurchschnittliche Renditen zu erzielen. Für Sie als Anleger ist ein positiver Alpha-Wert ein Zeichen dafür, dass der Manager oder der ETF Ihnen helfen könnte, Ihre finanziellen Ziele zu erreichen.

Wie kann man Alpha berechnen?

Die Berechnung des Alphas kann etwas komplexer sein, weil sie nicht nur die Rendite des Investments und des Benchmarks berücksichtigt, sondern auch das Risiko. Eine beliebte Methode zur Berechnung des Alphas ist die sogenannte Kapitalmarktlinie (Capital Asset Pricing Model, CAPM). Hierbei wird nicht nur die Differenz in der Rendite, sondern auch das systematische Risiko (Beta) berücksichtigt.

Hier ist eine vereinfachte Formel zur Berechnung des Alphas:

Alpha = (Rendite des Investments - Risikofreier Zinssatz) - (Beta * (Rendite des Benchmarks - Risikofreier Zinssatz))

Was bedeutet das für Sie als Anleger?

Ein positiver Alpha-Wert ist ein gutes Zeichen, aber er soll nicht das einzige Kriterium für Ihre Investmententscheidung sein. Es ist ratsam, auch andere Kennzahlen wie Beta, Sharpe Ratio und die Gesamtkostenquote (TER) zu beachten. All diese Kennzahlen bieten Ihnen ein umfassenderes Bild der Performance und des Risikos eines Investments.

Anlageuniversum

Das Anlageuniversum ist ein Begriff, den Sie im Zusammenhang mit ETFs (Exchange Traded Funds) oft hören werden. Einfach gesagt, beschreibt das Anlageuniversum die Gesamtheit aller Finanzinstrumente, in die ein bestimmter ETF investieren kann. Diese Finanzinstrumente können Aktien, Anleihen, Rohstoffe oder andere Vermögenswerte sein.

Stellen Sie sich das Anlageuniversum als eine Art „Speisekarte" vor, aus der ein ETF auswählen kann, was er „kaufen" möchte. Die Auswahl, die auf dieser „Speisekarte" steht, hängt von den Regeln und der Struktur des ETF ab. Ein ETF, der in europäische Technologiefirmen investiert, wird also ein Anlageuniversum haben, das aus diesen speziellen Aktien besteht. Ein anderer ETF, der vielleicht weltweit in nachhaltige Unternehmen investiert, hat entsprechend ein globales Anlageuniversum mit solchen Firmen.

Warum ist das Anlageuniversum wichtig?

Das Anlageuniversum ist wichtig, weil es den Rahmen definiert, innerhalb dessen ein ETF arbeitet. Wenn Sie einen ETF kaufen, möchten Sie wissen, in welche Arten von Finanzinstrumenten oder Unternehmen Ihr Geld fließt. Ein klares Verständnis des Anlageuniversums hilft Ihnen dabei, besser zu verstehen, wie Ihr Geld angelegt wird und welche Risiken damit verbunden sein könnten.

Was beeinflusst das Anlageuniversum?

Das Anlageuniversum wird in der Regel durch den Referenzindex bestimmt, dem ein ETF folgt. Ein Referenzindex ist ein Korb von Wertpapieren, der die Leistung eines bestimmten Marktsegments misst. Beispielsweise verfolgt ein ETF, der dem DAX (Deutscher Aktienindex) folgt, ein

Anlageuniversum, das die 40 größten und umsatzstärksten Unternehmen in Deutschland umfasst.

Ein weiteres Beispiel ist ein ETF, der auf den S&P 500 Index basiert. In diesem Fall besteht das Anlageuniversum aus den 500 größten börsennotierten Unternehmen in den USA. Manche ETFs haben sehr spezialisierte Anlageuniversen. Beispielsweise könnte ein ETF, der auf erneuerbare Energien fokussiert ist, nur in Unternehmen investieren, die im Bereich Solarenergie, Windkraft oder andere erneuerbare Energiequellen tätig sind.

Es gibt auch ETFs mit einem sehr breiten Anlageuniversum, die in eine Vielzahl von Anlageklassen und Regionen investieren. Solche breit angelegten ETFs bieten oft ein hohes Maß an Diversifikation, was das Risiko senken kann, weil das Geld auf viele verschiedene Anlagen verteilt wird.

Wie finden Sie Informationen zum Anlageuniversum?

Die Information über das Anlageuniversum eines ETF finden Sie in den Fondsunterlagen, speziell im sogenannten „Fondsprospekt" und in den „Factsheets". Diese Dokumente bieten detaillierte Informationen darüber, welche Arten von Vermögenswerten der ETF kaufen darf und welche Anlagestrategie verfolgt wird. Viele ETF-Anbieter stellen diese Dokumente auf ihren Websites bereit.

Arbitrage

Arbitrage ist ein Begriff aus der Finanzwelt, der eine spezielle Handelsstrategie beschreibt, bei der Investoren versuchen, Gewinne aus Preisunterschieden für das gleiche Vermögenswert in verschiedenen Märkten zu erzielen. Diese Preisunterschiede können durch unterschiedliche Börsen, Länder oder Handelsplattformen entstehen.

Stellen Sie sich vor, dass ein ETF (Exchange Traded Fund), der den gleichen Korb von Aktien repräsentiert, an zwei verschiedenen Börsen gehandelt wird - zum Beispiel an der Börse in Frankfurt und an der Börse in New York. In seltenen Fällen kann es vorkommen, dass der Preis des ETFs an der Frankfurter Börse geringfügig niedriger ist als an der New Yorker Börse. Ein Arbitrageur, also ein Händler, der Arbitrage betreibt, würde diesen Moment nutzen, um den ETF in Frankfurt zu einem niedrigeren Preis zu kaufen und ihn gleichzeitig in New York zu einem höheren Preis zu verkaufen. Die Differenz zwischen diesen beiden Preisen stellt den Gewinn dar.

Arbitrage ist jedoch nicht so einfach durchzuführen. Es erfordert schnelle Entscheidungen und oft sehr spezialisierte Kenntnisse und Technologien, um diese Preisunterschiede auszunutzen. Diese Unterschiede sind in der Regel sehr klein und bestehen oft nur für Sekunden oder Minuten, daher müssen Arbitrageure extrem effizient handeln.

Es gibt verschiedene Formen der Arbitrage:

- **Reine Arbitrage**: Dies ist die klassische Form der Arbitrage, bei der ein und derselbe Wertgegenstand gleichzeitig zu verschiedenen Preisen in verschiedenen Märkten gehandelt wird.

- **Risikobehaftete Arbitrage**: Dabei handelt es sich um Geschäfte, bei denen der Händler eine Position übernimmt, die mit bestimmten Risiken verbunden ist, z.B. bei fusionierenden Unternehmen.

- **Zinsarbitrage**: Dies bezieht sich auf das Ausnutzen von Zinsunterschieden zwischen verschiedenen Märkten oder Finanzinstrumenten.

Für normale Anleger kann Arbitrage oft komplex und riskant sein. Da viele professionelle Händler und institutionelle Anleger fortschrittliche Algorithmen und schnelle Handelsplattformen nutzen, um Arbitragemöglichkeiten auszunutzen, werden diese Preisunterschiede schnell behoben. Dennoch ist es eine wichtige Strategie, die zur Effizienz und Preisgleichheit der Finanzmärkte beiträgt.

Auflegender Emittent

Ein auflegender Emittent ist eine Institution oder ein Unternehmen, das einen börsengehandelten Fonds (ETF) kreiert und auf den Markt bringt. Dieser Prozess wird als „Auflegung" des ETFs bezeichnet. Im Wesentlichen handelt es sich dabei um den Herausgeber und Verwalter des ETFs.

1. Was macht ein auflegender Emittent?

    o **Erstellung des ETFs:** Zunächst entwickelt der Emittent die Struktur und Strategie des ETFs. Hierbei entscheidet er, welche Werte (zum Beispiel Aktien, Anleihen oder Rohstoffe) der ETF nachbilden soll. Dieser Prozess beinhaltet oft umfangreiche Marktanalysen und Recherchen.

    o **Genehmigung einholen:** Bevor der ETF an der Börse gehandelt werden kann, muss der Emittent verschiedene Genehmigungen von Finanzaufsichtsbehörden einholen. Das gewährleistet, dass der ETF den gesetzlichen Vorschriften entspricht und für den Handel zugelassen wird.

    o **Verwaltung und Überwachung:** Auch nach der Einführung des ETFs übernimmt der Emittent die Verwaltung des Fonds. Das bedeutet, dass er kontinuierlich überwacht, ob der ETF seine Ziele erreicht und die zugrunde liegenden Vermögenswerte entsprechend der festgelegten Strategie verwaltet werden.

2. Beispielhafte Aufgaben eines auflegenden Emittenten:

    o **Marktanalyse:** Untersuchung von Marktbedingungen und Identifizierung von Anlagemöglichkeiten.

    o **Erstellung des Fondsprospekts:** Das ist ein Dokument, das alle wesentlichen Informationen über den ETF enthält, wie Investitionsziele, Strategien, Gebühren und Risiken.

    o **Marketing und Vertrieb:** Entwicklung von Strategien zur Vermarktung des ETFs an Anleger und Durchführung von Informationskampagnen.

3. Warum ist der auflegende Emittent wichtig?

Der auflegende Emittent spielt eine zentrale Rolle im Lebenszyklus eines ETFs. Nicht nur initiiert und verwaltet er den ETF, sondern stellt auch sicher, dass er effizient arbeitet und den Anlegern gutes Verhältnis von Risiko und Rendite bietet.

Zu den bekanntesten auflegenden Emittenten gehören Finanzinstitute wie Vanguard, BlackRock (iShares), und State Street Global Advisors (SPDR). Diese Unternehmen haben Jahre lange Erfahrung und Expertise im Bereich der ETFs und sind bekannt für ihre zuverlässigen und vielfältigen Anlageprodukte.

Durch die Tätigkeit des auflegenden Emittenten ist gewährleistet, dass ETFs eine attraktive und transparente Möglichkeit darstellen, in verschiedene Märkte und Anlageklassen zu investieren.

Ausschüttend

Ein ausschüttender ETF (Exchange Traded Fund) ist ein börsengehandelter Fonds, der die Erträge, die er durch Dividenden und Zinsen erhält, an die Anleger weitergibt. Wenn Sie in einen ausschüttenden ETF investieren, bedeutet dies, dass Sie regelmäßig Zahlungen erhalten, die in der Regel monatlich, vierteljährlich, halbjährlich oder jährlich erfolgen. Diese Zahlungen bestehen aus Dividenden, die von den Aktien im ETF-Portfolio stammen, sowie aus Zinsen von Anleihen, falls der ETF auch Anleihen enthält.

Stellen Sie sich vor, der ETF ist ein großer Korb, der viele verschiedene Aktien und Anleihen enthält. Wenn diese Unternehmen Dividenden ausschütten oder Zinsen zahlen, sammelt der ETF diese Beträge ein. Bei einem ausschüttenden ETF gibt der Fonds diese gesammelten Beträge dann direkt an Sie als Anleger weiter. Diese Ausschüttungen werden oft als Dividendenzahlungen auf Ihr Konto gebucht.

Ein großer Vorteil eines ausschüttenden ETFs ist, dass er Ihnen ein zusätzliches Einkommen bieten kann. Diese regelmäßigen Zahlungen können besonders attraktiv für Anleger sein, die ein Einkommen aus ihren Investitionen generieren möchten, sei es für den Lebensunterhalt oder um bestimmte Ausgaben zu decken. Zum Beispiel können Rentner von den regelmäßigen Ausschüttungen profitieren, um ihre Rente aufzustocken.

Allerdings sollten Sie auch die steuerlichen Aspekte bedenken. In vielen Ländern müssen Sie auf diese Ausschüttungen Steuern zahlen. Es ist daher wichtig, die steuerlichen Regelungen in Ihrem Land zu kennen und möglicherweise einen Steuerberater zu konsultieren.

Benchmark

Ein Benchmark ist ein wichtiger Bezugspunkt in der Finanzwelt, insbesondere wenn es um die Bewertung der Performance von Investitionen wie zum Beispiel Exchange Traded Funds (ETFs) geht. Stellen Sie sich eine Benchmark als einen Maßstab oder Vergleichsindex vor, den Sie verwenden können, um festzustellen, wie gut oder schlecht eine bestimmte Investition abgeschnitten hat.

In der Welt der ETFs ist eine Benchmark meist ein spezifischer Aktien- oder Anleihenindex. Dieser Index enthält eine Auswahl an Wertpapieren, die nach bestimmten Kriterien zusammengestellt wurden. Ein beliebtes Beispiel dafür ist der S&P 500 Index, der die 500 größten börsennotierten Unternehmen in den USA abbildet. Wenn ein ETF diesen Index als Benchmark verwendet, bedeutet das, dass der ETF versucht, die Wertentwicklung des S&P 500 so genau wie möglich nachzubilden.

Warum ist eine Benchmark wichtig? Eine Benchmark hilft Ihnen als Anleger zu verstehen, ob Ihre Investition besser oder schlechter als der Markt im Allgemeinen abgeschnitten hat. Wenn Ihr ETF beispielsweise eine höhere Rendite erzielt als der S&P 500, hat er seine Benchmark "outperformed". Umgekehrt hat er seine Benchmark "underperformed", wenn die Rendite unter der des S&P 500 liegt.

Die Wahl der richtigen Benchmark hängt von der Art der Vermögenswerte ab, in die der ETF investiert. Für Aktien-ETFs könnten gängige Benchmarks Indizes wie der MSCI World oder der Nasdaq 100 sein. Für Anleihen-ETFs könnten es Indizes wie der Bloomberg Barclays US Aggregate Bond Index sein.

Ein weiterer Punkt, den Sie berücksichtigen sollten, ist, dass einige Benchmarks breiter gefasst sind, während andere spezialisierter sind. Ein breiter Index könnte Tausende von Aktien aus verschiedenen Ländern und Sektoren enthalten, während ein spezialisierter Index sich auf bestimmte Regionen oder Industrien konzentriert. Es ist wichtig, die Methodik und Zusammensetzung der Benchmark zu verstehen, die Ihr ETF verwendet, damit Sie eine fundierte Entscheidung treffen können.

Benchmarkabweichung

Die Benchmarkabweichung, auf Englisch auch als „Tracking Error" bezeichnet, ist eine wichtige Kennzahl in der Welt der Exchange Traded Funds (ETFs). Sie hilft Ihnen zu verstehen, wie gut ein ETF seinen zugrunde liegenden Index nachbildet. Lassen Sie uns diesen Begriff Schritt für Schritt auseinandernehmen, um seine Bedeutung besser zu verstehen.

Was ist eine Benchmark?

Zuerst sollten Sie wissen, was eine Benchmark ist. Eine Benchmark ist ein Referenzindex oder -wert, der als Vergleichsmaßstab dient. In der ETF-Welt könnte dies ein bestimmter Aktienindex wie der DAX, der S&P 500 oder der MSCI World sein. Wenn ein ETF beispielsweise den DAX abbilden soll, ist der DAX Ihre Benchmark.

Was bedeutet Abweichung?

Abweichung bezieht sich darauf, wie weit die Performance des ETFs von dieser Benchmark entfernt ist. Ein ETF sollte idealerweise genau die gleiche Rendite erzielen wie der Index, den er abbildet. In der Realität tritt jedoch oft eine kleine Abweichung auf.

Warum tritt eine Benchmarkabweichung auf?

Es gibt mehrere Gründe, warum die Benchmarkabweichung auftreten kann:

1. **Verwaltungskosten**: ETFs haben Verwaltungskosten, die vom Fondsvermögen abgezogen werden. Diese Kosten können die Rendite des ETFs im Vergleich zur Benchmark etwas mindern.

2. **Handelskosten**: Während der ETF Handel mit den im Index enthaltenen Wertpapieren betreibt, können Handelskosten entstehen, die ebenfalls die Performance beeinträchtigen.

3. **Dividenden**: Manche ETFs erhalten Dividenden aus den Aktien, die sie halten. Die Art und Weise, wie diese Dividenden wieder angelegt werden, kann zwischen dem ETF und seiner Benchmark abweichen.

4. **Optimierte Nachbildung**: Manche ETFs nutzen eine Strategie der "optimierten" Nachbildung und halten nur eine repräsentative Auswahl an Werten des Index, anstatt alle Werte. Dies kann ebenfalls zu Abweichungen führen.

5. **Timing-Unterschiede**: Die Zeitpunkte, zu denen ein ETF Wertpapiere kauft und verkauft, können sich von denen des Index unterscheiden.

Wie wird die Benchmarkabweichung gemessen?

Die Benchmarkabweichung wird in der Regel als Standardabweichung der Renditeunterschiede zwischen dem ETF und der Benchmark über einen bestimmten Zeitraum berechnet. Dies geschieht meist auf jährlicher Basis. Eine geringe Benchmarkabweichung bedeutet, dass der ETF die Benchmark sehr genau nachbildet, während eine hohe Benchmarkabweichung darauf hinweist, dass größere Unterschiede bestehen.

Was bedeutet die Benchmarkabweichung für Sie als Anleger?

Für Sie als Anleger ist die Benchmarkabweichung ein wichtiger Indikator für die Qualität eines ETFs. Eine geringe Abweichung zeigt, dass der ETF seine Aufgabe gut erfüllt und nahe an seiner Benchmark bleibt. Das bedeutet, dass Ihre Investition die

Ergebnisse des zugrunde liegenden Indexes sehr genau widerspiegelt. Eine hohe Abweichung könnte dagegen ein Zeichen für höhere Verwaltungskosten oder ineffizientes Management sein.

Wenn Sie ETFs auswählen, ist es daher ratsam, die Benchmarkabweichung als einen von mehreren Faktoren zu berücksichtigen, um sicherzugehen, dass Sie ein möglichst genaues Abbild des Indexes erhalten, in den Sie investieren möchten.

Benchmarkindex

Ein Benchmarkindex ist ein Referenzmaßstab, der es Ihnen ermöglicht, die Leistung eines bestimmten Anlageportfolios oder Finanzprodukts zu bewerten. In der Welt der börsengehandelten Fonds (ETFs) wird dieser Begriff häufig verwendet, um die Zielsetzung eines ETFs zu beschreiben. Wenn ein ETF beispielsweise darauf abzielt, die Wertentwicklung des DAX, des wichtigsten deutschen Aktienindex, nachzubilden, dann ist der DAX der Benchmarkindex dieses ETFs.

Die Hauptaufgabe eines Benchmarkindex besteht darin, Ihnen als Anleger eine Vergleichsgröße zu bieten. Diese Vergleichsgröße hilft Ihnen zu verstehen, wie gut oder schlecht Ihre Anlagen im Vergleich zu einem allgemeinen Marktsegment oder einer bestimmten Anlageklasse abschneiden. Für Beginner ist es besonders wichtig, den Benchmarkindex eines ETFs zu kennen, da er Ihnen hilft, die Erfolgschancen und die Risiken besser einschätzen zu können.

Nehmen wir an, Sie haben einen ETF, der den DAX als Benchmarkindex hat. Wenn der DAX im vergangenen Jahr um 10 % gestiegen ist und Ihr ETF um 9,5 % gestiegen ist, können Sie die Leistung des ETFs als relativ gut betrachten, da sie nahe an der Leistung des Benchmarkindex liegt. Sollte Ihr ETF jedoch nur um 5 % gestiegen sein, wären Sie vielleicht nicht so zufrieden, da er die Leistung des Benchmarkindex deutlich verfehlt hat.

Es gibt viele verschiedene Arten von Benchmarkindizes, die jeweils verschiedene Märkte, Branchen oder sogar Anlageklassen repräsentieren. Zum Beispiel kann ein Benchmarkindex den gesamten US-Aktienmarkt abbilden, wie es der S&P 500 tut, oder sich auf spezifischere Bereiche wie Technologie-Aktien oder Anleihen konzentrieren. Jeder

Benchmarkindex wird mithilfe einer spezifischen Methode und Kriterien zusammengestellt, um sicherzustellen, dass er die Wertentwicklung des Zielmarktes oder -segments angemessen widerspiegelt.

Für Beginner könnte es auch nützlich sein, den Unterschied zwischen einem "breiten" und einem "eng fokussierten" Benchmarkindex zu verstehen. Ein breiter Benchmarkindex wie der MSCI World Index umfasst Hunderte oder sogar Tausende von Aktien aus verschiedenen Ländern und Branchen. Ein eng fokussierter Benchmarkindex hingegen könnte sich auf einen bestimmten Sektor wie Technologie oder auf eine geografische Region wie Asien konzentrieren.

Ein gut gewählter Benchmarkindex kann Ihnen dabei helfen, informierte Entscheidungen zu treffen und Ihre Anlageziele besser zu definieren. Er dient als hilfreiches Werkzeug, um die Leistung Ihrer Investitionen objektiv zu bewerten und gegebenenfalls Anpassungen vorzunehmen.

Bid-Ask-Spread

Der Bid-Ask-Spread ist ein grundlegendes Konzept im Handel mit Finanzinstrumenten, einschließlich Exchange Traded Funds (ETFs).

Was ist der Bid-Ask-Spread?

Der Bid-Ask-Spread ist die Differenz zwischen zwei Preisen: dem "Angebotspreis" (Bid) und dem "Verkaufspreis" (Ask). Der Angebotspreis ist der höchste Preis, den ein Käufer bereit ist, für ein Finanzinstrument zu zahlen. Der Verkaufspreis ist der niedrigste Preis, zu dem ein Verkäufer bereit ist, zu verkaufen.

Einfacher Vergleich

Stellen Sie sich vor, Sie sind auf einem Flohmarkt und möchten ein altes Buch kaufen. Sie bieten 5 Euro (Bid), aber der Verkäufer möchte mindestens 7 Euro (Ask). Der Unterschied von 2 Euro zwischen Ihrem Gebot und dem Preis des Verkäufers ist der Spread.

Warum ist der Spread wichtig?

Der Bid-Ask-Spread ist wichtig, weil er Ihnen Informationen über die Liquidität und die Transaktionskosten eines ETFs gibt:

1. **Liquidität:** Ein kleinerer Spread deutet auf einen liquideren Markt hin, in dem es mehr Käufer und Verkäufer gibt, die bereit sind, zu den aktuellen Preisen zu handeln.

2. **Transaktionskosten:** Jeder Kauf und Verkauf eines ETFs zu Marktpreisen wird durch den Spread beeinflusst. Ein größerer Spread bedeutet höhere verdeckte Kosten für den Anleger.

Beispiel bei ETFs

Nehmen wir an, Sie interessieren sich für einen ETF, der auf den DAX Index basiert. Der aktuelle Bid-Preis für den ETF beträgt 100,00 Euro, und der Ask-Preis beträgt 100,05 Euro. Der Spread beträgt also 0,05 Euro. Wenn Sie diesen ETF kaufen möchten, müssten Sie ihn zum Ask-Preis von 100,05 Euro kaufen. Möchten Sie ihn sofort wieder verkaufen, würden Sie ihn nur zum Bid-Preis von 100,00 Euro verkaufen können. Der Spread stellt die Differenz und also die Kosten dar, die Sie bei der sofortigen Wiederverkaufsaktion verlieren würden.

Faktoren, die den Spread beeinflussen

- **Volatilität:** In Zeiten hoher Marktvolatilität kann der Spread größer werden, da Käufer und Verkäufer unsicherer über den fairen Preis sind.

- **Handelsvolumen:** ETFs mit einem hohen Handelsvolumen tendieren dazu, engere Spreads zu haben, da viele Marktteilnehmer bereit sind, zu handeln.

- **Marktliquidität:** Liquidere Märkte haben generell engere Spreads, während weniger liquide Märkte größere Spreads aufweisen können.

Tipps für Beginner

- **Vergleichen Sie Spreads:** Bevor Sie in einen ETF investieren, vergleichen Sie die Spreads verschiedener ETFs. Engere Spreads bedeuten niedrigere indirekte Kosten.

- **Nutzen Sie Limit-Orders:** Statt Market-Orders, die zum aktuellen Marktpreis ausgeführt werden, könnten Sie Limit-Orders in Betracht ziehen, die Ihnen helfen, den ETF zu einem gewünschten Preis zu kaufen oder zu verkaufen, was die Auswirkungen des Spreads mindern kann.

- **Berücksichtigen Sie Handelszeiten:** Die meisten ETFs haben engere Spreads während der Haupthandelszeiten, wenn der Markt am liquidesten ist.

Durch ein besseres Verständnis des Bid-Ask-Spreads können Sie fundiertere Entscheidungen treffen und die Kosten Ihrer ETF-Investitionen minimieren.

Blockchain-ETFs

Blockchain-ETFs sind börsengehandelte Fonds (ETFs), die in Unternehmen investieren, die im Bereich der Blockchain-Technologie tätig sind. Diese Technologie ist bekannt als die Grundlage für Kryptowährungen wie Bitcoin, geht aber weit darüber hinaus. Lassen Sie uns gemeinsam die wichtigsten Aspekte von Blockchain-ETFs durchleuchten.

Was ist Blockchain-Technologie?

Blockchain ist im Wesentlichen ein digitales und dezentrales Ledger (also eine Art Hauptbuch), das alle Transaktionen in einer bestimmten Datenstruktur aufzeichnet, die als "Blöcke" bezeichnet wird. Diese Blöcke sind chronologisch und kryptografisch miteinander verknüpft. Aufgrund dieser Struktur wird auch die Bezeichnung "Kette von Blöcken" verwendet, also Blockchain.

Was ist ein ETF?

Ein ETF, oder Exchange Traded Fund, ist ein Anlagefonds, der an der Börse gehandelt wird, ähnlich wie eine Aktie. ETFs bündeln Gelder von vielen Anlegern, um in ein diversifiziertes Portfolio von Wertpapieren zu investieren. Dies bietet Ihnen die Möglichkeit, Ihr Risiko zu streuen, ohne in jede einzelne Aktie selbst investieren zu müssen.

Wie funktionieren Blockchain-ETFs?

Blockchain-ETFs investieren speziell in Unternehmen, die sich mit Blockchain-Technologie beschäftigen. Dies können Unternehmen sein, die Blockchain-Anwendungen entwickeln, Blockchain-Netzwerke betreiben oder Dienstleistungen rund um die Blockchain anbieten. Ein Blockchain-ETF könnte also Aktien von Unternehmen wie IBM, Microsoft oder spezialisierteren Firmen wie Riot Blockchain oder Hive Blockchain enthalten.

Vorteile von Blockchain-ETFs

1. **Diversifikation**: Sie investieren nicht nur in ein einziges Unternehmen, sondern in eine Vielzahl von Unternehmen, die im Bereich der Blockchain tätig sind.

2. **Einfachheit**: Sie müssen sich nicht selbst mit dem Kauf einzelner Aktien auseinandersetzen. Ein ETF übernimmt diese Aufgabe für Sie.

3. **Transparenz**: Die meisten ETFs veröffentlichen regelmäßig die Bestandteile ihres Portfolios, so dass Sie genau wissen, in was Sie investieren.

4. **Liquidität**: Da ETFs wie Aktien an der Börse gehandelt werden, können Sie sie jederzeit während der Handelszeiten kaufen und verkaufen.

Risiken von Blockchain-ETFs

1. **Marktvolatilität**: Die Blockchain- und Kryptowährungsbranche ist bekanntermaßen volatil. Dies kann zu schnellen Wertschwankungen der ETFs führen.

2. **Regulatorische Unsicherheit**: Blockchain und Kryptowährungen unterliegen weltweit einer sich ständig ändernden regulatorischen Landschaft. Neue Gesetze oder Regulierungen können erhebliche Auswirkungen auf die Unternehmen in diesem Sektor haben.

3. **Technologisches Risiko**: Da Blockchain-Technologie noch relativ neu ist, besteht die Möglichkeit, dass neue

Technologien diese ersetzen oder wesentlich verbessern, was die aktuellen Blockchain-Unternehmen unter Druck setzen könnte.

Für wen sind Blockchain-ETFs geeignet?

Blockchain-ETFs können für Sie interessant sein, wenn Sie an der Blockchain-Technologie und ihrem Potenzial interessiert sind, aber nicht die Risiken und Schwierigkeiten des direkten Kaufs von Kryptowährungen oder Blockchain-Aktien eingehen möchten. Sie sind besonders geeignet für Anleger, die eine breite Diversifikation anstreben und trotzdem vom Wachstum der Blockchain-Branche profitieren möchten.

Bottom-up-Analyse

Die Bottom-up-Analyse ist eine Analysemethode, die häufig von Investoren und Finanzexperten verwendet wird, um die Qualität und das Potenzial einzelner Unternehmen zu bewerten. Der Schwerpunkt dieser Methode liegt auf der Untersuchung der fundamentalen Daten eines Unternehmens, unabhängig von seiner Branche oder der allgemeinen Marktentwicklung.

Vorgehensweise bei der Bottom-up-Analyse:

1. **Analyse der Unternehmensfinanzen**: Sie beginnen meist mit der Überprüfung der Finanzberichte des Unternehmens. Wichtige Finanzkennzahlen sind beispielsweise der Umsatz, Gewinn, Cashflow und die Verschuldung. Diese Zahlen geben Ihnen einen ersten Einblick in die finanzielle Gesundheit des Unternehmens.

2. **Bewertung des Managements**: Das Management ist ein wesentlicher Erfolgsfaktor für jedes Unternehmen. Sie sollten sich ansehen, wer das Unternehmen leitet, welche Erfahrungen die Führungskräfte mitbringen und welche Strategien sie verfolgen. Gute Managementteams haben oft eine überzeugende Vision und eine erfolgreiche Umsetzungsbilanz.

3. **Produkt- und Dienstleistungsqualität**: Ein weiterer wichtiger Schritt ist die Bewertung der Produkte oder Dienstleistungen, die das Unternehmen anbietet. Fragen, die Sie sich hierbei stellen könnten: Sind die Produkte innovativ? Gibt es eine hohe Nachfrage nach diesen Produkten? Wie ist die Qualitätswahrnehmung bei den Kunden?

4. **Wettbewerbsposition**: Sie sollten auch die Wettbewerbsposition des Unternehmens in seiner Branche analysieren. Dies umfasst Fragen zur Marktstellung, den größten Konkurrenten und den Marktanteil. Ein Unternehmen mit einer starken Wettbewerbsposition hat bessere Chancen, langfristig erfolgreich zu sein.

5. **Zukunftsperspektiven**: Hier geht es um die langfristigen Wachstumsaussichten des Unternehmens. Sie sollten sich mit den geplanten Projekten, den Forschungs- und Entwicklungsanstrengungen und den Expansionsplänen des Unternehmens beschäftigen. Unternehmen mit guten Zukunftsperspektiven können nachhaltig wachsen und ihre Gewinne steigern.

6. **Kurs-Gewinn-Verhältnis (KGV)**: Das KGV ist eine wichtige Kennzahl, die Ihnen hilft zu beurteilen, ob eine Aktie fair bewertet ist. Es zeigt das Verhältnis zwischen dem Aktienkurs und dem Gewinn pro Aktie. Ein niedriges KGV könnte auf eine unterbewertete Aktie hinweisen, während ein hohes KGV auf eine Überbewertung hindeuten könnte.

Vorteile der Bottom-up-Analyse:

- **Detailtiefe**: Diese Methode erlaubt Ihnen, ein tiefes Verständnis für das Unternehmen zu entwickeln.

- **Unabhängigkeit von Markttrends**: Da Sie sich auf einzelne Unternehmen konzentrieren, sind Sie weniger anfällig für kurzfristige Marktschwankungen.

- **Chancen auf Überrenditen**: Durch die Identifikation unterbewerteter Unternehmen besteht die Möglichkeit, höhere Renditen zu erzielen.

Nachteile der Bottom-up-Analyse:

- **Zeitaufwendig**: Die intensive Analyse einzelner Unternehmen kann sehr zeitaufwendig sein.

- **Komplexität**: Es erfordert ein gewisses Maß an Wissen und Erfahrung, um die relevanten Daten richtig zu interpretieren.

- **Einseitiger Fokus**: Da makroökonomische Faktoren vernachlässigt werden, könnten übergeordnete Marktrisiken weniger beachtet werden.

Buy-and-Hold-Strategie

Die Buy-and-Hold-Strategie ist eine Anlagestrategie, die besonders im Bereich der ETFs (Exchange Traded Funds) Anwendung findet. Bei dieser Strategie kaufen Sie Anteile an einem ETF und halten diese langfristig, unabhängig von kurzfristigen Marktbewegungen. Ziel dieser Strategie ist es, von dem langfristigen Wachstum der Finanzmärkte zu profitieren, anstatt auf kurzfristige Gewinne zu spekulieren.

Ein wesentliches Merkmal der Buy-and-Hold-Strategie ist die passive Verwaltung Ihres Portfolios. Das bedeutet, dass Sie Ihre Investitionen nicht ständig anpassen, sondern über viele Jahre hinweg halten. Diese Methode kann besonders für Beginner attraktiv sein, da sie weniger zeitintensiv ist und Sie nicht ständig den Markt beobachten müssen.

Ein Vorteil der Buy-and-Hold-Strategie ist, dass sie auf die fundamentale Annahme setzt, dass Aktienmärkte langfristig tendenziell steigen. Historische Daten zeigen, dass die Märkte trotz kurzfristiger Schwankungen über längere Zeiträume hinweg ein Wachstum verzeichnen. Indem Sie Ihre ETFs halten, haben Sie die Möglichkeit, an diesem Wachstum teilzuhaben.

Ein weiterer positiver Aspekt ist die Reduzierung der Transaktionskosten. Da Sie selten kaufen und verkaufen, sparen Sie Gebühren, die bei häufigem Handel anfallen würden. Diese Einsparungen können sich im Laufe der Zeit erheblich summieren und Ihre Gesamtrendite erhöhen.

Die Buy-and-Hold-Strategie mindert auch das Risiko, emotionale Anlageentscheidungen zu treffen. Kurzfristige Marktbewegungen können erhebliche Schwankungen verursachen, die oft zu impulsiven Kauf- oder Verkaufsentscheidungen führen. Wenn Sie sich für eine Buy-

and-Hold-Strategie entscheiden, bleiben Sie ruhig und fokussiert, unabhängig davon, wie sich der Markt entwickelt.

Allerdings sollten Sie auch die Nachteile der Buy-and-Hold-Strategie bedenken. Obwohl diese Methode auf langfristiges Wachstum setzt, gibt es keine Garantie dafür, dass alle Märkte oder ETFs im Laufe der Zeit positiv abschneiden. Es ist daher wichtig, eine sorgfältige Auswahl der ETFs vorzunehmen, in die Sie investieren möchten.

Carbon Offset ETF

Ein Carbon Offset ETF ist ein börsengehandelter Fonds, der sich auf Investitionen in Projekte oder Unternehmen konzentriert, die Kohlenstoffemissionen reduzieren oder ausgleichen.

ETF steht für "Exchange Traded Fund", was auf Deutsch "börsengehandelter Fonds" bedeutet. Dies ist eine Art von Investmentfonds, der wie ein einzelnes Wertpapier an der Börse gehandelt wird. Sie können also Anteile dieses Fonds kaufen und verkaufen, ähnlich wie Sie Aktien eines Unternehmens handeln würden.

Was bedeutet Carbon Offset?

"Carbon" bezieht sich auf Kohlenstoff, insbesondere in Form von Kohlendioxid (CO_2), das oft als das wichtigste Treibhausgas in der Diskussion über den Klimawandel betrachtet wird. "Offset" bedeutet in diesem Kontext "ausgleichen" oder "kompensieren". Ein Carbon Offset ist daher eine Maßnahme oder ein Projekt, das so gestaltet ist, dass es die Menge an freigesetztem CO_2 reduziert oder kompensiert.

Beispiele für solche Projekte könnten die Aufforstung, Investitionen in erneuerbare Energien wie Wind- und Solarenergie oder Technologien zur CO_2-Abscheidung und -Speicherung sein. Das Ziel dieser Projekte ist es, die Auswirkungen von CO_2-Emissionen zu minimieren oder vollständig auszugleichen.

Wie funktioniert ein Carbon Offset ETF?

Ein Carbon Offset ETF sammelt Gelder von Investoren und investiert diese in eine Vielzahl von Projekten und Unternehmen, die aktiv daran arbeiten, CO_2-Emissionen zu reduzieren oder zu kompensieren. Die Idee ist, dass Sie als

Investor nicht nur eine potenzielle finanzielle Rendite erzielen, sondern gleichzeitig auch einen positiven Einfluss auf die Umwelt haben können.

Diese ETFs könnten Investitionen in Unternehmen umfassen, die umweltfreundliche Technologien entwickeln, oder direkt in Carbon-Offset-Projekte fließen. Ein Vorteil für Beginner ist, dass Sie kein Experte sein müssen, um zu wissen, welche Projekte am besten geeignet sind; das Management des ETFs kümmert sich um die Auswahl und Bewertung der Projekte.

Warum könnten Sie in einen Carbon Offset ETF investieren?

Ein Hauptgrund, in einen Carbon Offset ETF zu investieren, ist das wachsende Bewusstsein und Engagement für Umwelt- und Klimaschutz. Viele Menschen wollen ihr Geld in eine Weise investieren, die nicht nur finanziellen Gewinn verspricht, sondern auch zur Bekämpfung des Klimawandels beiträgt. Mit einem Carbon Offset ETF können Sie an dieser Bewegung teilnehmen.

Zudem bieten diese ETFs eine diversifizierte Anlagemöglichkeit. Das bedeutet, dass Ihr Investment auf verschiedene Projekte und Unternehmen verteilt wird, was das Risiko reduziert, dass ein einzelnes Projekt oder Unternehmen den Erfolg des gesamten Investments negativ beeinflusst.

Fazit:

Ein Carbon Offset ETF ist eine innovative Art von Investment, die sowohl finanzielle als auch ökologische Ziele verfolgt. Es ist eine gute Möglichkeit für Beginner, umweltbewusste Investitionen zu tätigen, ohne sich um die Details und Komplexitäten der einzelnen Projekte kümmern zu müssen.

Core

Beim Investieren in ETFs (Exchange Traded Funds) stoßen Sie möglicherweise auf den Begriff "Core". Dieser Ausdruck bezieht sich auf den zentralen Bestandteil eines Portfolios, der aus soliden und stabilen Investitionen besteht. Im Kontext von ETFs wird der Core häufig verwendet, um eine Gruppe von Fonds zu beschreiben, die das Fundament Ihrer Anlagestrategie bilden.

Der Core-Anteil Ihres Portfolios soll in der Regel die Hauptquelle Ihrer Rendite sein und gleichzeitig ein Maß an Sicherheit bieten. Diese Core-Investments werden häufig in ETFs getätigt, die große Märkte oder Indizes abbilden, wie beispielsweise den S&P 500 oder den MSCI World. Solche Fonds enthalten meist gut etablierte, finanzstarke Unternehmen, die langfristig stabile Erträge liefern können.

Zum Beispiel könnte Ihr Core-Portfolio ETFs umfassen, die:

1. Globale Aktien abbilden, um eine breite Diversifikation zu erreichen.

2. Staats- oder Unternehmensanleihen enthalten, um Stabilität und regelmäßige Zinszahlungen zu bieten.

3. Sich auf bestimmte Regionen konzentrieren, wie Nordamerika, Europa oder Asien, um eine ausgewogene geografische Streuung zu gewährleisten.

Die Idee hinter einem Core-Portfolio ist es, eine solide Basis zu schaffen, die Sie dann mit sogenannten "Satellite"-Investments ergänzen können. Diese Satelliten können risikoreichere oder spezialisiertere Anlagen sein, die das Potenzial haben, höhere Renditen zu erzielen, aber auch mit höheren Risiken verbunden sind.

Core Exposure

Core Exposure, auf Deutsch "Kernexposition", ist ein Begriff, der Ihnen im Zusammenhang mit der Geldanlage, speziell bei Exchange Traded Funds (ETFs), häufig begegnen wird. Lassen Sie uns diesen wichtigen Begriff einfach und verständlich erklären.

Stellen Sie sich Ihre Geldanlage wie ein Haus vor. Ein solides Haus benötigt ein stabiles Fundament, auf dem es sicher stehen kann. In der Welt der Investitionen entspricht dieses Fundament Ihrer Core Exposure. Wenn Sie Ihr Geld in ETFs anlegen, bedeutet Core Exposure, dass Sie den Kern Ihrer Anlagestrategie in bestimmte, grundlegende Vermögenswerte investieren. Diese Vermögenswerte bilden die Basis Ihres Portfolios und sollen stabil und breit diversifiziert sein.

Warum ist Core Exposure wichtig? Diese Grundinvestitionen sind darauf ausgelegt, Ihnen langfristige Stabilität und potenziell stetiges Wachstum zu bieten. Da ETFs oft aus vielen verschiedenen Aktien oder Anleihen bestehen, streuen sie Ihr Risiko, was bedeutet, dass Sie nicht alles auf eine Karte setzen. Ein ETF, der als Core Exposure dienen kann, ist beispielsweise ein breit aufgestellter Indexfonds wie der MSCI World, der Aktien aus verschiedenen Ländern und Branchen enthält.

Wie wählen Sie Ihre Core Exposure aus? Das ist eine individuelle Entscheidung, die von Ihren Anlagezielen, Ihrer Risikobereitschaft und Ihrem Anlagehorizont abhängt. Grob gesagt, sollte Ihre Core Exposure aus breit diversifizierten, kostengünstigen und leicht zugänglichen ETFs bestehen. Besonders beliebt sind ETFs, die große und bekannte Marktindizes nachbilden, wie der oben erwähnte MSCI World oder der S&P 500.

Um Ihre Core Exposure aufzubauen, beginnen Sie damit, einen soliden und breit gestreuten ETF auszuwählen. Sie können diesen dann als "Kern" Ihres Portfolios betrachten und bei Bedarf zusätzliche ETFs oder andere Anlageformen hinzufügen, um spezifische Chancen zu nutzen oder besondere Anlageschwerpunkte zu setzen.

Ein praktisches Beispiel: Wenn Sie 10.000 Euro anlegen möchten, könnten Sie entscheiden, dass 70-80% dieser Summe in einem breit gefächerten ETF angelegt werden, der als Ihre Core Exposure dient. Die restlichen 20-30% könnten Sie in spezialisierten oder thematischen ETFs investieren, um auf besondere Marktchancen zu reagieren.

Core-Bonds-ETF

Ein Core-Bonds-ETF ist ein börsengehandelter Fonds, der sich auf sogenannte "Kernanleihen" konzentriert. Diese Anleihen stellen die Basis oder das "Fundament" eines Anleiheportfolios dar. Sie zeichnen sich durch Stabilität und geringe Risiken aus. Aber was bedeutet das konkret für Sie als Beginner?

Zunächst einmal sollten Sie verstehen, was ein ETF ist. ETF steht für "Exchange Traded Fund", also einen Fonds, der an der Börse gehandelt wird, ähnlich wie Aktien. Ein solcher Fonds bündelt eine Vielzahl von Wertpapieren, in diesem Fall Anleihen, und ermöglicht es Ihnen, als Anleger in diese Bündel zu investieren, ohne jede einzelne Anleihe direkt kaufen zu müssen. Das spart Ihnen nicht nur Zeit, sondern reduziert auch die damit verbundenen Kosten.

Kernanleihen, oder "Core Bonds", sind meist Staatsanleihen oder hochrangige Unternehmensanleihen. Das bedeutet, dass diese Anleihen von Ländern oder Unternehmen herausgegeben werden, die als sehr zuverlässig und kreditwürdig gelten. Staatsanleihen von wirtschaftlich starken Ländern wie Deutschland oder den USA gelten als sicherste Investitionen, weil das Ausfallrisiko sehr gering ist. Hochrangige Unternehmensanleihen stammen von Unternehmen mit guter Bonität, also einer starken finanziellen Position.

Ein Core-Bonds-ETF investiert also in eine breite Palette solcher sicherer Anleihen. Warum sollte Sie das interessieren? Ein solcher ETF kann Ihnen helfen, Ihr Investmentportfolio zu stabilisieren. Während Aktienmärkte schwanken können und einzelne Aktien große Risiken bergen, bieten Kernanleihen in der Regel eine stabilere Rendite. Das macht sie besonders attraktiv für Anleger, die Ihr Risiko minimieren wollen, wie zum Beispiel Rentner oder Personen, die kurz vor dem Ruhestand stehen.

Ein weiterer Vorteil eines Core-Bonds-ETF ist die Diversifikation. Diversifikation bedeutet, Ihr Geld auf viele verschiedene Anlagen zu verteilen, um das Risiko zu streuen. Wenn Sie beispielsweise nur in eine Staatsanleihe investieren und die Wirtschaft dieses Landes gerät ins Wanken, könnten Ihre Investitionen leiden. Ein Core-Bonds-ETF verteilt Ihr Geld jedoch auf viele verschiedene Anleihen, wodurch das Risiko deutlich reduziert wird.

Die Gebühren eines Core-Bonds-ETF sind in der Regel niedriger als bei aktiv gemanagten Fonds. Das liegt daran, dass ein ETF normalerweise einen Index abbildet und nicht von einem Fondsmanager aktiv verwaltet wird. Einfach ausgedrückt: Es gibt weniger Verwaltungskosten, und das bedeutet geringere Gebühren für Sie.

Abschließend noch ein praktischer Tipp: Wenn Sie in einen Core-Bonds-ETF investieren möchten, schauen Sie sich die Laufzeiten der enthaltenen Anleihen an. Einige ETFs konzentrieren sich auf kurzfristige Anleihen (bis zu 5 Jahre), andere auf mittelfristige (5-10 Jahre) oder langfristige Anleihen (über 10 Jahre). Kurze Laufzeiten bedeuten oft weniger Zinsen, aber auch weniger Risiko. Lange Laufzeiten bieten höhere Zinsen, tragen jedoch ein höheres Risiko.

Core-Satellite-Strategie

Die Core-Satellite-Strategie ist eine beliebte Anlagestrategie im Bereich der Exchange Traded Funds (ETFs) und eignet sich besonders für Anleger, die sowohl Stabilität als auch die Möglichkeit auf höhere Renditen suchen. Diese Strategie teilt das Anlageportfolio in zwei Hauptkomponenten: den Kern (Core) und die Satelliten (Satellites).

Der Kern (Core)

Der Kern des Portfolios besteht aus breit diversifizierten, passiv verwalteten ETFs, die den Großteil des Anlagekapitals ausmachen. Diese ETFs bilden in der Regel große Marktindizes wie den MSCI World, den S&P 500 oder den DAX ab. Der Hauptvorteil dieser Kernkomponente liegt in ihrer Stabilität und geringen Kosten. Passiv verwaltete ETFs haben in der Regel niedrigere Gebühren, da sie lediglich einen Index nachbilden und keine aktiven Managemententscheidungen treffen. Durch die Diversifizierung wird das Risiko breit gestreut, was zu einer stabileren Wertentwicklung über die Zeit führt.

Die Satelliten (Satellites)

Die Satelliten des Portfolios machen einen kleineren Teil des Anlagekapitals aus und setzen sich in der Regel aus spezialisierteren, aktiver verwalteten oder riskanteren Anlagen zusammen. Diese können beispielsweise ETFs sein, die spezifische Branchen, Länder oder Themen abdecken, wie Technologieunternehmen, Schwellenländer oder erneuerbare Energien. Die Idee hinter den Satelliten ist es, zusätzliche Renditechancen zu nutzen, die über das hinausgehen, was der breit diversifizierte Kern bieten kann. Da diese Anlagen jedoch auch volatiler und riskanter sein können, sollte ihre Gewichtung im Portfolio kleiner sein als die des Kerns.

Vorteile der Core-Satellite-Strategie

1. **Kosteneffizienz**: Durch die Verwendung von passiv verwalteten ETFs im Kern, können Sie die Verwaltungskosten niedrig halten.

2. **Diversifikation**: Die breite Streuung des Kapitals im Kern minimiert das Risiko und schafft eine stabile Basis für Ihr Portfolio.

3. **Flexibilität**: Die Satellitenkomponente ermöglicht es Ihnen, gezielt auf attraktive Anlagechancen zu setzen und so potenziell höhere Renditen zu erzielen.

4. **Anpassungsfähigkeit**: Sie können die Gewichtung und Auswahl der Satelliten je nach Marktentwicklung und persönlichen Präferenzen anpassen, ohne die Stabilität des Kerns zu gefährden.

Umsetzung der Strategie

Um die Core-Satellite-Strategie umzusetzen, sollten Sie zunächst den Kern Ihres Portfolios aufbauen. Wählen Sie dazu ein oder mehrere breit diversifizierte ETFs, die den Großteil Ihres Kapitals ausmachen. Anschließend können Sie Satelliten hinzunehmen, die spezielle Marktsektoren oder Anlagethemen abdecken, die Sie für vielversprechend halten.

Ein Beispielportfolio könnte folgendermaßen aussehen:

- **70-80% Kern**: ETFs auf den MSCI World oder den S&P 500.

- **20-30% Satelliten**: ETFs auf Technologieunternehmen, Schwellenländer oder nachhaltige Energien.

Durch diese Struktur bleibt Ihr Portfolio breit diversifiziert und kosteneffizient, während Sie gleichzeitig die Möglichkeit haben, von spezifischen Marktchancen zu profitieren.

Covered Bond ETF

Ein Covered Bond ETF ist ein börsengehandelter Fonds (ETF), der in sogenannte Covered Bonds investiert.

Covered Bonds, oder Pfandbriefe, sind eine besondere Art von besicherten Anleihen. Diese Anleihen werden in der Regel von Banken ausgegeben und sind durch einen Pool von hochwertigen Sicherheiten gedeckt, meist Immobilienkredite oder öffentliche Forderungen. Das Besondere an Covered Bonds ist, dass die Anleger ein doppeltes Sicherheitsnetz haben: Zum einen gibt es die zugrunde liegenden Sicherheiten, und zum anderen haftet die ausgebende Bank mit ihrem gesamten Vermögen.

Ein ETF, oder börsengehandelter Fonds, ist eine Art von Investmentfonds, der an einer Börse gehandelt wird, ähnlich wie eine Aktie. ETFs bieten eine einfache Möglichkeit, in eine Vielzahl von Vermögenswerten zu investieren, ohne dass man die einzelnen Anlagen direkt kaufen muss.

Ein Covered Bond ETF kombiniert diese beiden Konzepte. Er ist ein Fonds, der speziell in Covered Bonds investiert und dabei die Flexibilität und Handelbarkeit eines ETFs bietet. Für den Anleger bedeutet das:

1. **Diversifikation**: Ein Covered Bond ETF investiert in eine breite Palette von Covered Bonds von verschiedenen Emittenten, was das Risiko streut.

2. **Sicherheit**: Durch die zweifache Absicherung der Covered Bonds (durch die Sicherheiten und das Vermögen der Bank) gelten sie allgemein als sicherere Anlagen im Vergleich zu unbesicherten Anleihen.

3. **Stabilität**: Covered Bonds neigen dazu, in Krisenzeiten stabiler zu sein, da sie durch hochwertige Sicherheiten abgesichert sind.

4. **Liquidität**: Da es sich um einen ETF handelt, können Sie Ihre Anteile jederzeit während der Handelszeiten an der Börse kaufen und verkaufen, was Ihnen hohe Flexibilität bietet.

Ein Covered Bond ETF eignet sich besonders für risikoscheue Anleger, die eine stabile und relativ sichere Anlageform suchen, aber gleichzeitig die Vorteile der Liquidität und Diversifikation nutzen möchten, die ein ETF bietet.

DAX - Deutscher Aktienindex

Der Deutsche Aktienindex, kurz DAX, ist einer der wichtigsten Aktienindizes in Deutschland und wird oft als das Barometer der deutschen Wirtschaft angesehen. Er wurde im Jahr 1988 eingeführt und umfasst die 40 größten und umsatzstärksten Unternehmen, die an der Frankfurter Wertpapierbörse gehandelt werden. Ursprünglich startete der DAX mit 30 Unternehmen, wurde aber im Jahr 2021 auf 40 Unternehmen erweitert.

Das Ziel des DAX ist es, die Entwicklung des deutschen Aktienmarktes abzubilden. Er basiert auf den Aktienkursen dieser 40 Unternehmen und wird mehrmals täglich neu berechnet, sodass aktuelle Marktentwicklungen schnell erkennbar sind.

Ein Index wie der DAX dient Investoren zur Orientierung: Er zeigt, wie sich der Wert der größten börsennotierten Unternehmen in Deutschland entwickelt. Wenn der DAX steigt, bedeutet dies im Allgemeinen, dass die Kurse der im Index enthaltenen Aktien ebenfalls gestiegen sind. Umgekehrt weist ein fallender DAX auf sinkende Aktienkurse hin.

Wie setzt sich der DAX zusammen?

Die Auswahl der Unternehmen im DAX basiert auf mehreren Kriterien, wie der Marktkapitalisierung und dem Börsenumsatz. Die Marktkapitalisierung berechnet sich aus dem aktuellen Aktienkurs multipliziert mit der Anzahl der frei handelbaren Aktien eines Unternehmens. Der Börsenumsatz misst hierbei die Liquidität der Aktien, also wie oft und in welchem Volumen sie an der Börse gehandelt werden.

Die Unternehmen im DAX stammen aus verschiedenen Branchen, wie zum Beispiel:

- Automobilindustrie: Zum Beispiel BMW und Volkswagen.
- Chemie: BASF ist ein bekanntes Beispiel.
- Technologie: Unternehmen wie SAP und Siemens.
- Finanzen: Deutsche Bank und Allianz.

Die Zusammensetzung des DAX wird regelmäßig überprüft, typischerweise einmal im Jahr im September. Sollte ein Unternehmen nicht mehr zu den Top-40 nach Marktkapitalisierung und Handelsvolumen gehören, kann es durch ein anderes, besser performendes Unternehmen ersetzt werden.

Wofür ist der DAX nützlich?

Für private und institutionelle Investoren bietet der DAX eine einfache Möglichkeit, die Performance des deutschen Aktienmarktes zu verfolgen, ohne die Kurse einzelner Aktien ständig im Blick behalten zu müssen. Viele Anlageprodukte, wie zum Beispiel ETFs (Exchange Traded Funds), sind an den DAX gekoppelt. Ein ETF auf den DAX bildet die Wertentwicklung des gesamten Index nach, indem er in alle enthaltenen Aktien im gleichen Verhältnis investiert. Das macht es Ihnen als Anleger einfach, breit diversifiziert in den deutschen Aktienmarkt zu investieren, ohne einzelne Aktien auswählen zu müssen.

Darüber hinaus wird der DAX oft als Vergleichsmaßstab genutzt. Wenn Sie in deutsche Aktien investiert haben, können Sie die Rendite Ihres Portfolios gegen die Entwicklung des DAX messen, um zu sehen, ob Ihre Anlageentscheidung klug war.

DR – Developed Markets

Der Begriff "Developed Markets" oder auf Deutsch "entwickelte Märkte" bezieht sich auf Länder und Regionen, die wirtschaftlich fortgeschritten sind. Diese Märkte zeichnen sich durch hohe Einkommensniveaus, stabile politische Verhältnisse, gut ausgebaute Infrastrukturen und entwickelte Finanzmärkte aus. Typische Beispiele für entwickelte Märkte sind die USA, Kanada, Westeuropa, Japan und Australien.

Entwickelte Märkte werden oft als sicherer und stabiler angesehen im Vergleich zu Schwellen- oder Entwicklungsländern. Sie bieten Anlegern in der Regel gut etablierte Unternehmen, die von soliden finanziellen Fundamenten und geringeren wirtschaftlichen Schwankungen profitieren. Dies bedeutet jedoch nicht, dass entwickelte Märkte völlig risikofrei sind; auch hier können wirtschaftliche Abschwünge und Marktvolatilität auftreten.

In Bezug auf ETFs (Exchange Traded Funds) können Sie in ETFs investieren, die gezielt auf entwickelte Märkte ausgerichtet sind. Solche ETFs umfassen in der Regel Aktien großer Unternehmen aus diesen Märkten und bieten eine breite Diversifikation über verschiedene Branchen hinweg. Wenn Sie also in einen "Developed Markets ETF" investieren, erwerben Sie Anteile an einer Vielzahl von Unternehmen aus den führenden Volkswirtschaften der Welt.

Für Beginner können ETFs auf entwickelte Märkte eine solide Grundlage für den Einstieg in die Welt der Investitionen bieten. Sie ermöglichen es Ihnen, am Wachstum und an der Stabilität dieser etablierten Märkte teilzuhaben, ohne dass Sie einzelne Aktien auswählen und überwachen müssen. Stattdessen verteilt sich Ihr Risiko über viele verschiedene Unternehmen und Branchen, was Ihnen eine gewisse Sicherheit und Stabilität in Ihrem Investmentportfolio bietet.

Entwickelte Märkte sind somit eine wichtige Kategorie im globalen Finanzsystem und bieten eine Vielzahl von Investmentmöglichkeiten für Anleger aller Erfahrungsstufen.

Dividendenpolitik

Die Dividendenpolitik beschreibt die Strategie, nach der ein Unternehmen entscheidet, ob und in welcher Höhe es seine Gewinne in Form von Dividenden an die Aktionäre ausschüttet. Diese Strategie ist wichtig für Anleger, besonders wenn sie in ETFs investieren, die Aktien von Unternehmen beinhalten.

Was sind Dividenden?

Dividenden sind regelmäßige Auszahlungen, die Unternehmen an ihre Aktionäre verteilen, wenn sie Gewinne erwirtschaften. Es gibt verschiedene Formen von Dividenden, aber die häufigste Form ist die Barauszahlung. Diese Gewinnausschüttungen finden in der Regel vierteljährlich, halbjährlich oder jährlich statt.

Warum ist die Dividendenpolitik wichtig?

Die Dividendenpolitik gibt Ihnen Einblicke in die finanzielle Gesundheit und die Zukunftsperspektiven eines Unternehmens. Wenn ein Unternehmen regelmäßig Dividenden ausschüttet, zeigt dies, dass es stabile Gewinne erzielt und finanziell gut aufgestellt ist. Für viele Anleger, die auf regelmäßige Erträge angewiesen sind, sind Dividenden ein wichtiger Faktor bei der Auswahl geeigneter Investments.

Arten der Dividendenpolitik:

1. Konstante Dividendenpolitik:

Bei dieser Politik wird ein fixer Betrag pro Aktie als Dividende ausgezahlt, unabhängig von den Unternehmensgewinnen. Diese Konstanz kann sehr beruhigend für Anleger sein, da sie eine kontinuierliche Einkommensquelle sicherstellt.

2. Progressive Dividendenpolitik:

Hierbei wird die Dividende kontinuierlich erhöht, solange die Gewinne wachsen. Dies kann besonders attraktiv für Anleger sein, die von den wachsenden Gewinnen eines Unternehmens profitieren möchten.

3. Variable Dividendenpolitik:

Diese Art der Dividendenpolitik passt sich den jährlichen Gewinnen an. Wenn die Gewinne hoch sind, werden auch die Dividenden höher ausfallen. Im umgekehrten Fall werden die Dividenden reduziert, was zu einer höheren Volatilität im Einkommen führen kann.

4. Keine Dividendenpolitik:

Manche Unternehmen, besonders solche in stark wachsenden Branchen wie der Technologie, entscheiden sich dafür, keine Dividenden auszuschütten. Stattdessen reinvestieren sie die Gewinne in das Unternehmen, um das Wachstum voranzutreiben. Dies kann auf lange Sicht zu höheren Aktienkursen führen, bietet jedoch keine regelmäßigen Erträge.

Einfluss auf ETFs:

Wenn Sie in ETFs investieren, ist die Dividendenpolitik der enthaltenen Unternehmen sehr relevant. Dividenden-ETFs zum Beispiel enthalten gezielt Aktien von Unternehmen, die regelmäßige und hohe Dividenden zahlen. Diese ETFs können eine stabile Einkommensquelle darstellen. Andererseits werden Wachstums-ETFs oft durch Unternehmen dominiert, die keine oder nur geringe Dividenden zahlen, dafür aber durch Kurssteigerungen höhere Gewinne anstreben.

Worauf sollten Beginner achten?

Als Beginner sollten Sie sich überlegen, was Ihnen wichtiger ist: regelmäßige Einkünfte durch Dividenden oder langfristiges Wachstum durch Kursgewinne. Auch sollten Sie die Dividendenrendite eines Unternehmens betrachten, die angibt, wie viel Dividende im Verhältnis zum Aktienkurs ausgeschüttet wird. Eine hohe Dividendenrendite kann attraktiv sein, geht aber oft mit höheren Risiken einher.

Es ist ratsam, stets eine ausgewogene Mischung von ETFs und damit eine Diversifizierung Ihrer Investments anzustreben, um von verschiedenen Dividendenstrategien und Wachstumspotenzialen profitieren zu können.

Dividendenrendite

Die Dividendenrendite ist eine Kennzahl, die Ihnen dabei hilft, den Ertrag einer Aktie oder eines ETFs (Exchange Traded Funds) besser zu verstehen – insbesondere wenn diese eine Dividende ausschütten. Eine Dividende ist ein Teil des Gewinns eines Unternehmens, der an die Aktionäre ausgeschüttet wird. ETFs, die in solche dividendenzahlenden Unternehmen investieren, geben diese Gewinne dann an ihre Investoren weiter.

Die Dividendenrendite gibt an, wie hoch die jährliche Dividendenzahlung des ETFs im Verhältnis zum aktuellen Kurs des ETF ist. Sie wird in Prozent ausgedrückt und lässt sich leicht berechnen. Nehmen Sie einfach die jährliche Dividende je Aktie oder je Anteil des ETFs, teilen Sie diese durch den aktuellen Kurs des ETFs und multiplizieren Sie das Ergebnis mit 100, um eine Prozentzahl zu erhalten.

Warum ist die Dividendenrendite wichtig? Eine hohe Dividendenrendite kann attraktiv sein, da Sie als Anleger regelmäßige Einkünfte aus den gezahlten Dividenden erhalten. Allerdings sollten Sie darauf achten, dass eine hohe Dividendenrendite auch ein Zeichen dafür sein kann, dass der Kurs des ETFs oder der zugrunde liegenden Aktien stark gefallen ist. Ein stark gefallener Kurs kann auf mögliche wirtschaftliche Schwierigkeiten des Unternehmens hinweisen.

Darüber hinaus ist es wichtig, die Nachhaltigkeit der Dividenden zu berücksichtigen. Nicht alle Unternehmen können oder wollen gleichbleibende Dividendenzahlen aufrechterhalten. Es lohnt sich, Unternehmen zu bevorzugen, die eine stabile und nachhaltige Dividendenausschüttung vorweisen können.

Duration (Laufzeit)

Duration, auf Deutsch auch Laufzeit genannt, ist ein Begriff, der oft im Zusammenhang mit Anleihen und festverzinslichen Wertpapieren verwendet wird. In der Welt der ETFs (Exchange-Traded Funds) spielt die Duration ebenfalls eine wichtige Rolle, insbesondere bei Anleihe-ETFs. Sie bezeichnet die durchschnittliche Zeit, die es dauert, bis ein Investor die investierten Mittel aus einem Anleihe- oder festverzinslichen Wertpapier zurückbekommt. Die Duration ist eine wichtige Kennzahl, weil sie die Sensitivität des Preises eines Wertpapiers auf Zinsänderungen widerspiegelt.

Stellen Sie sich vor, Sie investieren in einen Anleihe-ETF, der wiederum in verschiedene Anleihen investiert. Diese Anleihen haben unterschiedliche Fälligkeiten (Zeitpunkte, zu denen das geliehene Geld zurückgezahlt wird) und Zinszahlungen (Kupons). Die Duration hilft Ihnen abzuschätzen, wie stark der Wert des ETFs auf Änderungen der Marktzinsen reagieren wird. Allgemein gilt: Je länger die Duration, desto empfindlicher reagiert das Wertpapier auf Zinsänderungen.

Es gibt verschiedene Arten der Duration, aber die gebräuchlichste Form ist die Macaulay-Duration und die modifizierte Duration. Die Macaulay-Duration misst die gewichtete durchschnittliche Zeit bis zu den Cashflows eines Wertpapiers, wie beispielsweise Zinszahlungen und die Rückzahlung des Nominalwerts. Die modifizierte Duration, die für viele Anleger relevanter ist, verwendet die Macaulay-Duration, um zu berechnen, wie stark der Preis des Wertpapiers auf eine Änderung des Zinssatzes um einen Basispunkt (0,01 %) reagieren wird.

Betrachten wir ein Beispiel: Angenommen, ein Anleihe-ETF hat eine modifizierte Duration von 5 Jahren. Wenn die Marktzinsen um 1 % steigen, würde der Wert des ETFs theoretisch um etwa

5 % fallen. Das bedeutet, dass eine längere Duration das Risiko eines Wertverlusts bei steigenden Zinsen erhöht. Umgekehrt profitieren Wertpapiere mit langer Duration von fallenden Zinsen.

Für Sie als Beginner ist es wichtig zu wissen, dass die Duration ein nützliches Werkzeug ist, um das Zinsrisiko Ihres Portfolios zu managen. Wenn Sie beispielsweise in einem Umfeld steigender Zinsen anlegen, könnten Sie daran interessiert sein, die Duration Ihrer Anleihen oder Anleihe-ETFs zu verkürzen, um das Risiko von Kursverlusten zu minimieren. Auf der anderen Seite könnte eine längere Duration attraktiv sein, wenn Sie in einem fallenden Zinsumfeld investiert sind, um von möglichen Kursgewinnen zu profitieren.

EM – Emerging Markets

Emerging Markets (EM) heißt auf Deutsch „Schwellenmärkte" und bezeichnet Länder, deren Volkswirtschaften sich im Übergang vom Entwicklungsland zum Industrieland befinden. Diese Märkte zeichnen sich durch schnelles Wirtschaftswachstum und eine zunehmende Industrialisierung aus. Bekannte Beispiele für Schwellenländer sind China, Indien, Brasilien, Russland und Südafrika.

Von besonderem Interesse für Anleger sind Schwellenmärkte aufgrund ihres Wachstums- und Entwicklungspotenzials. Während Industrieländer oft bereits stabile und entwickelte Märkte besitzen, bieten Schwellenländer die Möglichkeit hoher Renditen. Der Grund dafür ist, dass Unternehmen in diesen Ländern oft schnell expandieren und neue Technologien übernehmen, was zu einem starken Wirtschaftsboom führen kann.

Allerdings sind Investments in Emerging Markets auch mit höheren Risiken verbunden. Diese Risiken können politische Instabilität, schwache gesetzliche Regelungen, hohe Inflation und Wechselkursschwankungen umfassen. Um diese Risiken zu mindern, kann es sinnvoll sein, über diversifizierte Investitionen, wie z.B. Exchange Traded Funds (ETFs), in diese Märkte zu investieren.

ETFs, die auf Schwellenmärkte abzielen, bündeln eine Vielzahl von Aktien oder Anleihen aus diesen Ländern und bieten so eine breite Streuung. Dies kann das Risiko einzelner Fehlentwicklungen reduzieren, da schlechte Entwicklungen in einem Land durch positive Entwicklungen in einem anderen ausgeglichen werden können.

Emerging Markets sind also sowohl eine Chance als auch eine Herausforderung für Anleger. Sie bieten die Möglichkeit für hohe Gewinne, erfordern aber auch eine sorgfältige Risikoabschätzung und Diversifikation.

EONIA – Euro OverNight Index Average

Der EONIA (Euro OverNight Index Average) ist ein Zinssatz, den Banken verwenden, um sich untereinander Geld für eine Nacht zu leihen. Stellen Sie sich vor, Sie haben Freunde, die sich gegenseitig Geld leihen. Wenn einer Ihrer Freunde bis morgen 100 Euro braucht und bereit ist, dafür einen kleinen Zins zu zahlen, dann wäre das ein Beispiel für eine Übernacht-Leihe. In der Welt der Finanzinstitute passiert dies ständig, und der EONIA ist der Durchschnittszinssatz, den europäische Banken für solche Übernacht-Kredite verwenden.

Um diesen Zinssatz zu berechnen, schauen sich die Verantwortlichen Daten von verschiedenen Banken an. Sie ermitteln, zu welchem Zinssatz die Banken tatsächlich Geld verliehen haben. Dann wird der durchschnittliche Zinssatz dieser Transaktionen als EONIA festgelegt. Wichtig zu wissen ist, dass dieser Prozess täglich stattfindet, dadurch spiegelt der EONIA immer das aktuelle Zinsniveau wider.

Der EONIA spielt eine wichtige Rolle in der Finanzwelt, weil er als Referenzzinssatz dient. Das bedeutet, dass viele andere Zinssätze, Verträge und Finanzinstrumente auf dem EONIA basieren. Wenn beispielsweise eine Bank oder ein Unternehmen einen Kredit aufnehmen möchte, könnte der Zinssatz für diesen Kredit auf Basis des EONIA plus einem zusätzlichen Aufschlag festgelegt werden.

Für Anleger und insbesondere für solche, die sich für Exchange Traded Funds (ETFs) interessieren, ist der EONIA relevant, weil er ein Indikator für die kurzfristigen Zinssätze im Euro-Raum ist. Wenn Sie beispielsweise in einen Geldmarkt-ETF investieren, der in kurzfristige Geldanlagen wie Einlagen bei Banken investiert, könnte der EONIA eine Rolle dabei spielen, wie viel Rendite Sie aus dieser Anlage erwarten können.

Seit Januar 2022 ist der EONIA allerdings durch den €STR (Euro Short-Term Rate) ersetzt worden. Der €STR ist ein ähnlicher Zinssatz, der aber auf einer breiteren Basis von Transaktionen basiert und als genauer und transparenter gilt. Dennoch kann der Begriff EONIA weiterhin in älteren Verträgen oder Finanzdokumentationen auftauchen, deshalb ist es wichtig, dass Sie ihn verstehen.

EPS – Earnings per Share

Der Begriff "EPS" steht für "Earnings per Share" und bedeutet auf Deutsch "Gewinn je Aktie". Er ist eine wichtige Kennzahl in der Finanzwelt, die insbesondere von Aktienanlegern und Investmentfonds verwendet wird, um die Rentabilität eines Unternehmens zu messen.

Was ist EPS?

EPS gibt an, wie viel Gewinn ein Unternehmen in einem bestimmten Zeitraum – in der Regel ein Quartal oder ein Geschäftsjahr – für jede im Umlauf befindliche Aktie erwirtschaftet hat. Der Gewinn wird nach Abzug aller Kosten und Steuern ermittelt und dann durch die Anzahl der ausgegebenen Aktien geteilt.

Warum ist EPS wichtig?

EPS ist eine wichtige Kennzahl, weil sie Ihnen einen schnellen Überblick darüber gibt, wie profitabel ein Unternehmen ist. Ein höherer EPS-Wert deutet in der Regel darauf hin, dass ein Unternehmen effizient arbeitet und profitabler ist, was es für Investoren attraktiver machen kann.

EPS und ETFs

In der Welt der ETFs (Exchange Traded Funds) spielt EPS ebenfalls eine wichtige Rolle. Viele ETFs investieren in Aktien von Unternehmen, die bestimmte Kriterien erfüllen, darunter auch die Profitabilität. Ein ETF, der auf große, profitable Unternehmen abzielt, wird wahrscheinlich nur in Unternehmen mit einem hohen EPS investieren. Das bedeutet, dass EPS nicht nur für Einzelinvestoren wichtig ist, sondern auch für diejenigen, die ihr Geld in ETFs anlegen.

EPS und Aktienkurse

Es ist auch wichtig zu verstehen, dass der EPS-Wert häufig im Zusammenhang mit dem Aktienkurs verwendet wird, um das Kurs-Gewinn-Verhältnis (KGV) zu berechnen. Das KGV hilft Investoren einzuschätzen, ob eine Aktie über- oder unterbewertet ist.

Ein niedriges KGV könnte darauf hindeuten, dass eine Aktie unterbewertet ist, während ein hohes KGV darauf hinweisen könnte, dass sie überbewertet ist.

ESG-ETF (Environmental, Social, Governance)

Ein ESG-ETF ist ein börsengehandelter Fonds (ETF), der bei der Auswahl seiner Investments besondere Kriterien berücksichtigt. ESG steht für Environmental, Social und Governance, also Umwelt, Soziales und Unternehmensführung. Diese Kriterien sollen sicherstellen, dass die Unternehmen, in die der Fonds investiert, verantwortungsbewusst und nachhaltig handeln.

Umwelt (Environmental)

Der Umweltaspekt berücksichtigt, wie ein Unternehmen auf seine ökologische Verantwortung eingeht. Fragen, die hier eine Rolle spielen, sind beispielsweise: Verursacht das Unternehmen viel CO_2-Emissionen? Wie hoch ist der Wasserverbrauch? Nutzt das Unternehmen erneuerbare Energien? Unternehmen, die sich aktiv für den Umweltschutz einsetzen, werden hier bevorzugt.

Soziales (Social)

Der soziale Aspekt bezieht sich darauf, wie ein Unternehmen mit seinen Mitarbeitern, Kunden und der Gesellschaft im Allgemeinen umgeht. Hierzu gehören Fragen wie: Zahlt das Unternehmen faire Löhne? Gibt es Programme zur Förderung der Vielfalt und Chancengleichheit? Werden Arbeitssicherheitsstandards eingehalten? Unternehmen, die soziale Verantwortung übernehmen, werden hier positiv bewertet.

Unternehmensführung (Governance)

Der Governance-Aspekt betrifft die Art und Weise, wie ein Unternehmen geführt und kontrolliert wird. Hier sind wichtige Fragen: Wie transparent ist das Unternehmen in seiner Berichterstattung? Gibt es eine unabhängige und diverse

Unternehmensführung? Sind die Interessen der Aktionäre geschützt? Unternehmen mit guter Unternehmensführung haben hier einen Vorteil.

Warum ESG-ETFs?

Immer mehr Menschen möchten sicherstellen, dass ihr Geld in ethisch vertretbare und nachhaltige Unternehmen investiert wird. Ein ESG-ETF hilft Ihnen dabei, ohne dass Sie selbst jede einzelne Aktie auf ihre ESG-Kriterien hin überprüfen müssen. Der ETF-Anbieter übernimmt diese Aufgabe für Sie und stellt so sicher, dass nur die Unternehmen im Fonds sind, die die festgelegten Kriterien erfüllen.

Wie funktioniert ein ESG-ETF?

Ein ESG-ETF arbeitet ähnlich wie ein herkömmlicher ETF, indem er einen bestimmten Index nachbildet. Der Unterschied besteht darin, dass dieser Index nicht nur auf finanzielle Kennzahlen, sondern auch auf ESG-Kriterien basiert. Die Unternehmen im Index werden regelmäßig überprüft und gegebenenfalls ausgetauscht, wenn sie die ESG-Standards nicht mehr erfüllen.

Nachteile und Risiken

Obwohl ESG-ETFs viele Vorteile bieten, gibt es auch einige Nachteile. Die Auswahl an geeigneten Unternehmen kann eingeschränkt sein, was zu einer geringeren Diversifikation führt. Auch kann es schwierig sein, genaue und verlässliche ESG-Bewertungen zu erhalten. Schließlich sind ESG-Kriterien teilweise subjektiv, was die Vergleichbarkeit erschweren kann.

ESG-Impact Investing

Beim ESG-Impact Investing handelt es sich um eine Anlagestrategie, die sich auf Unternehmen und Projekte konzentriert, die nicht nur finanziell rentabel sind, sondern auch einen positiven Einfluss auf die Umwelt, die Gesellschaft und die Unternehmensführung haben. ESG steht für Environmental (Umwelt), Social (Soziales) und Governance (Unternehmensführung). Diese drei Kriterien werden zur Bewertung von Investitionen herangezogen, um sicherzustellen, dass sie verantwortungsvoll und nachhaltig sind.

Environmental (Umwelt):

Der Umweltaspekt bezieht sich auf die ökologischen Auswirkungen eines Unternehmens. Dies kann den Umgang mit natürlichen Ressourcen, die Reduzierung von Treibhausgasemissionen, den Einsatz erneuerbarer Energien oder das Abfallmanagement umfassen. Wenn ein Unternehmen in diesen Bereichen gute Praktiken anwendet, kann das ein Zeichen dafür sein, dass es sich um eine ESG-konforme Investition handelt.

Social (Soziales):

Der soziale Faktor betrachtet, wie ein Unternehmen seine Mitarbeiter, Zulieferer, Kunden und die Gemeinschaft allgemein behandelt. Themen wie Arbeitsschutz, Gleichberechtigung, faire Arbeitsbedingungen und der Beitrag zur lokalen Gemeinschaft sind hier von Bedeutung. Ein sozial verantwortungsbewusstes Unternehmen engagiert sich beispielsweise für die Einhaltung hoher Arbeitsstandards und unterstützt gemeinnützige Projekte.

Governance (Unternehmensführung):

Governance bezieht sich auf die Art und Weise, wie ein Unternehmen geführt und kontrolliert wird. Hierzu gehören unter anderem die Transparenz der Geschäftspraktiken, die Einhaltung gesetzlicher Vorschriften, die Struktur des Vorstands und Maßnahmen zur Verhinderung von Korruption und Interessenkonflikten. Gute Unternehmensführung schafft Vertrauen bei den Investoren und trägt zu einer langfristig stabilen Entwicklung bei.

Beim Impact Investing geht es also nicht nur darum, Geld zu verdienen. Es geht auch darum, mit den Investitionen positive Veränderungen in der Gesellschaft und der Umwelt zu bewirken. Anleger, die sich für ESG-Impact Investing entscheiden, legen Wert darauf, dass ihr Geld in Projekte fließt, die ökologische und soziale Probleme lösen und gleichzeitig wirtschaftlich nachhaltig sind.

Für Beginner im Bereich ETFs (Exchange Traded Funds) bedeutet ESG-Impact Investing, dass sie gezielt Fonds auswählen können, die in Unternehmen investieren, die nach ESG-Kriterien bewertet werden. Solche ETFs sind oft entsprechend gekennzeichnet und erleichtern es Ihnen, nachhaltig zu investieren, ohne auf potenzielle finanzielle Erträge zu verzichten.

ESG/SRI

In der Welt der ETFs (Exchange Traded Funds) stoßen Sie möglicherweise auf die Begriffe ESG und SRI. Diese Abkürzungen stehen für zwei Konzepte, die in den letzten Jahren an Bedeutung gewonnen haben, besonders für Anleger, die nicht nur auf finanzielle Renditen, sondern auch auf ethische und nachhaltige Kriterien Wert legen.

ESG – Umwelt, Soziales und Unternehmensführung

ESG steht für Environmental, Social, and Governance, also Umwelt, Soziales und Unternehmensführung. Diese drei Kriterien helfen Anlegern, die sozialen und ökologischen Auswirkungen ihrer Investitionen zu bewerten.

1. **Umwelt (Environmental)**: Hierbei geht es darum, wie ein Unternehmen auf die Umwelt Rücksicht nimmt. Bewertet werden Aspekte wie der Umgang mit Ressourcen, Emissionen von Schadstoffen und die Förderung erneuerbarer Energien.

2. **Soziales (Social)**: Dieser Bereich bezieht sich auf die Beziehungen eines Unternehmens zu seinen Mitarbeitern, Zulieferern, Kunden und der Gemeinschaft, in der es tätig ist. Wichtige Themen sind Arbeitsbedingungen, Menschenrechte und Engagement in der Gemeinschaft.

3. **Unternehmensführung (Governance)**: Hier wird die Qualität der Unternehmensführung untersucht, einschließlich der Transparenz von Geschäftsprozessen, der Ethik in der Führung und der Berücksichtigung von Aktionärsinteressen. Dazu zählen auch Fragen der Vorstandsvergütung, der Rechte der Aktionäre und der Bekämpfung von Korruption.

SRI – Sozial verantwortliches Investieren

SRI steht für Socially Responsible Investing, was auf Deutsch etwa „sozial verantwortliches Investieren" bedeutet. Dabei geht es darum, Anlagestrategien zu verfolgen, die auf ethischen und sozialen Prinzipien beruhen. Hier wird oft ein Schritt weiter gegangen als bei ESG, indem bestimmte Branchen oder Unternehmen komplett ausgeschlossen werden.

1. **Ausschlusskriterien**: Beim SRI werden häufig Unternehmen ausgeschlossen, die in bestimmten problematischen Industrien tätig sind, wie etwa Waffenproduktion, Tabak oder Glücksspiel.

2. **Positive Auswahl**: Neben dem Ausschlussverfahren gibt es auch den Ansatz der positiven Auswahl, bei dem gezielt in Unternehmen investiert wird, die besonders hohe Standards in Bezug auf Nachhaltigkeit und ethisches Verhalten erfüllen.

3. **Aktives Engagement**: Ein weiterer Aspekt des SRI ist das aktive Engagement der Investoren, etwa durch die Teilnahme an Hauptversammlungen und die Ausübung von Stimmrechten, um Einfluss auf die Unternehmenspolitik zu nehmen.

Warum sind ESG und SRI wichtig?

Immer mehr Anleger suchen nach Möglichkeiten, ihr Geld so anzulegen, dass es ihren ethischen und sozialen Werten entspricht. ESG und SRI bieten hierfür geeignete Tools und Strategien. ETFs, die auf diesen Prinzipien basieren, ermöglichen es Anlegern, breit diversifiziert zu investieren und gleichzeitig ihren Beitrag zu einer besseren Welt zu leisten.

ETF

Ein ETF, oder Exchange Traded Fund, ist ein Finanzprodukt, das es Ihnen ermöglicht, in eine Vielzahl von Wertpapieren zu investieren, ohne jedes einzelne direkt kaufen zu müssen. Man kann sich einen ETF wie ein großes Bündel von Aktien oder Anleihen vorstellen, das in kleinere Teile aufgeteilt wird. Diese Teile werden dann an Börsen gehandelt, ähnlich wie einzelne Aktien.

Der Hauptvorteil eines ETFs ist die Diversifikation. Wenn Sie beispielsweise einen ETF kaufen, der den DAX abbildet, dann investieren Sie in die 30 größten börsennotierten Unternehmen Deutschlands. Das bedeutet, Ihr Geld wird auf viele Unternehmen verteilt, anstatt alles auf eine einzelne Aktie zu setzen, was das Risiko mindert.

ETFs sind außerdem sehr flexibel und liquide. Sie können sie jederzeit während der Börsenöffnungszeiten kaufen und verkaufen, genau wie gewöhnliche Aktien. Der Preis eines ETFs ändert sich im Laufe des Handelstages, basierend auf dem Wert der darin enthaltenen Vermögenswerte.

Ein weiterer Vorteil ist die Kosteneffizienz. ETFs haben oft niedrigere Verwaltungsgebühren als traditionelle Investmentfonds, weil sie passiv verwaltet werden. Das bedeutet, dass sie einfach einem bestimmten Index folgen, anstatt aktiv von einem Fondsmanager bewirtschaftet zu werden.

Ein ETF setzt sich in der Regel aus vielen verschiedenen Wertpapieren zusammen, die einen bestimmten Index abbilden. Ein Index ist ein Korb von Wertpapieren, der einen bestimmten Markt oder Sektor repräsentiert. Bekannte Beispiele sind der S&P 500 in den USA oder der MSCI World, der Aktien aus entwickelten Märkten weltweit umfasst.

ETF-Blase

In der Finanzwelt spricht man von einer "Blase", wenn der Preis eines bestimmten Vermögenswerts - sei es eine Aktie, eine Immobilie oder ein anderes Anlageprodukt - auf ein unnatürlich hohes Niveau steigt, das durch rationale und fundamentale Faktoren nicht gerechtfertigt ist. Eine "ETF-Blase" bezieht sich speziell auf Exchange Traded Funds (ETFs), also börsengehandelte Indexfonds.

ETFs sind Anlagevehikel, die einen Index, eine Branche, Rohstoffe oder andere Vermögenswerte abbilden und an der Börse gehandelt werden wie Aktien. Sie bieten Anlegern eine einfache Möglichkeit, breit gestreut in einen bestimmten Markt oder Sektor zu investieren, ohne einzelne Aktien auswählen zu müssen.

Der Begriff "ETF-Blase" beschreibt ein Szenario, in dem die Bewertungen und Preise von ETFs stark ansteigen, weil viele Investoren gleichzeitig Geld in diese Anlageform investieren. Dies kann zu einem übermäßigen und ungerechtfertigten Anstieg der Preise der zugrunde liegenden Vermögenswerte führen. Der Hauptgrund für diese Preissteigerung ist oftmals ein übertriebenes Markteuphorie und Spekulation, statt echter wirtschaftlicher Verbesserungen oder Wertsteigerungen der Unternehmen, in die die ETFs investieren.

Einige Faktoren können zur Bildung einer ETF-Blase beitragen:

1. **Hohes Anlegerinteresse:** Wenn viele Anleger gleichzeitig Geld in ETFs investieren, steigt die Nachfrage nach den zugrunde liegenden Vermögenswerten, was die Preise in die Höhe treiben kann.

2. **Geringe Marktbreite:** Wenn nur eine geringe Anzahl von Vermögenswerten oder Aktien in einem ETF enthalten sind, kann der Kaufdruck auf diese wenigen Vermögenswerte zu überhöhten Preisen führen.

3. **Geringe Liquidität:** In Märkten oder Sektoren mit geringer Liquidität können große Investitionen in ETFs die Preise der zugrunde liegenden Vermögenswerte stärker beeinflussen.

4. **Geringe Diversifikation:** ETFs, die sich stark auf bestimmte Sektoren oder Märkte konzentrieren, sind anfälliger für Preisblasen, weil sie nicht breit gestreut sind.

Das Platzen einer ETF-Blase kann schwerwiegende Folgen haben. Wenn Anleger beginnen, ihre Investitionen aus einem überbewerteten Markt abzuziehen, fällt die Nachfrage und damit auch der Preis der zugrunde liegenden Vermögenswerte. Dies kann zu großen Verlusten für die Anleger führen, die zu Höchstpreisen gekauft haben. Um dies zu vermeiden, ist es wichtig, sich der Markttrends bewusst zu sein und die fundamentalen Bewertungen der zugrunde liegenden Vermögenswerte im Auge zu behalten.

Durch eine ausgewogene und gut diversifizierte Anlagestrategie können Sie das Risiko einer Beteiligung an einer ETF-Blase verringern. Mathebasierte Ansätze wie regelmäßiges Rebalancing und eine gründliche Due-Diligence-Prüfung der Investitionen helfen ebenfalls, eine übermäßige Konzentration auf überbewertete Märkte zu vermeiden.

ETF-Schließung

Eine ETF-Schließung tritt ein, wenn ein börsengehandelter Fonds (ETF) aus verschiedenen Gründen nicht länger betrieben wird und somit vom Markt genommen wird. Dies kann für Anleger besorgniserregend sein, da sie möglicherweise nicht wissen, was sie erwarten können oder wie sie darauf reagieren sollen. Lassen Sie uns die Grundlagen und den Ablauf einer ETF-Schließung genauer betrachten.

Gründe für eine ETF-Schließung

1. **Geringes Fondsvolumen**: Wenn ein ETF über eine längere Zeitspanne hinweg ein zu geringes Investmentvolumen aufweist, lohnt sich der Betrieb für den Anbieter finanziell nicht mehr. Wartungskosten, Marketing und Verwaltungsgebühren können die ohnehin niedrigen Einnahmen übersteigen.

2. **Schwache Performance**: ETFs, die nicht gut abschneiden und keine ausreichenden Renditen erzielen, können ebenfalls geschlossen werden. Dies kann im Vergleich zu anderen ETFs derselben Kategorie oder zu Referenzindizes der Fall sein.

3. **Strategiewechsel des Anbieters**: Manchmal entscheidet sich ein ETF-Anbieter, seine Produktpalette zu straffen oder seine Geschäftsstrategie zu ändern. In einem solchen Fall können weniger beliebte oder unterperformende ETFs geschlossen werden.

Der Ablauf einer ETF-Schließung

1. **Ankündigung**: Der ETF-Anbieter wird die Schließung öffentlich bekannt geben. Diese Ankündigung enthält normalerweise Informationen über den

Schließungsgrund, den Zeitplan und was Sie als Anleger tun müssen.

2. **Handel bis zum Schließungsdatum**: Bis zum angegebenen Schließungsdatum können Sie Ihre Anteile weiterhin an der Börse handeln. Der Handel kann jedoch weniger liquide sein und der Spread, also der Unterschied zwischen Kauf- und Verkaufspreis, kann größer werden.

3. **Einstellung des Handels**: Am festgelegten Schließungsdatum wird der Handel eingestellt. Ab diesem Zeitpunkt können Sie den ETF nicht mehr an der Börse kaufen oder verkaufen.

4. **Liquidation**: Der ETF-Anbieter liquidiert die Bestände des Fonds. Das bedeutet, dass alle im Fonds enthaltenen Wertpapiere verkauft werden.

5. **Auszahlung**: Der endgültige Nettoerlös aus der Liquidation wird anteilig auf die Anleger verteilt und auf deren Konto überwiesen. Diese Auszahlung erfolgt in der Regel einige Tage bis Wochen nach der Einstellung des Handels.

Was sollten Sie als Anleger tun?

- **Überprüfung**: Achten Sie auf Ankündigungen Ihres ETF-Anbieters und überprüfen Sie regelmäßig Ihre Investitionen.

- **Aktives Management**: Überlegen Sie, ob Sie Ihre ETF-Anteile vor dem Schließungsdatum verkaufen möchten. Dies kann sinnvoll sein, um potenzielle Verluste zu minimieren oder andere Investitionsmöglichkeiten zu nutzen.

- **Diversifikation**: Wenn Sie in mehrere ETFs investieren, reduzieren Sie das Risiko, dass die Schließung eines einzigen ETFs Ihren gesamten Anlageplan beeinflusst.

Die Schließung eines ETFs ist in der Regel kein Grund zur Panik, sondern erfordert eine durchdachte Reaktion und eine gute Planung.

ETF-Sektorrotation

Die ETF-Sektorrotation ist eine Anlagestrategie, bei der Investoren ihre Gelder ganz gezielt zwischen verschiedenen Wirtschaftssektoren umschichten. Dadurch möchten sie von den Schwankungen und den unterschiedlichen Wachstumsphasen der Sektoren profitieren. Lassen Sie uns diesen Begriff Schritt für Schritt erklären.

Was ist ein Wirtschaftssektor?

Ein Wirtschaftssektor ist ein Bereich der Wirtschaft, der ähnliche Unternehmen umfasst. Beispiele dafür sind der Technologiebereich, der Gesundheitssektor oder die Finanzbranche. Jeder Sektor hat seine eigenen Eigenschaften und reagiert unterschiedlich auf wirtschaftliche Bedingungen und Entwicklungen.

Was sind ETFs?

ETFs, oder Exchange Traded Funds, sind Investmentfonds, die an der Börse gehandelt werden wie Aktien. Sie enthalten eine Auswahl an Wertpapieren, die in einem Index zusammengefasst sind. Zum Beispiel kann ein ETF alle großen Technologieunternehmen umfassen oder alle Energieunternehmen. Dadurch bieten ETFs eine einfache Möglichkeit, in ganze Wirtschaftssektoren zu investieren.

Sektorrotation – Die Idee dahinter

In der Finanzwelt gibt es die Vorstellung, dass verschiedene Wirtschaftssektoren in unterschiedlichen Phasen des Konjunkturzyklus besser oder schlechter abschneiden. Ein Konjunkturzyklus besteht aus vier Hauptphasen: Aufschwung, Boom, Abschwung und Rezession. Jede dieser Phasen beeinflusst die Sektoren unterschiedlich.

Zum Beispiel:

- **Technologiesektor** kann besonders gut in Wachstumsphasen, also während eines Aufschwungs oder Booms, abschneiden.

- **Energiesektor** kann von bestimmten globalen Entwicklungen abhängig sein, z. B. von den Ölpreisen.

- **Gesundheitssektor** tendiert dazu, stabiler durch Wirtschaftsabschwünge zu kommen, da Gesundheitsdienstleistungen immer benötigt werden.

Die praktische Umsetzung

Bei der ETF-Sektorrotation investieren Sie nicht starr in einen Sektor, sondern passen Ihre Investments regelmäßig den jeweiligen Marktbedingungen an. Wenn zum Beispiel eine wirtschaftliche Erholung erwartet wird, könnten Sie mehr in Technologie- und Finanz-ETFs investieren. Wenn eine wirtschaftliche Abkühlung bevorsteht, könnten Sie stattdessen in defensivere Sektoren wie Versorgung oder Gesundheitswesen umschichten.

Vorteile der Sektorrotation

- **Chancen auf höhere Renditen**: Durch das Umschichten können Sie versuchen, die Performance Ihrer Investments zu verbessern, indem Sie in die Sektoren investieren, die gerade im Trend liegen.

- **Risikomanagement**: Durch die Anpassung Ihrer Investments können Sie das Risiko minimieren, indem Sie in stabilere Sektoren umschichten, wenn wirtschaftlich schwierige Zeiten bevorstehen.

Nachteile der Sektorrotation

- **Zeitaufwand**: Um erfolgreich zu sein, müssen Sie regelmäßig den Markt beobachten und Analysen durchführen.

- **Fehlentscheidungen**: Es besteht das Risiko, dass Sie falsche Entscheidungen treffen und dadurch Verluste erleiden.

ETF-Sparplan

Ein ETF-Sparplan ist eine einfache und effektive Möglichkeit, regelmäßig in börsengehandelte Fonds (ETFs, Exchange Traded Funds) zu investieren. ETFs sind Fonds, die an der Börse gehandelt werden und einen Index, eine Branche, einen Rohstoff oder einen anderen Vermögenswert abbilden. Mit einem ETF-Sparplan können Sie automatisch in regelmäßigen Abständen Geld in diese Fonds investieren, ohne dass Sie jedes Mal selbst Aktien kaufen oder verkaufen müssen.

Wie funktioniert ein ETF-Sparplan?

Ein ETF-Sparplan funktioniert ähnlich wie ein Dauerauftrag bei Ihrer Bank. Sie legen einen festen Betrag fest, den Sie monatlich, vierteljährlich oder in einem anderen Intervall in einen oder mehrere ETFs investieren möchten. Dieses Geld wird dann automatisch von Ihrem Girokonto abgebucht und in die ausgewählten ETFs investiert.

Vorteile eines ETF-Sparplans

1. **Automatisierung**: Einmal eingerichtet, läuft der ETF-Sparplan automatisch. Sie müssen sich nicht mehr um Einzelkäufe kümmern, was Zeit spart und das Risiko von emotionalen Anlageentscheidungen reduziert.

2. **Kosteneffizienz**: In der Regel sind die Kosten für einen ETF-Sparplan geringer als für den mehrfachen Einzelkauf von ETFs. Zudem haben ETFs im Vergleich zu aktiv gemanagten Fonds meist niedrigere Verwaltungsgebühren.

3. **Risikostreuung**: Durch die Investition in ETFs investieren Sie in viele verschiedene Wertpapiere

gleichzeitig. Dies vermindert das Risiko, das mit der Investition in einzelne Aktien verbunden ist.

4. **Flexibilität**: ETF-Sparpläne sind sehr flexibel. Sie können die Rate und das Intervall Ihrer Einzahlungen jederzeit anpassen oder den Sparplan aussetzen, wenn Sie es nötig haben.

5. **Langfristige Perspektive**: Durch regelmäßige Einzahlungen profitieren Sie vom sogenannten Durchschnittskosteneffekt („Cost-Averaging"). Sie kaufen bei niedrigen Kursen mehr Anteile und bei hohen Kursen weniger, was auf lange Sicht zu einem günstigeren Durchschnittspreis führen kann.

Schritt-für-Schritt-Anleitung zur Erstellung eines ETF-Sparplans

1. **Depot eröffnen**: Zuerst benötigen Sie ein Wertpapierdepot bei einer Bank, einem Online-Broker oder einer Direktbank, die ETF-Sparpläne anbietet. Vergleichen Sie die Gebühren und Konditionen der verschiedenen Anbieter.

2. **ETF auswählen**: Wählen Sie einen oder mehrere ETFs aus, in die Sie investieren möchten. Achten Sie dabei auf die Gesamtkostenquote (TER), die Fondsgröße und die Nachbildungsmethode des ETFs.

3. **Sparrate und Intervall festlegen**: Bestimmen Sie, wie viel Geld Sie regelmäßig investieren möchten und in welchem Intervall (monatlich, vierteljährlich etc.).

4. **Sparplan einrichten**: Geben Sie im Online-Portal Ihres Brokers die Details des Sparplans ein und bestätigen Sie die Einrichtung.

5. **Kontrolle und Anpassung**: Überprüfen Sie regelmäßig die Performance Ihres Sparplans und passen Sie die Sparrate oder die ETF-Auswahl bei Bedarf an.

Ein ETF-Sparplan ist eine ausgezeichnete Möglichkeit, langfristig und kosteneffizient Vermögen aufzubauen. Er eignet sich besonders für Beginner, die ihre ersten Schritte auf dem Aktienmarkt machen möchten, ohne ständig den Markt beobachten zu müssen.

ETFs vs. aktiv gemanagte Fonds

In der Welt der Geldanlage gibt es viele verschiedene Möglichkeiten, wie Sie Ihr Geld investieren können. Zwei der beliebtesten Optionen sind ETFs (Exchange Traded Funds) und aktiv gemanagte Fonds. Aber was sind diese Anlageformen genau und wie unterscheiden sie sich voneinander? Hier finden Sie eine leicht verständliche Erklärung.

ETFs (Exchange Traded Funds)

ETFs sind Investmentfonds, die an der Börse gehandelt werden, ähnlich wie Aktien. Ihr Hauptmerkmal ist, dass sie einen bestimmten Marktindex nachbilden. Ein Marktindex ist eine Auswahl von Wertpapieren, die einen bestimmten Markt oder Sektor repräsentieren. Zum Beispiel gibt es ETFs, die den DAX (einen Index, der die 30 größten deutschen Unternehmen abbildet) nachbilden.

Wie funktionieren ETFs?

- **Passives Management**: ETFs werden passiv verwaltet. Das bedeutet, dass die Zusammensetzung des Fonds weitgehend stabil bleibt und nur angepasst wird, wenn sich der zugrunde liegende Index ändert.

- **Geringe Kosten**: Durch die passive Verwaltung sind die Verwaltungskosten von ETFs in der Regel niedriger als bei aktiv gemanagten Fonds.

- **Handelbarkeit**: ETFs können während der Börsenöffnungszeiten jederzeit ge- und verkauft werden, genau wie Aktien. Dies bietet Ihnen Flexibilität und Liquidität.

-

Aktiv gemanagte Fonds

Aktiv gemanagte Fonds werden von professionellen Fondsmanagern verwaltet, die versuchen, durch gezielte Auswahl von Anlagen eine höhere Rendite zu erzielen als der Marktindex.

Wie funktionieren aktiv gemanagte Fonds?

- **Aktives Management**: Fondsmanager treffen aktiv Entscheidungen darüber, welche Wertpapiere gekauft oder verkauft werden sollen, mit dem Ziel, eine bessere Performance als der Markt zu erreichen.

- **Höhere Kosten**: Die aktiven Investmententscheidungen und die damit verbundenen Research- und Transaktionskosten führen in der Regel zu höheren Gebühren.

- **Geringere Flexibilität**: Im Gegensatz zu ETFs können Anteile an aktiv gemanagten Fonds oft nur einmal täglich zu einem bestimmten Preis gehandelt werden, der am Ende des Handelstages festgelegt wird.

Vergleich der beiden Anlageformen

1. Zielsetzung:

    - **ETFs**: Ziel ist es, die Performance eines Marktindexes so genau wie möglich nachzubilden.

    - **Aktiv gemanagte Fonds**: Ziel ist es, die Performance des Marktes zu übertreffen.

    -

2. Kosten:

    - **ETFs**: Niedrigere Verwaltungskosten aufgrund des passiven Managements.

    - **Aktiv gemanagte Fonds**: Höhere Verwaltungskosten aufgrund des aktiven Managements und der damit verbundenen Kosten.

3. Flexibilität und Handelbarkeit:

    - **ETFs**: Können jederzeit während der Börsenöffnungszeiten ge- und verkauft werden.

    - **Aktiv gemanagte Fonds**: Anteile können meistens nur einmal täglich gehandelt werden.

4. Risiko und Renditechancen:

    - **ETFs**: Bieten eine breite Diversifikation und spiegeln die Marktentwicklung wider, was in der Regel zu geringeren Schwankungen führt.

    - **Aktiv gemanagte Fonds**: Können potenziell höhere Renditen erzielen, aber auch höhere Risiken beinhalten, da die Performance stark von den Entscheidungen des Fondsmanagers abhängt.

Für Beginner könnte die Entscheidung zwischen ETFs und aktiv gemanagten Fonds von verschiedenen Faktoren abhängen, wie z.B. Ihrer Risikobereitschaft, Ihren Anlagezielen und den Kosten, die Sie bereit sind zu tragen. Beides hat Vor- und Nachteile, und oft ist eine Kombination aus beiden Strategien sinnvoll.

Emittentenrisiko

Das Emittentenrisiko ist ein wichtiger Begriff in der Welt der ETFs, speziell für Anleger, die gerade erst damit anfangen, sich in diese Anlageform einzuarbeiten. Beim Emittentenrisiko handelt es sich um das Risiko, dass der Herausgeber (Emittent) des ETFs zahlungsunfähig wird oder aus anderen Gründen seine Verpflichtungen nicht mehr erfüllen kann.

Ein ETF, oder Exchange Traded Fund, ist im Grunde ein Korb von Wertpapieren, der an der Börse gehandelt wird. Diese Wertpapiere können Aktien, Anleihen oder andere Investitionen sein. Der ETF wird von einer Finanzinstitution, auch Emittent genannt, herausgegeben. Bekannte Emittenten sind beispielsweise BlackRock mit seinen iShares ETFs oder Vanguard.

Stellen Sie sich vor, Sie investieren in einen ETF, der von einer dieser Institutionen herausgegeben wird. Solange der Emittent finanziell stabil ist und seinen Verpflichtungen nachkommt, gibt es im Hinblick auf das Emittentenrisiko wenig zu befürchten. Sollte der Emittent jedoch in finanzielle Schwierigkeiten geraten oder gar insolvent werden, könnten Sie das Risiko eines finanziellen Verlustes haben. Das bedeutet, dass der Kurs des ETFs drastisch sinken oder der ETF sogar liquidiert werden könnte.

Das Emittentenrisiko ist besonders bedeutend bei synthetischen ETFs. Diese ETFs bilden die Performance eines Index nicht durch den physischen Kauf der darin enthaltenen Wertpapiere nach, sondern durch den Einsatz von Derivaten wie Swaps. Hierbei sind Sie in einem erhöhten Maße auf die Zahlungsfähigkeit der Gegenpartei des Swaps angewiesen.

Um das Emittentenrisiko zu minimieren, gibt es einige Maßnahmen, die Sie ergreifen können:

1. **Diversifikation:** Setzen Sie nicht alles auf eine Karte. Indem Sie in ETFs verschiedener Emittenten investieren, können Sie das Risiko streuen.

2. **Information:** Informieren Sie sich gründlich über den Emittenten des ETFs. Schauen Sie sich dessen finanzielle Stabilität und Historie an.

3. **Schutzmechanismen:** Viele ETFs haben eingebaute Schutzmechanismen, wie zum Beispiel eine Besicherung, die dazu dient, Verluste im Fall einer Zahlungsunfähigkeit des Emittenten zu minimieren. Prüfen Sie, ob solche Schutzmechanismen bei Ihrem ETF vorhanden sind.

FANG – Facebook, Amazon, Netflix, Google (Alphabet)

"FANG" ist ein Akronym, das die Anfangsbuchstaben von vier bekannten und technologisch wegweisenden Unternehmen zusammenfasst: Facebook, Amazon, Netflix und Google (nun bekannt als Alphabet). Diese Unternehmen haben eine herausragende Rolle in der Technologiebranche und der globalen Wirtschaft übernommen, und ihre Geschäftsmodelle haben die Art und Weise, wie wir kommunizieren, einkaufen, Inhalte konsumieren und Informationen suchen, revolutioniert.

Facebook (Meta Platforms)

Facebook, gegründet von Mark Zuckerberg, startete als soziale Plattform, die es den Menschen ermöglicht, sich online zu vernetzen. Inzwischen ist das Unternehmen unter dem Namen Meta Platforms bekannt und hat sein Geschäftsfeld erweitert, um Virtual Reality und Metaverse-Erfahrungen zu umfassen. Facebook bleibt jedoch ein Eckpfeiler des Unternehmens, nach wie vor eine der größten und einflussreichsten sozialen Netzwerke weltweit.

Amazon

Amazon begann als Online-Buchhandlung und hat sich zum weltweit größten Online-Händler entwickelt. Das Unternehmen bietet eine breite Produktpalette an, von Elektronik und Kleidung bis hin zu Lebensmitteln und Dienstleistungen. Amazon Prime, der Abo-Dienst des Unternehmens, bietet Kunden Vorteile wie schnellen Versand und Zugang zu Streaming-Diensten. Darüber hinaus ist Amazon Web Services (AWS) ein führender Anbieter von Cloud-Computing-Diensten, die für viele andere Online-Dienste und Unternehmen unverzichtbar sind.

Netflix

Netflix startete als DVD-Leihservice und hat sich zu einem führenden Anbieter von Video-Streaming-Diensten entwickelt. Das Unternehmen produziert eigene Filme und Serien, die oft große Erfolge feiern und zahlreiche Preise gewinnen. Netflix hat die Art und Weise verändert, wie wir Fernsehen schauen, und Streaming als Standard für den Konsum von Filmen und Serien etabliert.

Google (Alphabet)

Google, ursprünglich eine Suchmaschine, ist heute Teil des größeren Unternehmenskonzerns Alphabet. Google dominiert weiterhin den Suchmaschinenmarkt und bietet eine Vielzahl von Dienstleistungen an, wie E-Mail über Gmail, Navigation mit Google Maps, und Cloud-Speicher über Google Drive. Alphabet umfasst auch andere Technologien und Projekte, wie die Entwicklung autonomer Fahrzeuge durch Waymo und Gesundheitsinnovationen durch Verily.

Bedeutung für ETFs

Die FANG-Unternehmen haben in den letzten Jahren erheblich an Bedeutung gewonnen und sind in vielen Exchange Traded Funds (ETFs) vertreten, insbesondere in solchen, die sich auf den Technologie- oder Verbrauchersektor konzentrieren. Die starke Performance dieser Unternehmen hat maßgeblich dazu beigetragen, dass ETFs, die in diese Aktien investieren, ebenfalls erfolgreich sind.

Für Beginner auf dem Gebiet der ETFs ist es wichtig zu verstehen, dass das Investment in Aktien von FANG-Unternehmen eine Möglichkeit darstellen kann, an der technologischen Revolution und dem Wachstumssektor zu partizipieren. ETFs, die FANG-Aktien enthalten, bieten zudem

Diversifikation, wodurch das Risiko, das mit dem Investment in Einzelaktien verbunden ist, verringert werden kann.

Indem Sie in ETFs investieren, die FANG-Unternehmen beinhalten, können Sie von deren Innovationskraft und Marktführerschaft profitieren, ohne die Notwendigkeit umfangreicher Einzelanalysen und -investitionen. Dies macht ETFs zu einer attraktiven Option für Beginner, die ihr Portfolio um zukunftsträchtige Technologieaktien erweitern möchten.

Factor-Exposure

Factor-Exposure bedeutet auf Deutsch „Faktor-Exponierung" und ist ein Konzept, das aus der Welt der Investitionen kommt. Es beschreibt, wie stark ein Investment wie ein Exchange Traded Fund (ETF) gegenüber bestimmten Faktoren oder Einflussgrößen exponiert ist. Faktoren sind dabei bestimmte Merkmale oder Eigenschaften von Aktien oder anderen Wertpapieren, die auf ihre Wertentwicklung Einfluss nehmen.

Was sind Faktoren?

Faktoren können viele verschiedene Arten haben. Einige der am häufigsten verwendeten Faktoren sind:

1. **Value (Wert)**: Dies bezieht sich auf Aktien, die als unterbewertet gelten und ein niedriges Kurs-Gewinn-Verhältnis (KGV) haben.

2. **Growth (Wachstum)**: Aktien, die starkes Umsatz- und Gewinnwachstum aufweisen.

3. **Momentum**: Aktien, die kürzlich gut abgeschnitten haben und voraussichtlich weiterhin stark performen.

4. **Size (Größe)**: Kleinere Unternehmen, die im Gegensatz zu größeren Unternehmen oft ein höheres Wachstumspotenzial haben.

5. **Quality (Qualität)**: Aktien von Unternehmen mit stabilen Gewinnen, geringer Verschuldung und hoher Kapitalrendite.

6. **Volatility (Volatilität)**: Aktien mit geringerer Preisvolatilität können in unsicheren Zeiten als sicherere Anlagen gelten.

Wie wirkt sich die Faktor-Exponierung auf Ihre Investitionen aus?

Wenn Sie in einen ETF investieren, der sich auf einen bestimmten Faktor konzentriert, bedeutet das, dass der ETF so zusammengestellt ist, dass er stark von diesem Faktor beeinflusst wird. Wenn der ETF beispielsweise eine hohe Exponierung gegenüber dem Momentum-Faktor hat, besteht er hauptsächlich aus Aktien, die kürzlich gute Kursentwicklungen gezeigt haben.

Warum ist Factor-Exposure wichtig?

Für Anleger ist die Faktor-Exponierung ein wichtiges Werkzeug, um ihre Portfolios nach spezifischen Marktbedingungen und persönlichen Präferenzen zu optimieren. Unterschiedliche Faktoren performen zu verschiedenen Zeiten unterschiedlich gut. Während eines wirtschaftlichen Aufschwungs könnten Wachstumsaktien gut abschneiden, wohingegen in wirtschaftlich schwierigen Zeiten Value-Aktien oder niedrig volatile Aktien besser performen könnten.

Wie können Sie Factor-Exposure in Ihr Portfolio integrieren?

Anleger können Factor-Exposure in ihre Portfolios integrieren, indem sie in ETFs investieren, die sich auf spezifische Faktoren konzentrieren. Manche ETFs sind breit gestreut und umspannen mehrere Faktoren, andere fokussieren sich intensiv auf einen oder zwei Faktoren.

1. **Breit diversifizierte ETFs**: Diese ETFs verwenden mehrere Faktoren gleichzeitig, um ein ausgewogenes Risiko-Rendite-Profil zu ermöglichen.

2. **Spezifische Faktor-ETFs**: Diese sind fokussierter und bieten höhere Exponierung gegenüber einem

speziellen Faktor. Sie können höheres Risiko, aber auch höhere Ertragschancen bieten.

Beispiel zur Verdeutlichung

Stellen Sie sich vor, Sie investieren in einen Faktor-ETF, der auf den „Wert"-Faktor fokussiert ist. In diesem Fall würde der ETF hauptsächlich Aktien beinhalten, die unterbewertet erscheinen. Wenn der Markt erkennt, dass diese Aktien tatsächlich unterbewertet waren und ihre Preise steigen, könnte Ihr Investment gute Renditen erzielen.

Auf diese Weise können Sie, je nach Marktbedingungen und Ihren Erwartungen, gezielt in bestimmte Faktoren investieren und Ihre Anlagestrategie optimieren.

Faktor-Investing

Faktor-Investing ist eine Anlagestrategie, die darauf abzielt, bestimmte Merkmale oder "Faktoren" zu nutzen, um eine bessere Rendite zu erzielen als der allgemeine Markt. Diese Merkmale werden durch umfangreiche akademische Forschung identifiziert und basieren auf historischen Daten. Die Idee hinter dem Faktor-Investing ist, dass bestimmte Eigenschaften von Aktien langfristig überdurchschnittliche Renditen liefern können. Es gibt mehrere gut bekannte Faktoren, von denen die häufigsten folgende sind:

1. **Value (Wert)**: Diese Strategie sucht nach Aktien, die im Vergleich zu ihren Fundamentaldaten wie Gewinn, Buchwert oder Dividende billig erscheinen. Die Annahme hier ist, dass solche unterbewerteten Aktien im Laufe der Zeit erkannt und höher bewertet werden, was zu Kurssteigerungen führt.

2. **Size (Größe)**: Dieser Faktor konzentriert sich auf die Marktkapitalisierung von Unternehmen. Kleinere Unternehmen haben historisch gesehen höhere Renditen erzielt als größere Unternehmen. Allerdings können sie auch volatiler und riskanter sein.

3. **Momentum**: Beim Momentum-Faktor investieren Sie in Aktien, die in der Vergangenheit gut abgeschnitten haben. Die These ist, dass Aktien, die in den letzten Monaten oder Jahren eine überdurchschnittliche Kursentwicklung hatten, dies auch in naher Zukunft fortsetzen werden.

4. **Quality (Qualität)**: Dies bezieht sich auf Unternehmen mit starken Bilanzen, stabilen Erträgen und hoher Profitabilität. Qualitativ hochwertige Unternehmen

neigen dazu, in verschiedenen Marktbedingungen besser abzuschneiden.

5. **Low Volatility (Niedrige Volatilität)**: Diese Strategie bevorzugt Aktien, die weniger volatil sind, also weniger Kursschwankungen unterliegen. Dies kann insbesondere in unsicheren Marktphasen vorteilhaft sein, da solche Aktien tendenziell stabiler bleiben.

Beim Faktor-Investing in ETFs (Exchange Traded Funds) wählen Sie ETFs, die gezielt diese Faktoren abbilden. Diese ETFs setzen sich aus Aktien zusammen, die die jeweiligen Kriterien erfüllen. Zum Beispiel könnte ein Value-ETF nur Aktien enthalten, die nach Bewertungsmaßstäben als günstig gelten.

Für Beginner ist es wichtig zu verstehen, dass das Ziel von Faktor-Investing nicht darin besteht, kurzfristige Gewinne zu erzielen, sondern langfristig eine bessere Rendite als der Gesamtmarkt zu erwirtschaften. Investitionen in einzelne Faktoren können auch zu einer Diversifizierung des Portfolios beitragen, da verschiedene Faktoren in unterschiedlichen Marktbedingungen unterschiedlich performen.

Faktorbasierte ETFs

Faktorbasierte ETFs (Exchanged Traded Funds) sind spezielle Arten von börsengehandelten Fonds, die in bestimmte Faktoren investieren, um eine bessere Rendite oder ein besseres Risiko-Rendite-Verhältnis als traditionelle marktkapitalisierungsgewichtete ETFs zu erzielen. Faktoren sind spezifische Merkmale von Aktien, die nachweislich über lange Zeiträume hinweg die Performance beeinflussen können. Diese Faktoren können unter anderem Größe, Wert, Momentum, Qualität, und geringe Volatilität sein.

Größe

Der Größenfaktor bezieht sich darauf, dass kleinere Unternehmen (Small Caps) tendenziell höhere Renditen erzielen als größere Unternehmen (Large Caps). Dies liegt oft daran, dass kleinere Firmen in der Regel risikoreicher sind, jedoch auch mehr Wachstumspotenzial haben.

Wert

Der Wertfaktor basiert auf der Idee, dass unterbewertete Unternehmen – solche, die einen niedrigen Kurs-Gewinn-Verhältnis (KGV) oder Kurs-Buchwert-Verhältnis (KBV) haben – im Laufe der Zeit höhere Renditen erzielen können. Wertaktien sind oft in reiferen und etablierten Branchen zu finden, die stabilere Gewinne aufweisen.

Momentum

Dieser Faktor basiert auf der Annahme, dass Aktien, die in der Vergangenheit gut gelaufen sind, auch in der nahen Zukunft weiterhin gute Leistungen zeigen könnten. ETFs, die auf diesem Faktor basieren, investieren in Aktien, die kürzlich starke Preistrends gezeigt haben.

Qualität

Der Qualitätsfaktor zielt darauf ab, in Unternehmen zu investieren, die gesunde Bilanzen, stabile Gewinne, niedrige Verschuldung und andere solide Fundamentaldaten haben. Solche Firmen sind in der Regel weniger anfällig für wirtschaftliche Abschwünge.

Geringe Volatilität

Dieser Faktor fokussiert sich auf Aktien, die weniger Preisschwankungen aufweisen. Der Gedanke dahinter ist, dass weniger volatile Aktien ein geringeres Risiko darstellen, ohne dass man dabei wesentlich niedrigere Renditen in Kauf nehmen muss.

Wie funktionieren faktorbasierte ETFs?

Anstatt in alle Aktien eines Indexes zu investieren, wählen faktorbasierte ETFs gezielt Aktien aus, die bestimmte Kriterien erfüllen. Zum Beispiel könnte ein ETF, der auf dem Wertfaktor beruht, nur in die unterbewerteten Aktien eines breit gefächerten Indexes investieren. Diese fokussierte Investitionsstrategie soll dazu beitragen, überdurchschnittliche Renditen zu erzielen oder das Risiko zu reduzieren.

Vorteile

1. **Diversifikation:** Faktorbasierte ETFs können zusätzliche Diversifikation bieten, indem sie nicht nur auf die Marktkapitalisierung setzen, sondern auch auf andere maßgebliche Eigenschaften.

2. **Optimiertes Risiko-Rendite-Profil:** Durch die Ausrichtung auf spezifische Faktoren können diese ETFs potenziell bessere Risikoadjustierte Renditen erzielen.

3. **Kostengünstig:** Wie herkömmliche ETFs sind auch faktorbasierte ETFs in der Regel kostengünstiger als aktive gemanagte Fonds.

Nachteile

1. **Komplexität:** Faktorbasierte Strategien können für Beginner komplex und schwer verständlich sein.

2. **Timing-Risiko:** Faktoren können sich unterschiedlich in verschiedenen Marktphasen entwickeln, was zu variablen Renditen führt.

3. **Konzentrationsrisiko:** Da sie gezielt in bestimmte Arten von Aktien investieren, besteht das Risiko, dass diese nicht so performen wie erwartet.

Fondsauflage

Die Fondsauflage bezeichnet den Prozess der Einführung und Verfügbarmachung eines neuen Investmentfonds auf dem Markt. Dieser Vorgang ist ein wesentliches Element in der Finanzwelt und insbesondere bei Exchange Traded Funds (ETFs) von Bedeutung. Hier sind die verschiedenen Schritte und Aspekte, die bei der Fondsauflage eine Rolle spielen:

- **Marktanalyse und Strategieplanung:** Bevor ein Fonds aufgelegt wird, analysiert der Fondsanbieter den Markt. Er prüft, ob es eine Nachfrage nach einem bestimmten Anlageprodukt gibt, und entwirft eine Anlagestrategie. Diese könnte beispielsweise die Nachbildung eines bestimmten Aktienindex beinhalten.

- **Erstellung des Fondsprospekts:** Ein detaillierter Fondsprospekt wird erstellt. Dieser enthält alle wichtigen Informationen über den Fonds, einschließlich seiner Anlagestrategie, der enthaltenen Wertpapiere, der Gebührenstruktur und der Risiken. Der Prospekt ist rechtlich erforderlich und stellt sicher, dass potenzielle Investoren umfassend informiert sind.

- **Genehmigung durch die Aufsichtsbehörden:** Bevor ein Fonds auf den Markt gebracht werden kann, muss er von den Finanzaufsichtsbehörden genehmigt werden. In Deutschland ist dies in der Regel die Bundesanstalt für Finanzdienstleistungsaufsicht (BaFin). Diese Behörde prüft, ob alle rechtlichen Anforderungen erfüllt sind und ob der Fondsprospekt vollständig und korrekt ist.

- **Aufbau der Verwaltungsstruktur:** Sobald die Genehmigung vorliegt, wird eine Verwaltungsstruktur für den Fonds eingerichtet. Dies beinhaltet die

Bestimmung eines Fondsmanagers, der für die Auswahl und Verwaltung der Anlagen verantwortlich ist. Zudem wird eine Depotbank bestimmt, die die Wertpapiere des Fonds verwahrt.

- **Platzierung am Markt:** Der Fonds wird nun auf den Markt gebracht und den Investoren zum Kauf angeboten. Dies geschieht in der Regel durch die Listung an einer Börse, wo Anteile des Fonds (bei ETFs sogenannte „Anteile") gehandelt werden können.

- **Öffentlichkeitsarbeit und Marketing:** Um Investoren auf den neuen Fonds aufmerksam zu machen, betreibt der Fondsanbieter Marketing- und Öffentlichkeitsarbeit. Dies kann durch Werbekampagnen, Informationsveranstaltungen oder Partnerschaften mit Finanzberatern geschehen.

Die Fondsauflage ist ein komplexer und teils langwieriger Prozess, der Sorgfalt und umfassende rechtliche sowie finanzielle Kenntnisse erfordert. Ein erfolgreich aufgelegter Fonds bietet Anlegern jedoch die Möglichkeit, in ein diversifiziertes Portfolio zu investieren und von den Vorteilen kollektiver Geldanlagen zu profitieren.

Fondsdomizil

Das Fondsdomizil, manchmal auch als Fondsstandort bezeichnet, ist der rechtliche und geografische Standort, an dem ein Fonds registriert und verwaltet wird. Stellen Sie sich vor, Sie möchten eine Firma gründen. Sie müssen sich entscheiden, in welchem Land Sie diese Firma registrieren lassen. Ähnlich verhält es sich mit einem Fonds. Der Fondsmanager – also die Person oder Firma, die den Fonds läuft – entscheidet, in welchem Land der Fonds offiziell registriert werden soll. Dieser Ort ist dann das Fondsdomizil.

Warum ist das Fondsdomizil wichtig? Nun, das hat mehrere Gründe, die vor allem mit gesetzlichen Vorschriften, Steuern und administrativen Anforderungen zu tun haben. Verschiedene Länder bieten unterschiedliche Vorteile, was die Regulierung und Besteuerung von Fonds betrifft.

Regulierung: Jedes Land hat eigene Regeln und Vorschriften darüber, wie ein Fonds strukturiert und verwaltet werden muss. Diese Vorschriften können sich stark unterscheiden. Manche Länder haben sehr strenge Regeln, die den Schutz der Anleger in den Vordergrund stellen, während andere Länder möglicherweise weniger strenge Vorschriften haben, die dem Fondsmanagern mehr Flexibilität bieten. Möchte ein Fondsmanager beispielsweise in Deutschland investieren, so muss er sich an die in Deutschland geltenden Regelungen halten.

Steuern: Ein weiterer wichtiger Punkt ist die steuerliche Behandlung eines Fonds. Je nach Fondsdomizil können die Steuersätze und -regelungen unterschiedlich sein. Einige Länder, wie Luxemburg oder Irland, sind besonders beliebte Fondsdomizile, weil sie günstige Steuerbedingungen für Fonds und deren Anleger bieten. Ein Fonds, der in einem Land mit niedrigeren Steuersätzen registriert ist, könnte dadurch höhere Nettorenditen für die Anleger erzielen.

Verfügbarkeit für Anleger: Ein Fonds, der in einem bestimmten Land domiziliert ist, kann vielleicht leichter von den Investoren in diesem Land gekauft werden. Das bedeutet, dass die Wahl des Fondsdomizils auch beeinflusst, wie leicht Anleger Zugang zu diesem Fonds haben.

Wahrung des Vertrauens: Ein Fonds, der in einem Land mit gut angesehenen regulatorischen Rahmenbedingungen domiziliert ist, kann bei Anlegern mehr Vertrauen erwecken. Anleger könnten eher bereit sein, in einen Fonds zu investieren, der in einem Land registriert ist, das für seine strenge Regulierung und den Anlegerschutz bekannt ist.

Fondsgröße

Die Fondsgröße bezieht sich auf das gesamte Vermögen, das in einem Exchange Traded Fund (ETF) angelegt ist. Sie gibt an, wie viel Geld insgesamt von den Anlegern in den ETF investiert wurde und wird oft in Millionen oder Milliarden Euro angegeben. Die Fondsgröße kann wichtige Informationen über den ETF liefern und ist ein entscheidender Faktor, den Sie bei Ihrer Anlageentscheidung berücksichtigen sollten.

Eine große Fondsgröße bedeutet, dass viele Anleger dem ETF vertrauen und bereit sind, ihr Geld darin anzulegen. Dies kann auf eine gute historische Performance oder auf das Vertrauen in das Management des ETFs hinweisen. Größere Fonds haben in der Regel auch niedrigere Verwaltungskosten, weil die fixen Kosten auf viele Anleger verteilt werden können. Das sogenannte „Economies of Scale"-Prinzip kommt hier zum Tragen: Je größer der Fonds, desto kostengünstiger kann er verwaltet werden, was zu geringeren Kosten für Sie als Anleger führen kann.

Ein weiterer Vorteil einer größeren Fondsgröße ist die höhere Liquidität. Liquidität bedeutet, dass Sie Ihre Anteile am ETF leicht kaufen oder verkaufen können, ohne den Marktpreis stark zu beeinflussen. Bei einem großen Fonds gibt es normalerweise viele Käufer und Verkäufer, sodass Sie Ihre Anteile schnell und zu einem fairen Preis handeln können. Das ist besonders wichtig, wenn Sie kurzfristig auf Ihr Geld zugreifen müssen oder auf Marktbewegungen reagieren möchten.

Eine kleinere Fondsgröße hat aber auch ihre Vorteile. Kleinere ETFs sind oft spezialisierter und bieten Zugang zu Nischenmärkten oder speziellen Anlagestrategien, die größere Fonds möglicherweise nicht abdecken. Allerdings können kleinere Fonds auch höhere Verwaltungskosten haben und weniger liquide sein, was Sie beim Kauf oder Verkauf Ihrer Anteile beachten sollten.

Bei Ihrer Investitionsentscheidung sollten Sie die Fondsgröße daher immer im Kontext anderer Faktoren betrachten, wie z.B. die Performance, die Kostenstruktur und die Anlagestrategie des ETFs. All diese Elemente zusammen geben ein vollständiges Bild darüber, ob der ETF für Ihre Anlageziele geeignet ist.

Fondsprospekt

Ein Fondsprospekt ist ein ausführliches Dokument, das wichtige Informationen über einen Investmentfonds oder einen Exchange Traded Fund (ETF) enthält. Wenn Sie in einen ETF investieren möchten, ist der Fondsprospekt eine der entscheidenden Informationsquellen, die Ihnen helfen sollen, eine fundierte Entscheidung zu treffen.

Was steht im Fondsprospekt?

Der Fondsprospekt enthält verschiedene wesentliche Informationen:

1. **Anlageziel und -strategie**: Hier erfahren Sie, welches Ziel der Fonds verfolgt. Zum Beispiel kann ein ETF das Ziel haben, die Wertentwicklung eines bestimmten Aktienindex wie des DAX oder des S&P 500 nachzubilden. Außerdem wird beschrieben, wie der Fonds dieses Ziel erreichen will, etwa durch den Kauf der entsprechenden Aktien des Index.

2. **Risikofaktoren**: Dieses Kapitel ist sehr wichtig, weil es Sie über die mit der Anlage verbundenen Risiken aufklärt. Risiken können z.B. Marktrisiken, Währungsrisiken oder auch sektor-spezifische Risiken sein.

3. **Kosten und Gebühren**: Hier wird genau angegeben, welche Kosten und Gebühren auf Sie zukommen, wenn Sie in den Fonds investieren. Dazu gehören Verwaltungsgebühren, eventuell anfallende Ausgabeaufschläge und laufende Kosten. Diese Informationen sind wichtig, denn hohe Kosten können Ihre Rendite erheblich schmälern.

4. **Fondsgesellschaft und Management**: In diesem Abschnitt erfahren Sie mehr über die Gesellschaft, die den Fonds auflegt, und das Management-Team, das den Fonds verwaltet. Vertrauen und Kompetenz des Managements sind Schlüsselkriterien bei der Fondsauswahl.

5. **Wertentwicklung**: Hier wird die bisherige Wertentwicklung des Fonds dargestellt. Meistens werden diese Daten über verschiedene Zeiträume hinweg, z.B. die letzten 1, 3, 5 oder 10 Jahre, gezeigt. Bedenken Sie jedoch, dass vergangene Wertentwicklungen keine Garantie für zukünftige Ergebnisse sind.

Warum ist der Fondsprospekt wichtig?

Der Fondsprospekt zeigt Transparenz und stellt sicher, dass alle potenziellen Anleger die gleichen grundlegenden Informationen erhalten. Das ist besonders wichtig für unerfahrene Anleger, die möglicherweise nicht alle Fachbegriffe und Konzepte kennen, die in der Welt der ETFs verwendet werden. Der Fondsprospekt hilft Ihnen, grundlegende Fragen zu beantworten:

- Passt dieser Fonds zu meinen Anlagezielen?
- Kann ich die Risiken, die mit diesem Fonds verbunden sind, akzeptieren?
- Sind die Kosten und Gebühren für mich vertretbar?

Wo finden Sie den Fondsprospekt?

Den Fondsprospekt können Sie in der Regel auf der Website der Fondsgesellschaft herunterladen, die den ETF anbietet.

Außerdem können Sie ihn häufig über Ihren Bankberater oder durch andere Finanzdienstleister erhalten.

Indem Sie sich gut informieren und den Fondsprospekt sorgfältig durchlesen, können Sie sicherstellen, dass Sie eine fundierte Anlageentscheidung treffen.

Frontier Markets ETF

Ein Frontier Markets ETF (Exchange Traded Fund) ist ein Finanzprodukt, das die Performance von Aktienmärkten in wirtschaftlich weniger entwickelten Ländern abbildet. Diese Märkte werden häufig als "Frontier Markets" oder "Grenzmärkte" bezeichnet, weil sie sich in einem sehr frühen Entwicklungsstadium befinden und nicht die gleichen Reifegrade wie Schwellenländer (Emerging Markets) erreicht haben.

Was sind Frontier Markets?

Frontier Markets sind Länder mit kleineren, weniger entwickelten Finanzmärkten. Diese Länder weisen oft geringere Handelsvolumen und weniger Liquidität auf und können höheren Risiken ausgesetzt sein. Typische Beispiele für Frontier Markets sind Länder wie Vietnam, Nigeria, Kenia und Rumänien. Diese Märkte bieten jedoch auch ein erhebliches Wachstumspotenzial, da sie sich in einer frühen Phase wirtschaftlicher Entwicklung befinden und somit Chancen für hohe Renditen bieten.

Was ist ein ETF?

Ein ETF ist ein börsengehandelter Fonds, der wie eine Aktie an einer Börse gehandelt wird. Ein ETF besteht meist aus einem Korb von Wertpapieren, wie z.B. Aktien oder Anleihen, und bildet die Performance eines bestimmten Index, Sektors oder Themas nach. ETFs bieten eine einfache Möglichkeit zur Diversifikation, da man mit einer einzigen Transaktion in ein breites Spektrum von Unternehmen investieren kann.

Wie funktioniert ein Frontier Markets ETF?

Ein Frontier Markets ETF investiert in Aktien von Unternehmen, die in diesen weniger entwickelten Ländern ansässig sind. Der ETF zielt darauf ab, die Performance eines bestimmten Indexes, der diese Frontier Markets repräsentiert, nachzubilden. Zum Beispiel könnte ein Frontier Markets ETF den MSCI Frontier Markets Index nachbilden. Dieser Index umfasst eine Vielzahl von Aktien aus mehreren Frontier Markets und bietet somit eine breite Diversifikation innerhalb dieses speziellen Marktsegments.

Warum in einen Frontier Markets ETF investieren?

1. **Wachstumspotenzial:** Frontier Markets haben oft ein hohes wirtschaftliches Wachstumspotenzial, da sie sich in der frühen Phase ihrer wirtschaftlichen Entwicklung befinden.

2. **Diversifikation:** Durch die Investition in verschiedene Länder und Branchen können Sie Ihr Portfolio diversifizieren und das Risiko reduzieren.

3. **Zugang zu neuen Märkten:** Ein Frontier Markets ETF ermöglicht Ihnen den Zugang zu Märkten, die ansonsten schwer zugänglich wären oder in die direkt zu investieren sehr komplex und kostspielig sein könnte.

Risiken eines Frontier Markets ETF

Es gibt jedoch auch Risiken, die Sie berücksichtigen sollten:

1. **Marktrisiko:** Die Märkte in diesen Ländern sind oft volatil und können starken Schwankungen unterliegen.

2. **Liquiditätsrisiko:** Die Märkte in Frontier Countries sind oft weniger liquide, was bedeutet, dass es schwieriger sein kann, Aktien zu kaufen oder zu verkaufen, ohne den Preis zu beeinflussen.

3. **Politisches Risiko:** Frontier Markets sind oft politisch instabiler, was sich negativ auf die Finanzmärkte auswirken kann.

4. **Währungsrisiko:** Da die Investitionen in lokalen Währungen gehalten werden, besteht ein zusätzliches Risiko durch Wechselkursschwankungen.

Wie kauft man einen Frontier Markets ETF?

Einen Frontier Markets ETF können Sie wie jedes andere Wertpapier über ein Wertpapierdepot bei einer Bank oder einem Online-Broker kaufen. Sie suchen sich den spezifischen ETF aus, den Sie kaufen möchten, und geben dann eine Kauforder an der Börse auf, an der der ETF gehandelt wird. Es ist ratsam, sich vorab gut zu informieren und die Kosten sowie die Risikoprofile der verschiedenen verfügbaren ETFs zu vergleichen.

Full Replication (Vollständige Nachbildung)

Full Replication, auch vollständige Nachbildung genannt, ist ein Begriff aus der Welt der Exchange Traded Funds (ETFs). Ein ETF ist ein Investmentfonds, der an der Börse gehandelt wird wie eine Aktie und meist einen bestimmten Börsenindex nachbildet. Bei der Methode der Full Replication kauft der ETF tatsächlich alle Wertpapiere eines bestimmten Index in den exakt gleichen Proportionen, wie sie auch im Index vertreten sind.

Stellen Sie sich vor, Sie haben einen ETF, der den DAX nachbildet. Der DAX ist der deutsche Aktienindex, der die 40 größten börsennotierten Unternehmen in Deutschland umfasst. Wenn ein ETF den DAX mittels Full Replication nachbildet, bedeutet das, dass dieser ETF tatsächlich Aktien von all diesen 40 Unternehmen kauft. Er hält also genau die gleichen Aktien in der gleichen Gewichtung, wie sie im DAX vorkommen.

Diese Methode hat einige Vorteile:

1. **Exakte Nachbildung des Indexes**: Da der ETF alle Aktien des Indexes besitzt, können Sie sicher sein, dass die Performance des ETFs sehr nahe an der Performance des Indexes liegt. Es gibt also kaum Abweichungen, sogenannte "Tracking Errors".

2. **Transparenz**: Da der ETF alle Bestandteile des Indexes kauft, können Sie einfach nachvollziehen, in welche Unternehmen Ihr Geld investiert wird. Das macht es für Sie leichter, das Investment zu verstehen und zu überwachen.

3. **Diversifikation**: Durch den Kauf aller Aktien des Indexes wird Ihr Investment automatisch diversifiziert. Das bedeutet, Ihr Risiko wird auf viele verschiedene Unternehmen verteilt.

Natürlich gibt es auch einige Herausforderungen bei der Full Replication:

1. **Transaktionskosten**: Der Kauf und Verkauf aller Aktien des Indexes kann teuer werden, besonders wenn sich die Zusammensetzung des Indexes häufig ändert. Diese Kosten können die Rendite des ETFs beeinträchtigen.

2. **Verwaltungskosten**: Der ETF muss ständig überwachen, dass die Gewichtung der einzelnen Aktien im Portfolio exakt der Gewichtung im Index entspricht. Dies erfordert eine laufende Anpassung, was zusätzliche Verwaltungskosten mit sich bringen kann.

3. **Illiquidität bei kleinen Aktien**: Einige Aktien in bestimmten Indizes könnten weniger gehandelt werden (illiquide sein). Das macht es für den ETF schwieriger, diese Aktien zu kaufen oder zu verkaufen, ohne den Marktpreis zu beeinflussen.

Governance in ESG-ETFs

Governance ist ein wesentlicher Bestandteil des ESG-Konzepts (Environmental, Social, Governance), das von vielen Anlegern verwendet wird, um nachhaltige und verantwortungsbewusste Anlagestrategien zu verfolgen. Insbesondere wenn es um ESG-ETFs (Exchange Traded Funds) geht, spielt die Governance eine entscheidende Rolle.

Was bedeutet Governance?

Governance bezieht sich auf die Unternehmensführung und -kontrolle. In einfacher Sprache geht es dabei darum, wie ein Unternehmen geleitet wird, welche Regeln es befolgt, und wie Entscheidungen getroffen werden. Gute Governance stellt sicher, dass ein Unternehmen transparent, ethisch und effizient arbeitet und dabei die Interessen aller seiner Stakeholder - das sind Aktionäre, Mitarbeiter, Kunden, Lieferanten und die Gemeinschaft - berücksichtigt.

Warum ist Governance in ESG-ETFs wichtig?

ESG-ETFs sind Investmentfonds, die in Unternehmen investieren, die bestimmte Umwelt-, Sozial- und Governance-Kriterien erfüllen. Governance ist dabei von zentraler Bedeutung, weil:

1. **Transparenz und Verantwortlichkeit:** Gute Governance-Praktiken sorgen dafür, dass Unternehmen klare und transparente Geschäftsführungsstrukturen haben. Dies vermindert das Risiko von Korruption und Betrug und stellt sicher, dass Führungskräfte zur Rechenschaft gezogen werden können.

2. **Langfristiges Wachstum:** Unternehmen mit starker Governance sind oft besser auf langfristiges Wachstum

ausgerichtet. Sie haben gut definierte Strategien, klare Ziele und eine verantwortungsbewusste Geschäftsführung, die auf nachhaltigen Erfolg ausgerichtet ist.

3. **Risikomanagement:** Gute Governance hilft, Risiken zu minimieren. Durch klare Regeln und Vorschriften können Unternehmen besser auf Marktveränderungen reagieren und sind widerstandsfähiger gegen wirtschaftliche Schocks.

Kriterien für gute Governance in ESG-ETFs

Wenn Sie in einen ESG-ETF investieren, sollten Sie darauf achten, dass die Unternehmen im ETF einige oder alle der folgenden Merkmale guter Governance aufweisen:

1. **Vorstandsstruktur:** Eine unabhängige und vielfältige Vorstandsstruktur, die Interessenkonflikte minimiert und unterschiedliche Perspektiven einbezieht.

2. **Transparenz:** Klare und transparente Finanzberichte sowie regelmäßige und nachvollziehbare Unternehmenskommunikation.

3. **Ethik und Compliance:** Ein starkes internes Kontrollsystem und klare Richtlinien für ethisches Verhalten und Compliance (Einhaltung von Gesetzen und Vorschriften).

4. **Aktionärsrechte:** Mechanismen, die sicherstellen, dass die Rechte und Interessen der Aktionäre geschützt werden, wie etwa die Möglichkeit, bedeutende Wahlen und Entscheidungen zu beeinflussen.

5. **Vergütungspolitik:** Faire und transparente Vergütungspolitiken, die sicherstellen, dass

Führungskräfte und Mitarbeiter entsprechend ihrer Leistung und des langfristigen Erfolgs des Unternehmens bezahlt werden.

Wie bewerten ESG-ETFs Governance?

ESG-ETFs verwenden häufig Ratings und Indizes von spezialisierten ESG-Rating-Agenturen. Diese Agenturen bewerten Unternehmen anhand detaillierter Kriterien und vergeben Governance-Ratings, die in die gesamte ESG-Bewertung einfließen. Wenn Sie einen ESG-ETF auswählen, können Sie diese Bewertungen nutzen, um einen Einblick in die Governance-Praktiken der enthaltenen Unternehmen zu bekommen.

Wie profitiert man von Governance in ESG-ETFs?

Bessere Governance-Praktiken führen häufig zu stabileren und nachhaltigeren Unternehmensleistungen. Indem Sie in ESG-ETFs investieren, die gute Governance-Kriterien berücksichtigen, können Sie nicht nur ethischer investieren, sondern auch von potenziell besseren finanziellen Ergebnissen profitieren.

Green Bond ETF

Ein Green Bond ETF ist ein börsengehandelter Fonds (ETF), der speziell in sogenannte "grüne Anleihen" investiert.

Green Bonds sind Anleihen, die von Regierungen, Körperschaften oder anderen Institutionen ausgegeben werden, um Projekte zu finanzieren, die positive Umweltvorteile haben. Dies können Projekte sein, die erneuerbare Energien fördern, die Energieeffizienz verbessern oder den Klimawandel bekämpfen, wie z.B. Windparks, Solaranlagen oder öffentliche Verkehrsmitteln. Das Hauptziel von Green Bonds ist es, Kapital für umweltfreundliche Projekte zu mobilisieren, die eine nachhaltige Zukunft unterstützen.

Warum in Green Bond ETFs investieren?

Umweltbewusstsein:

Durch die Investition in einen Green Bond ETF tragen Sie zur Finanzierung von Projekten bei, die positive Auswirkungen auf die Umwelt haben. Dies kann ein wichtiger Anreiz sein, wenn Sie Wert auf Nachhaltigkeit legen und ökologisch verantwortungsbewusst investieren möchten.

Diversifikation:

Ein Green Bond ETF bietet Ihnen Zugang zu einer Vielzahl von grünen Anleihen, die von unterschiedlichen Emittenten stammen und verschiedene Projekte finanzieren. Dies bedeutet, dass Ihr Risiko gestreut wird, da Sie nicht auf eine einzelne Anleihe oder ein einzelnes Projekt angewiesen sind.

Stabile Erträge:

Green Bonds sind festverzinsliche Wertpapiere, was bedeutet, dass sie regelmäßige Zinszahlungen bieten. Ein Green Bond ETF kann also eine stabile Einkommensquelle sein, die gleichzeitig Ihr Anlagekapital schützt.

Zugang zu internationalen Märkten:

Viele Green Bond ETFs investieren weltweit und bieten Ihnen die Möglichkeit, in globale Umweltprojekte zu investieren. Dies kann Ihnen helfen, von den Entwicklungen und Umweltstrategien verschiedener Länder und Regionen zu profitieren.

Beispiele für Green Bond ETFs:

Es gibt verschiedene Green Bond ETFs auf dem Markt, die sich in ihren Anlagezielen und ihrer Zusammensetzung unterscheiden. Hier sind einige Beispiele:

- **iShares Global Green Bond ETF:** Dieser ETF investiert in eine globale Auswahl von Green Bonds und strebt eine breite Diversifikation an.

- **VanEck Vectors Green Bond ETF:** Dieser ETF konzentriert sich auf Green Bonds, die von Unternehmen, Regierungen und supranationalen Organisationen ausgegeben werden und strenge ökologische Kriterien erfüllen.

Growth

Der Begriff „Growth" kommt aus dem Englischen und bedeutet Wachstum. In der Welt der ETFs (Exchange Traded Funds) bezieht sich „Growth" auf Aktien oder Fonds, die ein hohes Wachstumspotenzial haben. Solche Aktien oder Fonds werden daher oft als „Wachstumsaktien" oder „Wachstumsfonds" bezeichnet.

Wachstumsaktien sind Anteile von Unternehmen, die ein überdurchschnittliches Gewinn- oder Umsatzwachstum aufweisen. Diese Unternehmen reinvestieren in der Regel ihre Gewinne, um weiter zu expandieren, statt sie als Dividenden an ihre Aktionäre auszuschütten. Das bedeutet, Sie als Anleger bekommen keine regelmäßigen Ausschüttungen, profitieren aber durch den potenziellen Anstieg des Aktienkurses.

Ein ETF, der sich auf Wachstumsaktien konzentriert, wird als Growth-ETF bezeichnet. Solche ETFs investieren hauptsächlich in Unternehmen, die voraussichtlich schneller wachsen als der Durchschnitt der Aktienmärkte. Diese Unternehmen sind oft in Branchen wie Technologie, Biotechnologie oder erneuerbare Energien tätig, da diese Sektoren typischerweise ein hohes Wachstum aufweisen.

Ein Beispiel für einen Growth-ETF könnte ein Technologie-ETF sein, der Anteile von Firmen wie Apple, Google oder Tesla hält. Diese Firmen sind dafür bekannt, dass sie stark in Forschung und Entwicklung investieren, um neue Produkte und Dienstleistungen zu schaffen und so ihr Wachstum zu steigern.

Es ist wichtig zu erkennen, dass Investitionen in Wachstumsaktien oder Growth-ETFs auch Risiken mit sich bringen. Zwar bieten sie die Möglichkeit auf hohe Renditen, aber diese Unternehmen können auch volatiler sein. Das bedeutet, dass der Wert der Aktien stärker schwanken kann, was zu höheren Verlusten führen kann, wenn die Unternehmen ihre Wachstumsziele nicht erreichen.

Wenn Sie sich für eine Investition in Growth-ETFs entscheiden, sollten Sie sich also sowohl der Chancen als auch der Risiken bewusst sein. Wachstumsinvestitionen eignen sich besonders für Anleger, die bereit sind, ein höheres Risiko einzugehen, um potenziell höhere Renditen zu erzielen.

HY – High Yield

High Yield, oft mit dem Kürzel "HY" abgekürzt, bezeichnet Anleihen oder andere Schuldverschreibungen, die eine höhere Rendite bieten als hochwertige Anleihen. Diese höheren Renditen sind notwendig, weil High-Yield-Anleihen auch ein höheres Risiko darstellen. Es handelt sich dabei in der Regel um Anleihen, die von Unternehmen oder Staaten ausgegeben werden, deren Bonität, also ihre finanzielle Stabilität und Kreditwürdigkeit, als weniger sicher eingestuft wird.

1. Grundlagen von Anleihen:

    - Eine Anleihe ist im Grunde ein Kredit, den Sie einem Unternehmen oder einer Regierung geben. Im Gegenzug erhalten Sie regelmäßige Zinszahlungen und am Ende der Laufzeit der Anleihe Ihr investiertes Kapital zurück.

    - Die Zinszahlungen werden oft als "Kupon" bezeichnet.

2. Bonität und Ratings:

    - Anleihen werden von Ratingagenturen wie Standard & Poor's, Moody's und Fitch bewertet. Diese Ratings reichen von "AAA" (höchste Bonität) bis "D" (zahlungsunfähig).

    - High-Yield-Anleihen haben in der Regel ein Rating von "BB" oder niedriger. Daher werden sie auch oft als "Junk Bonds" bezeichnet.

3. Warum High Yield?:

    - **Höhere Renditen**: Weil diese Anleihen riskanter sind, versuchen die Emittenten, Anleger durch höhere Zinsen anzulocken.

    - **Diversifikation**: Sie können dazu beitragen, ein Anlageportfolio zu diversifizieren, da sie in der Regel eine andere Renditedynamik als hochwertige Anleihen oder Aktien aufweisen.

4. Risiken:

    - **Kreditrisiko**: Das Risiko, dass der Emittent der Anleihe seine Zinszahlungen oder die Rückzahlung des Kapitals nicht leisten kann.

    - **Marktrisiko**: Der Wert von High-Yield-Anleihen kann durch Änderungen im Zinssatz oder durch Marktstimmungen erheblich schwanken.

    - **Liquiditätsrisiko**: Es kann schwieriger sein, High-Yield-Anleihen zu verkaufen, insbesondere in volatilen Märkten.

5. Für wen geeignet?:

    - Anleger, die bereit sind, ein höheres Risiko einzugehen, um potenziell höhere Renditen zu erzielen.

    - Menschen, die bereits ein gut diversifiziertes Portfolio haben und High-Yield-Anleihen als eine Möglichkeit sehen, ihre Rendite zu steigern.

Wenn Sie überlegen, in High-Yield-Anleihen zu investieren, ist es essenziell, Ihre eigenen Risikotoleranz und Anlageziele zu verstehen und gegebenenfalls einen Finanzberater zu konsultieren.

IG – Investment Grade

Der Begriff „Investment Grade" (IG) bezeichnet Anleihen oder Schuldverschreibungen, die von Rating-Agenturen als relativ sicher und kreditwürdig eingestuft werden. Diese Wertpapiere haben ein geringeres Risiko eines Zahlungsausfalls im Vergleich zu sogenannten „Non-Investment Grade"-Anleihen oder „High-Yield"-Anleihen.

Was sind Rating-Agenturen?

Rating-Agenturen sind spezialisierte Finanzdienstleister, deren Hauptaufgabe es ist, die Kreditwürdigkeit von Unternehmen, Staaten und deren finanziellen Verpflichtungen zu bewerten. Die drei bekanntesten Rating-Agenturen sind Moody's, Standard & Poor's (S&P) und Fitch. Jede dieser Agenturen verwendet ein eigenes System zur Bewertung der Kreditwürdigkeit, aber grundsätzlich bedeutet eine höhere Bewertung eine geringere Ausfallwahrscheinlichkeit.

Wie funktioniert das Rating-System?

Die Ratings reichen von „AAA" oder „Aaa" (je nach Agentur) für besonders sichere Anleihen bis hin zu „D" für Anleihen, die bereits zahlungsunfähig sind. Investment Grade umfasst in der Regel Ratings von „BBB-" oder „Baa3" und höher. Hier eine einfache Übersicht:

- **AAA / Aaa**: Höchste Qualität, extrem geringe Ausfallwahrscheinlichkeit.

- **AA / Aa**: Sehr hohe Qualität, sehr geringe Ausfallwahrscheinlichkeit.

- **A / A**: Hohe Qualität, geringe Ausfallwahrscheinlichkeit.

- **BBB / Baa**: Gute Qualität, mittlere bis geringe Ausfallwahrscheinlichkeit.

Ein Rating unterhalb von „BBB-" oder „Baa3" wird als „Non-Investment Grade" oder „Spekulationsgrad" eingestuft.

Warum ist Investment Grade wichtig?

Für Anleger, insbesondere für Beginner, ist das Investment Grade ein wichtiges Kriterium, weil es eine grundlegende Einschätzung der Sicherheit einer Anlage darstellt. Ein Investment Grade-Rating bedeutet, dass die Wahrscheinlichkeit eines Zahlungsausfalls des Emittenten geringer ist und somit auch das Risiko der Investition.

Wie beeinflusst Investment Grade ETFs?

Ein ETF (Exchange Traded Fund), der in Anleihen investiert, wird oft nach der Qualität der enthaltenen Anleihen unterschieden. Ein „Investment Grade Anleihen-ETF" investiert hauptsächlich in Anleihen, die ein Investment Grade-Rating haben. Das bedeutet, dass das Risiko und die potenziellen Renditen dieses ETFs in der Regel moderater sind als die eines „High Yield Anleihen-ETF", der in Anleihen mit niedrigerem Rating investiert.

IMI – Investable Market Index

Der Begriff "IMI" steht für "Investable Market Index". IMI ist eine Art von Marktindex, der eine breite Palette von Aktien abdeckt und sowohl große als auch mittlere und kleine Unternehmen umfasst. Dies macht ihn zu einem umfassenden Index, der eine breite Marktstreuung bietet.

Ein Investable Market Index stellt eine Untergruppe eines größeren Marktes dar, die für Investoren tatsächlich zugänglich ist. Das bedeutet, dass nur die Aktien eingeschlossen werden, die Sie tatsächlich kaufen und verkaufen können. Der IMI bietet somit eine realistische Abbildung des Marktes, da er nur die investierbaren Aktien berücksichtigt.

Nehmen wir als Beispiel den MSCI All Country World IMI Index. Dieser Index umfasst Aktien von Unternehmen aus 23 entwickelten und 27 Schwellenländern. Dadurch bietet er eine sehr breite Diversifikation und spiegelt die Performance eines großen Teils der globalen Aktienmärkte wider.

In der ETF-Welt (Exchange Traded Funds) werden oft Indexfonds angeboten, die IMIs als Basis haben. Diese Fonds ermöglichen es Ihnen, mit einer einzigen Investition in viele verschiedene Aktien auf einmal zu investieren, was das Risiko streut und die Kosten senkt.

IPO – Initial Public Offering

Ein Initial Public Offering, abgekürzt IPO, ist ein bedeutendes Ereignis im Finanzmarkt. Es handelt sich dabei um den erstmaligen Börsengang eines Unternehmens, bei dem dessen Aktien der breiten Öffentlichkeit zum Kauf angeboten werden.

Bevor ein Unternehmen ein IPO durchführt, ist es in der Regel in privater Hand. Das bedeutet, dass die Eigentümer nur wenige sind, vielleicht die Gründungsmitglieder, einige Investoren oder bestimmte Angestellte. Durch ein IPO öffnet sich das Unternehmen für einen viel größeren Investorenkreis, indem es seine Aktien an der Börse notiert und verkauft.

Warum ein IPO?

Ein Unternehmen entscheidet sich für ein IPO aus verschiedenen Gründen:

1. **Kapitalbeschaffung:** Durch den Verkauf von Aktien kann das Unternehmen erhebliches Kapital einnehmen. Dieses Geld kann dann für verschiedene Zwecke genutzt werden, wie zum Beispiel die Expansion des Geschäfts, Forschung und Entwicklung, Schuldenabbau oder den Aufbau neuer Märkte.

2. **Öffentliches Profil:** Ein börsennotiertes Unternehmen erhält mehr Aufmerksamkeit und Anerkennung, was das Vertrauen in die Marke erhöhen kann.

3. **Liquidität für bestehende Aktionäre:** Gründer und frühe Investoren haben durch ein IPO die Möglichkeit, ihre Anteile teilweise oder ganz zu verkaufen, um Gewinne zu realisieren.

4. **Anreize für Mitarbeiter:** Ein börsennotiertes Unternehmen kann Aktienoptionen als Teil seiner

Vergütungspakete anbieten, was helfen kann, Talente anzuziehen und zu halten.

Der Prozess eines IPO

Ein IPO ist komplex und umfasst mehrere Schritte:

1. **Beratung durch Banken:** Bevor es an die Börse geht, sucht das Unternehmen die Beratung von Investmentbanken. Diese Banken helfen bei der Festlegung des Börsengangs, der Preissetzung und finden potenzielle Investoren.

2. **Due Diligence und Registrierung:** Es folgt eine gründliche Überprüfung der Finanzen und Geschäftspraktiken des Unternehmens. Danach müssen umfangreiche Dokumente bei der zuständigen Börsenaufsicht eingereicht werden. In den USA ist dies beispielsweise die Securities and Exchange Commission (SEC).

3. **Preisfindung:** Die Banken und das Unternehmen bestimmen einen Preis oder eine Preisspanne für die Aktie. Dieser Preis wird durch verschiedene Faktoren beeinflusst, wie die Marktbedingungen und die Nachfrage nach den Aktien des Unternehmens.

4. **Roadshow:** Das Unternehmen präsentiert seine Geschäftsidee und Zukunftspläne potenziellen Investoren. Diese Tour wird Roadshow genannt und dient dazu, Interesse und Vertrauen in das IPO zu wecken.

5. **Börsengang:** Am Tag des Börsengangs werden die Aktien erstmals zum Verkauf angeboten. Der Anfangskurs, zu dem die Aktien gehandelt werden,

kann sich schnell ändern, je nachdem, wie stark das Interesse der Investoren ist.

Risiken und Überlegungen

Ein IPO bringt auch Risiken mit sich. Die Aktienkurse können volatil, also stark schwankend, sein, besonders in den ersten Tagen und Wochen nach dem Börsengang. Auch Offenlegungs- und Berichtspflichten sind strenger, und das Unternehmen wird stärker von der Öffentlichkeit und den Regulierungsbehörden überwacht.

Für Anleger ist es wichtig, die finanziellen Informationen und die Geschäftsstrategie eines Unternehmens sorgfältig zu prüfen, bevor sie in ein IPO investieren. Die Entscheidung, in neue Aktien zu investieren, sollte gut überlegt sein und im Einklang mit den persönlichen Finanzzielen und der Risikobereitschaft stehen.

Impact-ETFs

Impact-ETFs, auch bekannt als „Impact Exchange Traded Funds", sind eine spezielle Art von börsengehandelten Fonds (ETFs), die nicht nur eine finanzielle Rendite anstreben, sondern gleichzeitig auch positive soziale oder ökologische Auswirkungen erzielen möchten. Diese Art von ETFs wird oft von Anlegern gewählt, die ihr Geld in Übereinstimmung mit ihren persönlichen Werthaltungen investieren möchten, sei es in Bezug auf Umweltfragen, soziale Gerechtigkeit oder andere ethische Prinzipien.

Stellen Sie sich vor, Sie möchten Ihr Geld anlegen, aber nicht nur, um am Ende des Jahres eine Rendite zu sehen, sondern auch, um sicherzustellen, dass Ihr Geld Gutes bewirkt. Ein Impact-ETF ermöglicht es Ihnen, genau das zu tun.

Wie funktionieren Impact-ETFs?

Wie herkömmliche ETFs auch, bündeln Impact-ETFs verschiedene Wertpapiere, wie Aktien oder Anleihen, in einem einzigen Fonds, der dann an der Börse gehandelt wird. Der Unterschied besteht darin, dass die Unternehmen oder Vermögenswerte, die in einem Impact-ETF enthalten sind, sorgfältig ausgewählt werden, um bestimmte positive Auswirkungen zu erzielen.

Ein Beispiel könnte ein Impact-ETF sein, der ausschließlich in Unternehmen investiert, die sich für erneuerbare Energien einsetzen, oder in solche, die nachhaltige Praktiken in ihrer Produktion verwenden. Einige Impact-ETFs fokussieren sich vielleicht auf soziale Aspekte wie faire Arbeitsbedingungen oder die Förderung der Geschlechtergleichstellung in Führungspositionen.

Vorteile von Impact-ETFs

1. **Geldanlage und Gutes bewirken**: Sie haben die Möglichkeit, Ihr Geld effizient anzulegen und gleichzeitig einen positiven Beitrag zur Gesellschaft oder Umwelt zu leisten.

2. **Diversifikation**: Wie andere ETFs auch, bieten Impact-ETFs eine gute Möglichkeit zur Diversifikation, was bedeutet, dass Ihr Geld auf mehrere Anlagewerte aufgeteilt wird, um das Risiko zu minimieren.

3. **Transparenz**: Da sie an der Börse gehandelt werden, bieten Impact-ETFs eine hohe Transparenz. Sie können leicht herausfinden, in welche Unternehmen der ETF investiert und welche Kriterien zur Auswahl verwendet wurden.

Worauf sollten Sie achten?

1. **Fondsmanager**: Prüfen Sie die Glaubwürdigkeit und Erfahrung des Fondsmanagers. Ein erfahrener Fondsmanager kann den Unterschied in der Performance des ETFs ausmachen.

2. **Kosten**: Achten Sie auf die Gebührenstruktur des ETFs. Niedrigere Gebühren bedeuten höhere Nettorenditen für Sie.

3. **Ziele und Kriterien**: Untersuchen Sie die spezifischen Kriterien und Ziele des Impact-ETFs, um sicherzustellen, dass sie mit Ihren persönlichen Wertevorstellungen übereinstimmen.

4. **Performance**: Vergleichen Sie die finanzielle Performance des Impact-ETFs mit traditionellen ETFs und berücksichtigen Sie die langfristigen Vorteile, die

durch die positiven sozialen oder ökologischen Auswirkungen entstehen können.

Impact-ETFs bieten eine spannende Möglichkeit für Anleger, die nicht nur Rendite erzielen, sondern auch die Welt ein Stück besser machen möchten. Indem Sie in solche ETFs investieren, können Sie Teil einer Bewegung werden, die nachhaltige und ethisch verantwortliche Investitionen vorantreibt.

Index

Ein Index ist im Zusammenhang mit der Finanzwelt und insbesondere bei Exchange Traded Funds (ETFs) von zentraler Bedeutung. Ein Index ist im Grunde eine Art Messlatte oder ein Korb, der die Performance verschiedener Wertpapiere – wie Aktien, Anleihen oder andere Anlageformen – abbildet. Er stellt somit eine Zusammenfassung der Kursbewegungen einer ausgewählten Gruppe von Wertpapieren dar.

Stellen Sie sich einen Index wie einen repräsentativen Ziehbrunnen vor, der das Gesamtbild eines bestimmten Segments des Marktes zeigt. Wenn Sie beispielsweise einen Index haben, der die 30 größten deutschen Unternehmen abbildet, wissen Sie, wie sich diese ausgewählten Unternehmen im Durchschnitt entwickeln. Ein sehr bekanntes Beispiel hierfür ist der DAX-Index, der die 40 größten und meistgehandelten deutschen Unternehmen an der Frankfurter Wertpapierbörse umfasst.

Wie wird ein Index erstellt? Professionelle Finanzdienste wie MSCI, Standard & Poor's oder FTSE wählen die Wertpapiere aus, die in den Index aufgenommen werden. Diese Auswahl basiert auf Kriterien wie Marktkapitalisierung, Liquidität und Handelsvolumen. Die Gewichtung der einzelnen Wertpapiere im Index erfolgt oft nach deren Marktwert. Dies bedeutet, dass größere Unternehmen einen größeren Einfluss auf die Indexperformance haben als kleinere.

Ein entscheidender Nutzen des Index besteht darin, dass er Investoren einen Überblick und Vergleichsmaßstab liefert. Anstatt die Performance einzelner Aktien zu verfolgen, können Sie die Entwicklung eines ganzen Marktes oder Sektors auf einen Blick sehen. Das macht Indizes besonders attraktiv für Anleger, die eine breite Marktabdeckung anstreben, ohne in jedes einzelne Wertpapier investieren zu müssen.

ETFs nutzen Indizes als Grundlage. Ein ETF verfolgt die Wertentwicklung eines bestimmten Indexes. Das bedeutet, wenn Sie in einen ETF investieren, kaufen Sie eigentlich Anteile an einem Korb von Wertpapieren, die im zugrunde liegenden Index enthalten sind. Dies macht ETFs zu einem unkomplizierten und kosteneffizienten Weg, um in einen ganzen Markt oder Sektor zu investieren.

Indexgewichtung

Die Indexgewichtung ist ein sehr wichtiger Begriff in der Welt der Exchange Traded Funds (ETFs) und bezieht sich darauf, wie die verschiedenen Bestandteile eines Indexes – also die einzelnen Aktien oder anderen Wertpapiere, aus denen der Index besteht – gewichtet werden.

Ein Index ist eine Zusammenstellung von verschiedenen Wertpapieren, die eine bestimmte Börse oder einen Marktsektor repräsentiert. Bekannte Beispiele sind der DAX, der die 30 größten deutschen börsennotierten Unternehmen versammelt, oder der S&P 500, der die 500 größten Unternehmen der USA beinhaltet. Ein ETF, der einen Index abbildet, möchte die Performance dieses Indexes möglichst genau nachbilden.

Nun zur Indexgewichtung: Die Indexgewichtung bestimmt, wie stark eine einzelne Aktie im Index vertreten ist. Wenn eine Aktie stärker gewichtet ist, bedeutet das, dass sie einen größeren Einfluss auf die Wertentwicklung des gesamten Index hat. Es gibt verschiedene Arten der Indexgewichtung, die jeweils ihre eigenen Regeln und Auswirkungen haben:

1. **Marktkapitalisierungsgewichtung:** Dies ist die am häufigsten verwendete Methode. Hierbei wird eine Aktie entsprechend ihrer Marktkapitalisierung gewichtet, also dem Marktwert des gesamten Unternehmens. Größere Unternehmen haben einen größeren Anteil im Index. Dies bedeutet, dass bei einem Anstieg oder Rückgang des Aktienkurses eines großen Unternehmens der Index stärker beeinflusst wird.

2. **Gleichgewichtung:** Bei dieser Methode hat jede Aktie im Index das gleiche Gewicht, unabhängig von ihrer Größe. Diese Methode zielt darauf ab, dass keine

einzelne Aktie oder kein kleines Set von Aktien einen unproportionalen Einfluss auf den Index hat. Jede Aktie trägt also gleichmäßig zur Performance des Index bei, was zu einer breiteren Diversifikation führt.

3. **Preisgewichtung:** Ein weniger übliches Modell. Hierbei wird die Gewichtung der Aktien durch deren Preis festgelegt. Aktiensplits können die Gewichtung dieser Modelle unvorhersehbar beeinflussen. Ein Beispiel für einen preisgewichteten Index wäre der Dow Jones Industrial Average.

4. **Fundamentale Gewichtung:** Hier wird basierend auf fundamentalen Finanzkennzahlen wie Umsatz, Gewinn oder Buchwert gewichtet. Diese Methode gibt Unternehmen, die bessere fundamentale Kennzahlen aufweisen, ein höheres Gewicht.

Die Wahl der Indexgewichtungsmethode kann einen erheblichen Einfluss auf die Performance eines ETFs haben, der diesen Index abbildet. Es ist daher wichtig, dass Sie sich dieser Unterschiede bewusst sind, wenn Sie in ETFs investieren. So können Sie sicherstellen, dass Ihre Investition Ihren finanziellen Zielen und Ihrem Risikosensitivitätsprofil entspricht.

Die Indexgewichtung ist demnach ein zentraler Aspekt bei der Konstruktion eines Indexes und hat direkte Auswirkungen darauf, wie ein ETF arbeitet, der diesen Index nachbildet. Es hilft Ihnen, besser zu verstehen, wie Ihr Investment funktioniert und warum es in bestimmten Marktbedingungen auf bestimmte Weise reagiert.

Inflation-linked ETF

Ein Inflation-linked ETF (Exchange Traded Fund) ist ein börsengehandelter Fonds, der speziell entwickelt wurde, um den Wert Ihres Investments vor den Auswirkungen der Inflation zu schützen. Aber was genau bedeutet das und wie funktioniert ein solcher Fonds? Lassen Sie uns das Schritt für Schritt erklären.

Was ist Inflation?

Inflation ist ein wirtschaftlicher Begriff, der den allgemeinen Anstieg der Preise für Waren und Dienstleistungen beschreibt. Mit anderen Worten: Ihr Geld verliert an Kaufkraft. Ein Beispiel: Wenn ein Brot heute zwei Euro kostet, könnte es in ein paar Jahren drei Euro kosten. Das bedeutet, dass Sie mit dem gleichen Geld weniger kaufen können als früher.

Was macht ein Inflation-linked ETF?

Ein Inflation-linked ETF investiert in Anlagen, deren Wert direkt an die Inflation gekoppelt ist. Das bedeutet, dass, wenn die Inflation steigt, auch der Wert dieser Anlagen ansteigt. Die bekanntesten Beispiele für solche Anlagen sind inflationsgeschützte Anleihen, wie sie etwa von der amerikanischen Regierung mit dem Namen TIPS (Treasury Inflation-Protected Securities) ausgegeben werden.

Wie funktioniert ein Inflation-linked ETF?

Ein ETF ist ein Fonds, der an der Börse gehandelt wird ähnlich wie eine Aktie. Der Fonds sammelt das Geld vieler Anleger und investiert dieses Geld in einen Korb von Anlagen, die der Zielsetzung des Fonds entsprechen. Bei einem Inflation-linked ETF ist das Ziel, den Wert des Investments an die Inflation anzupassen.

Der ETF kauft inflationsgeschützte Anleihen, die speziell entwickelt wurden, um ihren Wert automatisch zu erhöhen, wenn die Inflation steigt. Dadurch können Sie sicherstellen, dass Ihr Geld weiterhin eine ähnliche Kaufkraft behält, auch wenn die allgemeinen Preise steigen.

Für wen ist ein Inflation-linked ETF geeignet?

Ein Inflation-linked ETF kann besonders interessant für Anleger sein, die sich Sorgen über die langfristigen Auswirkungen der Inflation auf ihr Erspartes machen. Wenn Sie einen Teil Ihres Portfolios gegen Inflation absichern wollen, könnte ein solcher ETF eine geeignete Wahl sein. Es ist aber auch wichtig zu bedenken, dass solche ETFs in Zeiten niedriger oder keiner Inflation möglicherweise nicht so gut abschneiden wie andere Investmentformen.

Wie investiert man in einen Inflation-linked ETF?

Das Investieren in einen Inflation-linked ETF ist ähnlich wie das Investieren in jeder anderen Aktie oder ETF. Sie benötigen ein Investmentkonto bei einer Bank oder einem Online-Broker. Nachdem Sie Ihr Konto eröffnet und Geld eingezahlt haben, können Sie den gewünschten Inflation-linked ETF über die Suchfunktion des Handelsportals finden und die entsprechende Anzahl an Anteilen kaufen.

Beachten Sie dabei immer die Gebühren, sowohl vom ETF selbst als auch von Ihrem Broker. Diese können je nach Anbieter unterschiedlich hoch sein und Ihre Rendite beeinflussen.

Intraday-Handel

Der Begriff "Intraday-Handel" bezieht sich auf eine spezielle Art des Wertpapierhandels, bei dem Kauf und Verkauf eines Finanzinstruments, beispielsweise eines Exchange Traded Funds (ETF), innerhalb eines einzigen Handelstages erfolgen. Dies bedeutet, dass alle Transaktionen mit dem betreffenden Wertpapier am selben Tag abgeschlossen werden müssen, bevor der Markt schließt.

Betrachten wir ein konkretes Beispiel zur Verdeutlichung: Angenommen, Sie kaufen am Morgen einen ETF, der den DAX, also den deutschen Aktienindex, abbildet. Wenn Sie diesen ETF noch am selben Tag wieder verkaufen, sprechen wir von Intraday-Handel. Das Besondere dabei ist, dass Sie versuchen, von kurzfristigen Preisbewegungen zu profitieren.

Wie funktioniert Intraday-Handel?

1. **Marktöffnung:** Der Handel beginnt mit der Eröffnung der Börse. In Deutschland öffnet beispielsweise die Frankfurter Börse um 9 Uhr morgens. Für den Intraday-Handel ist es wichtig, die Marktöffnung zu beobachten, da zu diesem Zeitpunkt oft eine erhöhte Volatilität – also stärkere Kursbewegungen – besteht.

2. **Preisbewegungen:** Im Laufe des Tages werden die Kurse der ETFs durch verschiedene Faktoren beeinflusst, wie z.B. Nachrichten, Unternehmensberichte oder wirtschaftliche Daten. Diese Preisbewegungen ergeben sich aus Angebot und Nachfrage.

3. **Analyse-Tools:** Intraday-Händler nutzen eine Vielzahl von Analysewerkzeugen und Strategien, um Entscheidungen zu treffen. Dazu gehören technische Analyse, Chartmuster und sogenannte Indikatoren wie

der Relative Strength Index (RSI) oder Moving Averages (gleitende Durchschnitte).

4. **Kauf und Verkauf:** Der Händler beobachtet die Kursentwicklung und entscheidet, wann der optimale Zeitpunkt für den Kauf und Verkauf ist. Das Ziel ist es, eine Position (den ETF) zu einem niedrigeren Preis zu kaufen und zu einem höheren Preis zu verkaufen – oder umgekehrt bei Leerverkäufen.

5. **Schlusspreis:** Am Ende des Handelstages, wenn die Börse schließt (in Deutschland um 17:30 Uhr), müssen alle Positionen geschlossen sein. Das bedeutet, dass Sie keine offenen Positionen über Nacht halten. Dies begrenzt das Risiko täglich auftretender Markt-Unsicherheiten.

Vorteile des Intraday-Handels:

- **Kurzfristige Gewinne:** Da alle Positionen am selben Tag geschlossen werden, können Gewinne schnell realisiert werden.

- **Keine Übernacht-Risiken:** Im Gegensatz zum längerfristigen Handel gibt es keine Gefahren durch unerwartete Ereignisse, die nach Börsenschluss auftauchen könnten.

- **Hohe Flexibilität:** Händler können schnell auf Marktveränderungen reagieren und ihre Trades entsprechend anpassen.

Nachteile des Intraday-Handels:

- **Hoher Zeitaufwand:** Intraday-Handel erfordert ständige Aufmerksamkeit und permanente Überwachung des Marktes.

- **Hohe Transaktionskosten:** Durch häufiges Handeln fallen mehr Gebühren und Provisionen an.

- **Stress und Risiko:** Die schnellen und oft unvorhersehbaren Marktbewegungen können Stress verursachen und zu emotionalen Entscheidungen führen.

Für wen eignet sich Intraday-Handel?

Der Intraday-Handel ist vor allem für erfahrene Händler geeignet, die über umfassende Marktkenntnisse und entsprechende Analysefähigkeiten verfügen. Beginner sollten sich bewusst sein, dass diese Handelsstrategie viel Übung und ein gutes Verständnis der Märkte erfordert. Es ist ratsam, zunächst mit geringeren Beträgen zu handeln oder sich durch Musterdepots und Demokonten mit den Mechanismen vertraut zu machen, bevor Sie echtes Geld investieren.

Intraday-Liquidität

Intraday-Liquidität beschreibt die Verfügbarkeit und den Zugang zu Geldmitteln innerhalb eines einzigen Handelstages. Stellen Sie sich vor, dass ein Handelstag von der Börseneröffnung am Morgen bis zur Schließung am Abend dauert. Während dieses Zeitraums können Sie als Anleger unterschiedliche Käufe und Verkäufe von Wertpapieren tätigen. Intraday-Liquidität bezieht sich darauf, wie leicht und schnell Sie diese Transaktionen durchführen können, ohne den Preis der Wertpapiere signifkant zu beeinflussen.

In der Welt der Exchange Traded Funds (ETFs) ist die Intraday-Liquidität besonders wichtig. Ein ETF ist ein Anlageprodukt, das wie eine Mischung aus einem Investmentfonds und einer Aktie funktioniert. Er enthält einen Korb von Wertpapieren und wird an der Börse gehandelt. Da ETFs genauso wie Aktien den ganzen Tag über gekauft und verkauft werden können, spielt die Verfügbarkeit von Liquidität während des Handelstags eine entscheidende Rolle.

Angenommen, Sie besitzen Anteile an einem ETF und möchten diese verkaufen. Eine hohe Intraday-Liquidität bedeutet, dass es genügend Käufer gibt, die bereit sind, Ihre Anteile sofort zu einem fairen Marktpreis zu kaufen. Das gilt auch umgekehrt, wenn Sie ETF-Anteile kaufen möchten; eine hohe Liquidität stellt sicher, dass es genügend Verkäufer gibt, die Ihnen ihre Anteile verkaufen können.

Es gibt verschiedene Faktoren, die die Intraday-Liquidität eines ETFs beeinflussen können:

1. **Handelsvolumen**: Ein ETF, der ein hohes Handelsvolumen aufweist, besitzt in der Regel auch eine hohe Intraday-Liquidität. Das bedeutet, dass viele

Käufer und Verkäufer ständig aktiv sind, was Transaktionen erleichtert.

2. **Marktteilnehmer**: Marktteilnehmer wie Market Maker und autorisierte Teilnehmer spielen eine wichtige Rolle. Sie stellen sicher, dass es stets Kauf- und Verkaufsangebote gibt, und helfen somit, die Preise stabil zu halten.

3. **Arbitragemöglichkeiten**: ETFs sind so konzipiert, dass sie die Wertentwicklung eines bestimmten Indexes oder Sektors nachbilden. Wenn der Preis des ETFs von dem Wert seiner zugrunde liegenden Vermögenswerte abweicht, nutzen Arbitrageure diese Diskrepanz aus, indem sie den ETF und die zugrunde liegenden Wertpapiere entsprechend kaufen oder verkaufen. Diese Aktivitäten tragen zur Intraday-Liquidität bei.

Intraday-NAV (Net Asset Value)

Der Begriff "Intraday-NAV" steht für den Nettoinventarwert eines börsengehandelten Fonds (ETF) während des Handelstages. Um zu verstehen, was das genau bedeutet, ist es hilfreich, zuerst den Begriff "Net Asset Value" (NAV) zu erklären. Der NAV ist der Gesamtwert aller Vermögenswerte des ETFs abzüglich seiner Verbindlichkeiten, geteilt durch die Anzahl der ausgegebenen Anteile. Dieser Wert zeigt, was ein Anteil an dem ETF tatsächlich wert ist.

Der Intraday-NAV bezieht sich speziell auf die Berechnung dieses Wertes während eines Handelstages. ETFs werden wie Aktien an der Börse gehandelt und ihr Preis kann sich den ganzen Tag über ändern, abhängig von Angebot und Nachfrage. Der Intraday-NAV liefert den Anlegern einen aktuellen Wert, der die sich ständig ändernden Marktbedingungen berücksichtigt.

Die Berechnung des Intraday-NAV erfolgt in der Regel alle 15 Sekunden während der Börsenhandelszeiten. Diese ständige Aktualisierung hilft den Anlegern, informierte Entscheidungen zu treffen, indem sie den aktuellen Wert des ETFs kennen.

Die Börsenmakler und andere Finanzexperten nutzen den Intraday-NAV, um Arbitragemöglichkeiten zu identifizieren. Arbitrage tritt auf, wenn jemand versucht, von Preisunterschieden zwischen dem Marktpreis des ETFs und seinem Intraday-NAV zu profitieren. Wenn der Marktpreis des ETFs niedriger ist als der Intraday-NAV, kaufen Investoren oft Anteile und verkaufen sie, wenn der Marktpreis steigt. Umgekehrt können sie Anteile verkaufen, wenn der Marktpreis über dem Intraday-NAV liegt und sie dann zu einem niedrigeren Preis zurückkaufen.

Inverse ETF

Ein Inverse ETF (Exchange Traded Fund) ist ein spezieller Fonds, der darauf abzielt, die Wertentwicklung eines bestimmten Indexes umzukehren. Mit anderen Worten, wenn der Index, den der Inverse ETF abbildet, im Wert fällt, steigt der Inverse ETF im Wert, und umgekehrt. Dies kann besonders nützlich sein, wenn Sie glauben, dass ein bestimmter Aktienmarkt oder ein anderer Basiswert fallen wird und Sie davon profitieren möchten.

Funktionsweise eines Inversen ETFs

Inverse ETFs nutzen Finanzinstrumente wie Derivate (z. B. Futures und Optionsgeschäfte), um die gegenläufige Performance zu erzielen. Sie setzen dabei auf sogenannte Short-Positionen. Eine Short-Position bedeutet, dass der Fondsmanager Finanzinstrumente verkauft, die er nicht besitzt, in der Erwartung, sie später zu einem niedrigeren Preis zurückkaufen zu können. Der Gewinn entsteht dann durch den Preisunterschied.

Nutzen und Anwendungen

Die grundlegende Idee hinter einem Inversen ETF ist es, Investoren die Möglichkeit zu geben, auf fallende Märkte zu spekulieren, ohne dass sie tatsächlich Leerverkäufe tätigen müssen, was für private Anleger oft kompliziert und riskant sein kann. Sie können diese ETFs nutzen, um Ihre derzeitigen Investitionen in einem fallenden Markt abzusichern oder einfach darauf zu spekulieren, dass ein bestimmter Markt oder Index an Wert verliert.

Risiken und Nachteile

Während Inverse ETFs eine Reihe von Vorteilen bieten, sind sie auch mit hohen Risiken verbunden und daher nicht für jeden Anleger geeignet. Einige der Hauptrisiken sind:

1. **Komplexität**: Die Finanzinstrumente, die zur Erstellung eines Inversen ETFs verwendet werden, sind komplex und erfordern ein hohes Maß an Fachwissen.

2. **Kosten**: Aufgrund der verwendeten Derivate können Inverse ETFs teurer sein als traditionelle ETFs.

3. **Kurzfristige Anlage**: Diese ETFs sind in der Regel für kurzfristige Spekulationen gedacht und können bei langfristigem Halten Verluste verursachen, selbst wenn der zugrunde liegende Index letztlich fällt.

4. **Tracking-Error**: Sie können unter sogenannten "Tracking Errors" leiden, bei denen die tatsächliche Performance des ETFs nicht perfekt die inverse Performance des zugrunde liegenden Index widerspiegelt.

Beispiel

Stellen Sie sich vor, es gibt einen Index, der den Wert der 30 größten Unternehmen eines Landes misst. Ein Inverser ETF, der diesen Index abbildet, würde im Wert steigen, wenn dieser Index fällt. Steigt der Index jedoch, würde der Wert des Inversen ETFs entsprechend fallen. Diese Art von ETF kann also effektiv genutzt werden, um sich gegen Verluste in einem ansonsten fallenden Aktienmarkt abzusichern.

Investment-Grade ETF

Ein Investment-Grade ETF ist ein börsengehandelter Fonds (ETF), der in Anleihen investiert, die von Ratingagenturen als "Investment-Grade" eingestuft werden. Investment-Grade bedeutet, dass die Anleihen von hoher Qualität sind und ein geringes Ausfallrisiko haben. Ratingagenturen wie Moody's, Standard & Poor's (S&P) und Fitch bewerten diese Anleihen. Für den Investment-Grade-Status sollten die Ratings bei Moody's mindestens Baa3, bei S&P und Fitch mindestens BBB- sein.

Diese ETFs bieten eine Möglichkeit, breit diversifiziert in Anleihen zu investieren, ohne dass Sie einzelne Anleihen kaufen und verwalten müssen. Indem Sie in einen Investment-Grade ETF investieren, können Sie sich sicherer fühlen, da diese Anleihen als weniger riskant gelten. Anleihen in diesen ETFs stammen oft von großen, etablierten Unternehmen und staatlichen Einheiten.

Investment-Grade ETFs eignen sich gut für Anleger, die eine konservative Anlagestrategie verfolgen und gleichzeitig in Anleihen investieren möchten, die als sicherer und stabiler gelten. Der Fokus liegt hier auf der Sicherheit und Erhaltung des Kapitals, obwohl die Renditen in der Regel niedriger sind als bei hochverzinslichen, riskanteren Anleihen, auch "Junk Bonds" genannt.

Ein weiterer Vorteil dieser ETFs ist ihre Liquidität, was bedeutet, dass Sie sie einfach und schnell an der Börse kaufen und verkaufen können, ähnlich wie Aktien. Sie müssen sich auch keine Sorgen machen, einzelne Anleihen bis zu ihrer Fälligkeit zu halten. Der ETF-Manager übernimmt diese Aufgabe für Sie.

KIID (Key Investor Information Document)

Das Key Investor Information Document, abgekürzt KIID, ist ein zentrales Dokument im Anlagesektor, insbesondere für börsengehandelte Fonds, auch ETFs (Exchange Traded Funds) genannt. Dieses Dokument dient dazu, Ihnen als Anleger in einer klaren und verständlichen Weise die wichtigsten Informationen über einen spezifischen Investmentfonds bereitzustellen.

In der Regel ist das KIID nur einige Seiten lang, meistens beschränkt es sich auf zwei Seiten. Das Ziel ist es, Ihnen einen schnellen und dennoch umfassenden Überblick zu geben, damit Sie eine fundierte Anlageentscheidung treffen können. Es wird standardisiert und einheitlich formatiert, damit Sie die Informationen leichter vergleichen können, auch wenn Sie unterschiedliche Fonds in Betracht ziehen.

Was Sie im KIID finden:

1. **Ziele und Anlagepolitik:** Hier erfahren Sie, welche Anlageziele der Fonds verfolgt und wie er beabsichtigt, diese zu erreichen. Zum Beispiel könnte ein Fonds das Ziel haben, die Wertentwicklung eines bestimmten Index nachzubilden oder langfristiges Kapitalwachstum zu erzielen. Die Anlagepolitik beschreibt, ob der Fonds in Aktien, Anleihen, Immobilien oder andere Vermögenswerte investiert.

2. **Risikoprofil:** Dieser Abschnitt ist besonders wichtig, da er Ihnen dabei hilft, das Risiko zu verstehen, das mit einer Investition in den Fonds verbunden ist. Es gibt eine Risikoskala, die von 1 (geringes Risiko) bis 7 (hohes Risiko) reicht. Zusätzliche Risikobeschreibungen können spezifische Gefahren wie Währungsrisiken oder Marktrisiken erläutern.

3. **Kosten:** Hier werden alle Kostenarten, die Ihnen bei einer Investition entstehen können, aufgeschlüsselt. Dazu gehören Verwaltungsgebühren, Transaktionskosten und mögliche Ausgabeaufschläge. Kosten sind ein wichtiger Faktor, da sie direkt Ihre Rendite beeinflussen.

4. **Frühere Wertentwicklung:** Obwohl die vergangene Wertentwicklung keine Garantie für zukünftige Ergebnisse ist, gibt sie Ihnen dennoch einen Anhaltspunkt darüber, wie der Fonds in der Vergangenheit abgeschnitten hat. Meistens werden die Renditen der letzten fünf bis zehn Jahre aufgelistet.

5. **Praktische Informationen:** Letztendlich erhalten Sie hier einige administrative Details, wie die Identität der Verwaltungsgesellschaft, Informationen zum Depotbank und Ihr Recht auf kostenlose Kopien des Fondsprospekts oder die Jahresberichte.

Wichtig zu wissen:

Das KIID wurde durch die europäische Richtlinie UCITS (Undertakings for Collective Investment in Transferable Securities) eingeführt und gilt für alle in der EU zugelassenen Investmentfonds. Es soll gleiche Informationsstandards sicherstellen und den Anlegerschutz erhöhen.

Wenn Sie in einen ETF oder anderen Investmentfonds investieren möchten, ist es ratsam, das KIID sorgfältig zu lesen. Es liefert Ihnen eine präzise Übersicht über Schlüsselparameter des Fonds, erleichtert das Verständnis von Chancen und Risiken und hilft Ihnen, fundierte Anlageentscheidungen zu treffen.

Kapitalertragssteuer

Die Kapitalertragssteuer ist eine Steuer, die auf Gewinne aus Kapitalanlagen erhoben wird. Dazu gehören Zinsen, Dividenden und Gewinne aus dem Verkauf von Aktien oder anderen Wertpapieren, wie zum Beispiel Exchange Traded Funds (ETFs).

Wenn Sie in ETFs oder andere Wertpapiere investieren und dadurch Gewinne erzielen, müssen Sie einen Teil dieser Gewinne als Steuer an den Staat abführen. In Deutschland liegt der Steuersatz für die Kapitalertragssteuer aktuell bei 25 Prozent. Hinzu kommen noch der Solidaritätszuschlag und gegebenenfalls die Kirchensteuer. Daraus ergibt sich eine etwas höhere Gesamtbelastung.

Nehmen wir ein Beispiel: Angenommen, Sie haben 1.000 Euro in einen ETF investiert und nach einem Jahr ist Ihr Investment auf 1.200 Euro gestiegen. Sie haben also einen Gewinn von 200 Euro erzielt. Auf diesen Gewinn müssen Sie nun die Kapitalertragssteuer zahlen. Bei 25 Prozent Steuer wären das 50 Euro, die an den Staat abgeführt werden müssen. Wenn man den Solidaritätszuschlag und die Kirchensteuer mit einbezieht, erhöht sich dieser Betrag geringfügig.

Es gibt jedoch auch Freibeträge, die Sie nutzen können, um die Steuerlast zu reduzieren. Zum Beispiel gibt es in Deutschland den sogenannten Sparer-Pauschbetrag. Dieser beträgt für Alleinstehende derzeit 1000 Euro und für Ehepaare 2000 Euro. Das bedeutet, dass Sie Gewinne aus Kapitalanlagen bis zu dieser Grenze steuerfrei einnehmen können. Alles, was darüber hinausgeht, wird versteuert. Um die Kapitalertragssteuer zu erheben, führen Banken diese Steuer direkt an das Finanzamt ab. Das bedeutet, dass Sie sich um nichts weiter kümmern müssen; die Abwicklung erfolgt automatisch. Sie sehen lediglich auf Ihrem Kontoauszug, dass die Steuer abgezogen wurde.

Kapitalfluss

Kapitalfluss bezieht sich auf die Bewegung von Geld, also Kapital, in und aus einem Investment, einem Unternehmen oder einem Finanzmarkt. Stellen Sie sich Kapitalfluss wie einen Fluss vor, der in verschiedene Richtungen fließen kann und dabei unterschiedliche Wege nimmt. In der Welt der ETFs (Exchange-Traded Funds) ist der Kapitalfluss ein wichtiger Indikator, der viele Informationen über den Markt liefert und häufig als eine Art Temperaturmesser für das Anlegerverhalten genutzt wird.

Ein- und Ausflüsse von Kapital

Der Kapitalfluss kann in zwei Hauptkategorien unterteilt werden: Kapitalzuflüsse und Kapitalabflüsse. Ein Kapitalzufluss tritt auf, wenn mehr Geld in einen ETF investiert wird, als herausgenommen wird. Stellen Sie sich vor, dass Anleger neu in den ETF investieren oder bestehende Anleger ihre Anteile aufstocken. Diese Situation deutet darauf hin, dass das Vertrauen in den ETF oder den Markt insgesamt wächst.

Umgekehrt tritt ein Kapitalabfluss auf, wenn mehr Geld aus dem ETF herausgenommen wird, als hineingesteckt wird. Dies kann geschehen, wenn Anleger Anteile verkaufen, möglicherweise weil sie kein Vertrauen mehr in die zukünftige Performance des ETFs haben oder weil sie ein besseres Investment gefunden haben. Kapitalabflüsse können manchmal als Warnsignal betrachtet werden, dass der Markt oder der spezifische Sektor, in den der ETF investiert, unsicher oder unattraktiv wird.

Warum ist der Kapitalfluss wichtig?

1. **Marktsentiment**: Der Kapitalfluss gibt Aufschluss über das allgemeine Anlegerverhalten und das Vertrauen in den Markt. Starke Kapitalzuflüsse können darauf hinweisen, dass Anleger optimistisch sind, während

starke Kapitalabflüsse oft ein Zeichen von Unsicherheit oder Pessimismus sind.

2. **Liquidität**: Bei ETFs spielt die Liquidität eine große Rolle. Ein ETF mit konstanten Kapitalzuflüssen ist in der Regel liquider, was bedeutet, dass es einfacher ist, Anteile zu kaufen oder zu verkaufen, ohne dass der Preis stark schwankt.

3. **Preisdynamik**: Große Kapitalflüsse können auch die Preisdynamik beeinflussen. Ein massiver Zufluss von Kapital in einen ETF kann den Preis der enthaltenen Wertpapiere steigen lassen, während ein großer Abfluss den Preis nach unten drücken kann.

Wie misst man den Kapitalfluss?

Der Kapitalfluss kann auf verschiedene Arten gemessen werden, zum Beispiel durch die Beobachtung der Nettozuflüsse und -abflüsse über einen bestimmten Zeitraum. Finanzinformationsdienste und Fondsverwalter veröffentlichen häufig Daten zur Kapitalfluss-Statistik, die für Anleger nützlich sein können, um Markttrends zu erkennen.

Ein einfaches Beispiel zur Visualisierung: Angenommen, ein ETF hatte am Anfang des Monats Vermögenswerte im Wert von 100 Millionen Euro. Im Laufe des Monats wurden ETF-Anteile im Wert von 10 Millionen Euro verkauft und im gleichen Zeitraum wurden für 5 Millionen Euro Anteile zurückgenommen. Dies ergibt einen Nettozufluss von 5 Millionen Euro für diesen Monat.

Kreditrisiko

Das Kreditrisiko, auch Ausfallrisiko genannt, beschreibt das Risiko, dass ein Schuldner seinen Zahlungsverpflichtungen nicht nachkommt. In der Welt der ETFs (Exchange Traded Funds) bezieht sich das Kreditrisiko hauptsächlich auf die Anleihen, in die der ETF investiert. Hier sind die grundlegendsten Aspekte des Kreditrisikos, die Sie kennen sollten:

1. **Schuldner und Anleihen**: Eine Anleihe ist im Wesentlichen ein Kredit, den Sie einem Unternehmen oder einer Regierung geben. Der Schuldner verpflichtet sich, über einen bestimmten Zeitraum Zinszahlungen zu leisten und den geliehenen Betrag am Ende der Laufzeit zurückzuzahlen. Wenn Sie in einen Anleihen-ETF investieren, kaufen Sie Anteile an einem Fonds, der in viele verschiedene Anleihen investiert.

2. **Ausfallwahrscheinlichkeit**: Das Kreditrisiko bewertet die Wahrscheinlichkeit, dass der Schuldner nicht in der Lage ist, Zinsen zu zahlen oder das geliehene Geld zurückzuzahlen. Diese Wahrscheinlichkeit hängt von der finanziellen Stabilität und Bonität des Schuldners ab. Ratingagenturen wie Standard & Poor's, Moody's und Fitch bewerten die Kreditwürdigkeit von Schuldnern und geben entsprechende Ratings heraus. Ein schlechteres Rating bedeutet ein höheres Kreditrisiko.

3. **Einfluss auf den ETF**: Falls ein Schuldner zahlungsunfähig wird, kann dies den Wert der Anleihen im ETF beeinträchtigen. Das wiederum kann dazu führen, dass der Nettoinventarwert (NIW) des ETFs sinkt. Obwohl ETFs in der Regel in eine Vielzahl von Anleihen investieren und damit das Risiko streuen, kann

ein signifikanter Ausfall dennoch spürbare Auswirkungen haben, besonders wenn der betroffene Schuldner eine große Position im Fonds hat.

4. **Diversifikation**: Diversifikation ist eine gängige Methode, um das Kreditrisiko zu mindern. Indem ein ETF in eine große Anzahl von Anleihen verschiedener Emittenten investiert, reduziert er die Abhängigkeit von einem einzelnen Schuldner. Falls einer der Schuldner ausfällt, wird der Verlust durch die anderen Anleihen im Portfolio abgefedert.

5. **Zinseszinseffekt**: Ein höheres Kreditrisiko geht oft mit höheren Zinsen einher. Diese höheren Zinsen sind eine Art Belohnung für das eingegangene Risiko. Wenn ein ETF in riskantere Anleihen mit höheren Zinsen investiert, können die Erträge hoch sein, aber das Risiko eines Verlustes durch Ausfall ist ebenfalls größer. Für Anleger ist es wichtig, die richtige Balance zwischen Risiko und Ertrag zu finden.

6. **Liquidität**: Ein weiterer Aspekt des Kreditrisikos ist die Liquidität der Anleihen. Hochwertige Anleihen von Schuldnern mit guter Bonität sind in der Regel liquid und leicht handelbar. Anleihen von Schuldnern mit schlechterer Bonität können schwerer zu verkaufen sein, was in Zeiten finanzieller Instabilität ein zusätzliches Risiko darstellt.

Sie sollten sich bewusst sein, dass das Kreditrisiko nur eines der vielen Risiken ist, das bei einer Investition in Anleihen-ETFs besteht. Es ist ratsam, dieses Risiko genau zu verstehen und es mit anderen Faktoren abzuwägen, bevor Sie eine Investmententscheidung treffen.

Krypto-ETFs

Ein Krypto-ETF (Exchange Traded Fund) ist ein Finanzprodukt, das die Entwicklung von Kryptowährungen wie Bitcoin, Ethereum oder anderen digitalen Währungen abbildet. Er funktioniert ähnlich wie ein herkömmlicher ETF, der Aktien, Anleihen oder andere Vermögenswerte abdeckt, jedoch mit dem Fokus auf Kryptowährungen.

Grundlagen verstehen:

Ein ETF ist im Wesentlichen ein Fonds, der eine Auswahl verschiedener Vermögenswerte enthält und an der Börse gehandelt wird. Sie können Anteile an einem ETF kaufen und verkaufen, genau wie bei Aktien. Ein Krypto-ETF nimmt diesen Mechanismus und wendet ihn auf den Markt für Kryptowährungen an.

Wie ein Krypto-ETF funktioniert:

1. **Zusammensetzung:** Ein Krypto-ETF kann eine oder mehrere Kryptowährungen enthalten. Die genauen Bestandteile variieren je nach ETF. Einige konzentrieren sich nur auf Bitcoin, während andere eine Mischung verschiedener digitaler Währungen aufnehmen.

2. **Nachverfolgung des Werts:** Der Wert eines Krypto-ETFs spiegelt die Bewegungen der Kryptowährungen wider, die er enthält. Steigen diese im Wert, steigt auch der Wert des ETFs und umgekehrt.

3. **Handel an der Börse:** Krypto-ETFs werden an regulierten Börsen gehandelt, was es Ihnen ermöglicht, sie während der Börsenzeiten zu kaufen und zu verkaufen. Dies bietet eine bequeme Möglichkeit, in Kryptowährungen zu investieren, ohne selbst eine

digitale Geldbörse (Wallet) verwalten oder direkt Kryptowährungen kaufen zu müssen.

Vorteile von Krypto-ETFs:

1. **Einfachheit:** Sie müssen sich nicht mit den technischen Details des Kaufs und der Aufbewahrung von Kryptowährungen befassen.

2. **Diversifikation:** Einige Krypto-ETFs bieten eine breite Streuung, da sie in mehrere verschiedene Kryptowährungen investieren.

3. **Regulierung:** Krypto-ETFs werden von Finanzaufsichtsbehörden reguliert, was zusätzlichen Schutz bieten kann.

Risiken und Überlegungen:

1. **Volatilität:** Kryptowährungen sind bekannt für ihre starken Preisschwankungen, was sich direkt auf den Wert eines Krypto-ETFs auswirken kann.

2. **Kosten:** Einige ETFs haben Gebühren, die Ihre Rendite mindern können.

3. **Regulierungsrisiken:** Die Regulierung von Kryptowährungen befindet sich in vielen Ländern noch im Aufbau. Änderungen können sich auf den Markt und die Funktionsweise von Krypto-ETFs auswirken.

Wie man investiert:

Um in einen Krypto-ETF zu investieren, benötigen Sie ein Wertpapierdepot bei einer Bank oder einem Online-Broker. Nachdem Sie ein Depot eröffnet haben, können Sie Krypto-ETFs genau wie Aktien oder andere ETFs kaufen.

LIBOR – London Interbank Offered Rate

Der LIBOR (London Interbank Offered Rate) ist ein Referenzzinssatz, den Banken auf dem internationalen Markt anwenden, wenn sie sich gegenseitig Geld leihen. Er wird täglich ermittelt und repräsentiert den durchschnittlichen Zinssatz, zu dem eine ausgewählte Gruppe von großen globalen Banken bereit ist, sich für verschiedene Laufzeiten Geld zu leihen. Der LIBOR ist sehr wichtig, weil er als Benchmark für eine Vielzahl von Finanzprodukten dient, darunter Hypotheken, Kredite und verschiedene Arten von Anleihen sowie Finanzderivate.

Wie wird der LIBOR ermittelt?

Jeden Tag werden große Banken in London gefragt, zu welchen Zinssätzen sie bereit wären, Geld an andere Banken zu verleihen. Die Zinssätze werden für fünf Hauptwährungen und mehrere unterschiedliche Laufzeiten (von einem Tag bis zu einem Jahr) ermittelt. Die bereitgestellten Zinssätze werden gesammelt, und nachdem die höchsten und niedrigsten Werte entfernt wurden, wird der Durchschnitt der verbliebenen Zinssätze berechnet. Dieser Durchschnitt ist der LIBOR für die entsprechende Währung und Laufzeit.

Warum ist der LIBOR wichtig?

Der LIBOR ist eine Art Leitfaden für unzählige Finanztransaktionen weltweit. Er beeinflusst direkt die Kosten von Krediten und Anlagen. Wenn Sie beispielsweise einen variabel verzinslichen Hypothekenkredit haben, könnte der Zinssatz Ihres Kredits an den LIBOR gekoppelt sein. Das bedeutet, wenn der LIBOR steigt, steigt möglicherweise auch Ihr Hypothekenzins und umgekehrt. Auch viele Unternehmensanleihen und derivative Finanzinstrumente beziehen sich auf den LIBOR.

Was sollten Sie über den LIBOR wissen?

Es ist wichtig zu wissen, dass der LIBOR als Benchmark nicht ohne Kritik ist. In der Vergangenheit gab es Skandale um seine Manipulation, was das Vertrauen in seine Zuverlässigkeit erschütterte. Als Folge davon arbeiten viele Finanzinstitutionen daran, den LIBOR durch andere Referenzzinssätze zu ersetzen, die weniger anfällig für Manipulationen sind. Ein Beispiel für einen alternativen Zinssatz ist der SOFR (Secured Overnight Financing Rate) in den USA.

Für Beginner im Bereich ETFs (Exchange Traded Funds) kann der LIBOR insofern relevant sein, als einige ETFs in Instrumente investieren, deren Zinssätze an den LIBOR gekoppelt sind. Es ist daher gut, ein Grundverständnis über diesen Zinssatz zu haben und zu wissen, wie er sich auf die Erträge und das Risiko Ihrer Investments auswirken kann.

Large-Cap

Ein Large-Cap ist ein Begriff, der sich auf die Marktkapitalisierung eines Unternehmens bezieht. Marktkapitalisierung, oder kurz "Marktkap", ist der Gesamtwert aller Aktien eines Unternehmens im Umlauf. Dieser Wert wird berechnet, indem man die Anzahl der ausgegebenen Aktien mit dem aktuellen Marktpreis einer Aktie multipliziert. Wenn ein Unternehmen eine sehr hohe Marktkapitalisierung hat, wird es als Large-Cap-Unternehmen bezeichnet.

In der ETF-Welt spielen Large-Cap-Unternehmen eine wichtige Rolle. ETFs, oder Exchange Traded Funds, sind Investmentfonds, die an der Börse gehandelt werden und einen Index nachbilden. Es gibt viele ETFs, die speziell auf Large-Cap-Unternehmen abzielen, weil diese in der Regel als stabiler und weniger volatil gelten als kleinere Unternehmen. Die bekanntesten Indizes, die häufig in Large-Cap-ETFs verwendet werden, sind der S&P 500 und der Dow Jones Industrial Average, beide bestehen hauptsächlich aus Large-Cap-Unternehmen.

Wenn Sie in ETFs mit Large-Cap-Unternehmen investieren, kaufen Sie im Grunde genommen Anteile an Fonds, die in große, etablierte Unternehmen mit einer langen Erfolgsbilanz investieren. Diese Unternehmen haben in der Regel eine starke Marktposition, robuste Gewinne und stabile Dividendenzahlungen. Diese Eigenschaften machen sie attraktiver für Anleger, die nach beständigen und sicheren Investitionen suchen.

Ein Vorteil von Large-Cap-Unternehmen ist ihre Fähigkeit, wirtschaftliche Abschwünge besser zu überstehen als kleinere Unternehmen. Aufgrund ihrer Größe und Marktmacht haben sie oft Zugang zu mehr Ressourcen und können besser auf Herausforderungen reagieren. Dies bedeutet jedoch nicht, dass sie völlig risikofrei sind. Auch große Unternehmen können unter Druck geraten, aber das Risiko wird als geringer eingeschätzt.

Leveraged ETF (Hebel-ETF)

Ein Leveraged ETF, auf Deutsch Hebel-ETF, ist ein spezieller Typ von börsengehandeltem Fonds (ETF), der versucht, die täglichen Bewegungen eines zugrunde liegenden Indexes oder Wertpapiers zu verstärken. Diese Verstärkung geschieht durch den Einsatz von Finanzinstrumenten wie Derivaten oder durch den Einsatz von Leverage (Hebel), wodurch die Renditen auf täglicher Basis vervielfacht werden können. Sie können Leveraged ETFs finden, die eine zweifache (2x) oder sogar eine dreifache (3x) Hebelwirkung bieten.

Wie funktioniert ein Hebel-ETF?

Ein Hebel-ETF versucht, die Performance eines bestimmten Indexes, wie z.B. des S&P 500, zu einem festgelegten Multiplikator zu nachzubilden. Wenn Sie beispielsweise einen Hebel-ETF mit einer zweifachen Hebelwirkung (2x) kaufen und der Index an einem Tag um 1% steigt, dann sollte der Wert Ihres Hebel-ETFs um etwa 2% steigen. Fällt der Index hingegen um 1%, verliert der ETF an diesem Tag etwa 2% an Wert.

Um diese Hebelwirkung zu erreichen, investieren Hebel-ETFs in Finanzinstrumente wie Futures, Swaps und Optionen. Diese Instrumente ermöglichen es dem ETF, größere Positionen im Markt aufzubauen, als es mit dem Eigenkapital möglich wäre. Stellen Sie sich das so vor, als ob der ETF sich Geld leiht, um mehr Anteile zu kaufen als er eigentlich ohne den Hebel könnte.

Vorteile von Hebel-ETFs

1. **Potenzial für höhere Renditen**: Da Hebel-ETFs die täglichen Bewegungen eines Index verstärken, haben sie das Potenzial, höhere Renditen zu erzielen. Dies kann besonders attraktiv für erfahrene Trader sein, die

die kurzfristigen Bewegungen eines Marktes ausnutzen möchten.

2. **Risikomanagement und Diversifikation**: Hebel-ETFs bieten die Möglichkeit, diversifizierte Positionen im Markt einzunehmen, ohne dass Sie selbst eine Vielzahl einzelner Derivate oder gehebelter Positionen managen müssen.

Risiken von Hebel-ETFs

1. **Hohes Risiko**: Das Hauptmerkmal von Hebel-ETFs – die Hebelwirkung – erhöht nicht nur die potenziellen Gewinne, sondern auch die potenziellen Verluste erheblich. Ein kleiner Verlust im zugrunde liegenden Index kann durch den Hebel zu einem viel größeren Verlust im Hebel-ETF führen.

2. **Komplexität**: Die Finanzinstrumente, die Hebel-ETFs benutzen, können für Beginner sehr kompliziert sein. Zudem müssen diese ETFs täglich neu kalibriert werden, um die Hebelwirkung aufrechtzuerhalten, was zu unterschiedlichen Ergebnissen bei längerfristigen Investitionen führen kann.

3. **Kosten**: Hebel-ETFs haben oft höhere Managementgebühren und Handelskosten als reguläre ETFs, da das Management der Derivate und Hebelpositionen komplexer und teurer ist.

Für wen sind Hebel-ETFs geeignet?

Hebel-ETFs sind am besten für erfahrene Anleger geeignet, die kurzfristige Marktbewegungen ausnutzen wollen und ein hohes Verständnis für die Mechanismen und Risiken dieser Produkte haben. Sie sind weniger geeignet für langfristige Investoren oder Beginner, die möglicherweise nicht das Wissen oder die

Risikoakzeptanz haben, die für den Handel mit solchen Produkten erforderlich ist.

Limit Order

Eine "Limit Order" ist eine Anweisung, die Sie Ihrer Bank oder Ihrem Broker geben, um einen ETF (Exchange Traded Fund) zu einem bestimmten Preis zu kaufen oder zu verkaufen. Diese Art von Order hilft Ihnen, mehr Kontrolle über Ihre Transaktionen zu haben, da Sie den genauen Preis festlegen, den Sie zu zahlen bereit sind oder den Sie mindestens erhalten möchten.

Stellen Sie sich vor, Sie haben einen ETF im Auge, der aktuell zu einem Preis von 50 Euro pro Stück gehandelt wird. Sie glauben, dass der Preis in nächster Zeit fallen wird, und wollen diesen ETF kaufen, aber nur, wenn der Preis auf 45 Euro sinkt. In diesem Fall platzieren Sie eine Limit-Kauforder mit dem Limitpreis von 45 Euro. Der Auftrag wird nur ausgeführt, wenn der Preis des ETFs auf oder unter diesen Betrag fällt.

Andersherum, wenn Sie bereits ETFs besitzen und diese verkaufen möchten, setzen Sie eine Limit-Verkaufsorder. Beispielsweise: Wenn der aktuelle Preis 50 Euro ist und Sie verkaufen möchten, wenn der Preis auf 55 Euro steigt, setzen Sie eine Limit-Verkaufsorder bei 55 Euro. Der Verkauf wird dann nur durchgeführt, sobald der Preis diesen Betrag erreicht oder übersteigt.

Eine Limit Order bietet Ihnen einige Vorteile:

1. **Kontrolle über den Preis**: Sie bestimmen den maximalen Kaufpreis oder den Mindestverkaufspreis. Sie müssen sich also keine Sorgen machen, dass der Kauf oder Verkauf zu ungewünschten Preisen erfolgt.

2. **Automatisierung**: Sobald die Limit Order platziert ist, müssen Sie nicht ständig den Markt beobachten. Die Order wird automatisch ausgeführt, wenn die von Ihnen festgelegten Bedingungen erfüllt sind.

3. **Schutz vor plötzlichen Marktschwankungen**: Besonders in volatilen Märkten kann eine Limit Order helfen, ungewollte Transaktionen zu vermeiden.

Es gibt jedoch auch einige Dinge zu beachten:

1. **Nicht immer garantiert**: Eine Limit Order garantiert nicht, dass der Kauf oder Verkauf ausgeführt wird. Der Marktpreis muss den von Ihnen festgelegten Preis erreichen, damit die Order aktiv wird.

2. **Teilausführungen**: Manchmal wird eine Limit Order nur teilweise ausgeführt, wenn nicht genügend ETFs zum gewünschten Preis verfügbar sind. Dies kann je nach Marktlage und Handelsvolumen vorkommen.

3. **Zeitliche Begrenzung**: Sie können für Ihre Limit Order eine Gültigkeitsdauer festlegen. Ist diese abgelaufen und der Preis wurde nicht erreicht, wird die Order storniert.

Eine Limit Order ist besonders nützlich für Anleger, die klare Vorstellungen über die Preisgrenzen ihrer Käufe oder Verkäufe haben und die Sicherheit haben möchten, dass ihre Transaktionen zu für sie akzeptablen Preisen stattfinden.

Liquidationswert

Der Liquidationswert ist ein Begriff, der im Zusammenhang mit börsengehandelten Fonds (ETFs) und anderen Anlageformen häufig verwendet wird. Er beschreibt den Wert, den die Vermögenswerte eines Fonds erzielen würden, wenn sie sofort verkauft und anschließend alle Verbindlichkeiten bezahlt würden. Stellen Sie sich den Liquidationswert als den "Ausverkaufswert" eines Fonds vor, sollte dieser aufgelöst werden.

Was umfasst der Liquidationswert?

Der Liquidationswert umfasst im Wesentlichen zwei Hauptkomponenten: die Vermögenswerte und die Verbindlichkeiten des Fonds.

1. **Vermögenswerte**: Dies sind alle Investitionen und Besitztümer des Fonds. Bei ETFs können das Aktien, Anleihen, Immobilien oder andere finanzielle Instrumente sein, in die der Fonds investiert hat. Der Wert dieser Vermögenswerte wird zum aktuellen Marktpreis berechnet.

2. **Verbindlichkeiten**: Dies sind die Schulden und Verpflichtungen des Fonds, wie z.B. Kredite, Verbindlichkeiten gegenüber Anlegern oder laufende Kosten. Diese müssen vom Wert der Vermögenswerte abgezogen werden, um den tatsächlichen Liquidationswert zu bestimmen.

Warum ist der Liquidationswert wichtig?

Der Liquidationswert ist ein wichtiger Indikator, um zu verstehen, wie viel Geld Anleger zurückerhalten würden, wenn der Fonds aufgelöst würde. Er gibt eine realistische

Einschätzung des möglichen Verlustes oder Gewinns und ist daher für Anleger von großer Bedeutung.

Wie wird der Liquidationswert berechnet?

Die Berechnung des Liquidationswertes kann vereinfacht durch die folgende Formel dargestellt werden:

Liquidationswert = Gesamtwert der Vermögenswerte - Gesamtwert der Verbindlichkeiten

Beispiel: Wenn ein ETF Vermögenswerte im Wert von 10 Millionen Euro und Verbindlichkeiten im Wert von 2 Millionen Euro hat, beträgt der Liquidationswert 8 Millionen Euro.

Wann kann der Liquidationswert relevant sein?

Der Liquidationswert wird besonders relevant, wenn:

- Ein Fonds aufgelöst wird: Dies kann geschehen, wenn der Fonds dauerhaft an Wert verliert oder von der Verwaltungsgesellschaft aus strategischen Gründen geschlossen wird.

- Ein Fonds insolvent geht: Sollte ein Fonds zahlungsunfähig werden, wird der Liquidationswert genutzt, um die verbleibenden Mittel unter den Anlegern zu verteilen.

- Ein Anleger die finanzielle Gesundheit eines Fonds bewerten möchte: Der Liquidationswert kann als Kennzahl verwendet werden, um die Stabilität und das Risikopotential eines Fonds zu bewerten.

Hinweise und Überlegungen

Während der Liquidationswert einen wertvollen Einblick gibt, sollte er nicht der einzige Indikator für Ihre Investmententscheidungen sein. Er spiegelt den aktuellen Marktwert wider, berücksichtigt jedoch nicht potenzielle zukünftige Entwicklungen und Gewinnmöglichkeiten des Fonds.

Ein weiteres wichtiges Detail ist, dass der Verkauf der Vermögenswerte eines Fonds unter Zwangsbedingungen möglicherweise niedriger ausfällt als unter regulären Marktbedingungen. Dies könnte dazu führen, dass der tatsächliche Liquidationswert geringer ist als berechnet.

Verstehen Sie den Liquidationswert als ein Werkzeug, das Ihnen hilft, die finanzielle Situation und das Risiko eines Fonds besser einzuschätzen.

Liquidität

Liquidität in Bezug auf Exchange Traded Funds (ETFs) ist ein entscheidender Begriff, den Sie als Beginner verstehen sollten. Es handelt sich um die Möglichkeit, eine Investition schnell in Bargeld umzuwandeln oder zu verkaufen. Bei ETFs bezieht sich Liquidität auf die Leichtigkeit, mit der Sie einen ETF kaufen oder verkaufen können, ohne den Preis signifikant zu beeinflussen.

Stellen Sie sich vor, Sie besitzen eine Aktie oder einen ETF und möchten diesen verkaufen. Wenn an dem Markt, an dem Sie verkaufen möchten, viele Käufer vorhanden sind, können Sie Ihren ETF schnell und ohne große Preisschwankungen verkaufen. Das nennt man eine hohe Liquidität. Fehlen jedoch die Käufer oder gibt es nur wenige, kann es dauern, bis Sie einen Käufer gefunden haben, oder Sie müssen Ihren ETF zu einem niedrigeren Preis verkaufen. In diesem Fall spricht man von niedriger Liquidität.

Es gibt zwei Hauptaspekte der Liquidität von ETFs:

1. Primärmarktliquidität:

Dies bezieht sich auf die Fähigkeit von autorisierten Teilnehmern, Anteile eines ETFs zu erstellen oder zurückzugeben. Autoren dieser Kreation oder Rückgabe sind in der Regel große institutionelle Investoren und Market Maker. Die Effizienz dieses Prozesses beeinflusst die Liquidität des ETFs.

2. Sekundärmarktliquidität:

Dies bezieht sich auf den Handel von ETF-Anteilen auf dem Markt, ähnlich wie Aktien an der Börse gehandelt werden. Hier spielt das Handelsvolumen eine wichtige Rolle. ETFs mit hohem Handelsvolumen sind in der Regel leicht handelbar, was bedeutet, dass Sie diese ETFs schnell kaufen oder verkaufen können.

Ein weiteres Konzept, das mit der Liquidität zu tun hat, ist der "Spread". Der Spread ist die Differenz zwischen dem Kaufpreis (Geldkurs) und dem Verkaufspreis (Briefkurs) eines ETFs. Ein kleinerer Spread ist oft ein Indikator für hohe Liquidität, während ein größerer Spread auf eine geringere Liquidität hindeuten kann.

Long

Der Begriff "Long" wird häufig in der Finanzwelt und besonders beim Handel mit ETFs (Exchange Traded Funds) verwendet. Wenn man eine Long-Position eingeht, bedeutet dies, dass man darauf spekuliert, dass der Kurs eines Wertpapiers, wie zum Beispiel eine Aktie oder ein ETF, steigen wird. Das Ziel ist es, das Wertpapier zu einem niedrigen Preis zu kaufen und es später zu einem höheren Preis zu verkaufen, um dadurch einen Gewinn zu erzielen.

Stellen Sie sich vor, Sie glauben, dass der Preis eines bestimmten ETFs, der Technologieaktien abbildet, in den kommenden Monaten steigen wird. Sie entscheiden sich, diesen ETF zu kaufen, um von diesem erwarteten Preisanstieg zu profitieren. Mit dem Kauf dieses ETFs gehen Sie eine Long-Position ein.

Nehmen wir ein konkretes Beispiel: Der aktuelle Kurs des Technologie-ETFs liegt bei 100 Euro. Sie kaufen 10 Anteile dieses ETFs, investieren also insgesamt 1.000 Euro. Nach einigen Monaten stellt sich heraus, dass Ihre Einschätzung korrekt war. Der Kurs des ETFs ist auf 120 Euro gestiegen. Wenn Sie nun Ihre 10 Anteile verkaufen, erhalten Sie 1.200 Euro. Ihr Gewinn beträgt somit 200 Euro, abzüglich eventueller Transaktionsgebühren und Steuern.

Die Long-Strategie wird häufig von Anlegern genutzt, die an das langfristige Wachstumspotenzial eines Wertpapiers oder eines Marktes glauben. Es handelt sich um eine eher traditionelle Anlagestrategie, die darauf setzt, dass die Werte mit der Zeit steigen werden. Besonders Beginner finden diese Strategie oft attraktiv, da sie einfacher zu verstehen und weniger riskant ist als einige der fortgeschritteneren Handelsstrategien.

MM – Market Maker

Ein Market Maker (MM) ist eine Finanzinstitution oder ein Börsenteilnehmer, der bereit ist, jederzeit ein bestimmtes Wertpapier, wie zum Beispiel einen Exchange Traded Fund (ETF), zu kaufen oder zu verkaufen. Der Market Maker sorgt damit für Liquidität am Markt, das heißt, dass es immer genügend Angebot und Nachfrage gibt, damit Anleger problemlos handeln können.

Market Maker veröffentlichen kontinuierlich Kauf- und Verkaufspreise für die Wertpapiere, die sie betreuen. Dabei handelt es sich um sogenannte Geld- (Bid) und Briefkurse (Ask). Der Geldkurs ist der Preis, zu dem der Market Maker bereit ist, ein Wertpapier zu kaufen, während der Briefkurs der Preis ist, zu dem er bereit ist, es zu verkaufen. Die Differenz zwischen diesen beiden Preisen wird als „Spread" bezeichnet.

Wenn Sie als Anleger einen ETF kaufen möchten, stellt der Market Maker sicher, dass Sie dies zum aktuellen Briefkurs tun können. Möchten Sie hingegen einen ETF verkaufen, kauft der Market Maker diesen zum aktuellen Geldkurs von Ihnen. Dies ermöglicht es Ihnen, ETFs schnell und effizient zu handeln, ohne große Preisabweichungen in Kauf nehmen zu müssen.

Der Market Maker nimmt also eine wichtige Rolle im Handelssystem ein, indem er stets für Handelspartner bereitsteht und somit zur Stabilität und Funktionsfähigkeit der Märkte beiträgt. Man kann ihn als eine Art „Mittelsmann" betrachten, der für einen fließenden und reibungslosen Handel sorgt.

Ein gutes Wissen über die Funktionsweise von Market Makern kann Ihnen helfen, die Preisbildung und die Liquidität von ETFs besser zu verstehen und somit informierte Handelsentscheidungen zu treffen.

MSCI World Index

Der MSCI World Index ist ein weltweit beachteter Aktienindex, der Aktien aus entwickelten Ländern umfasst. Er wird oft als eine Art Barometer für die globale Aktienmarktentwicklung angesehen.

Was ist ein Index?

Ein Index ist im Grunde genommen eine Gruppe von Aktien, die nach bestimmten Kriterien zusammengestellt wurden. Der MSCI World Index ist ein solcher Index. Er wird von dem Unternehmen MSCI (Morgan Stanley Capital International) zusammengestellt und gepflegt. Der Zweck eines Indexes besteht darin, die Entwicklung eines bestimmten Teils des Marktes abzubilden, damit Anleger die Performance dieses Marktsegments leichter verfolgen können.

Welche Länder und Unternehmen sind im MSCI World Index enthalten?

Der MSCI World Index umfasst Aktien aus 23 verschiedenen, sogenannten entwickelten Ländern. Dazu gehören unter anderem die Vereinigten Staaten, Kanada, Deutschland, Japan und das Vereinigte Königreich. Wenn Sie in einen ETF investieren, der diesen Index abbildet, kaufen Sie also praktisch einen kleinen Anteil an vielen verschiedenen Unternehmen aus diesen Ländern.

Beispiele für Unternehmen im MSCI World Index:

- Apple
- Microsoft
- Amazon

- Nestle

- Samsung

Diese Unternehmen kommen aus verschiedenen Sektoren wie Technologie, Konsumgüter, Gesundheitswesen und viele mehr. Das bedeutet, wenn Sie in den MSCI World Index investieren, streuen Sie Ihr Risiko auf viele verschiedene Unternehmen und Branchen.

Warum ist der MSCI World Index interessant?

Für Beginner ist der MSCI World Index besonders interessant, weil er eine breite Diversifikation bietet. Diversifikation bedeutet, dass Sie Ihr Geld auf viele verschiedene Anlagen verteilen, um das Risiko zu minimieren. Wenn Sie nur in ein einziges Unternehmen investieren und dieses Unternehmen Probleme hat, verlieren Sie möglicherweise viel Geld. Investieren Sie jedoch in einen Index wie den MSCI World, ist Ihr Risiko viel besser verteilt, weil Sie Anteile an vielen verschiedenen Unternehmen besitzen.

Wie können Sie in den MSCI World Index investieren?

Der einfachste Weg für Privatanleger, in den MSCI World Index zu investieren, ist über einen ETF (Exchange Traded Fund). Ein ETF ist ein Finanzprodukt, das einen Index nachbildet und an der Börse gehandelt wird. Wenn Sie einen ETF kaufen, der den MSCI World Index abbildet, investieren Sie automatisch in alle im Index enthaltenen Unternehmen.

Zusammenfassung der Vorteile:

- **Breite Diversifikation:** Ihr Risiko wird auf viele Unternehmen und Branchen verteilt.

- **Einfache Handhabung:** Durch den Kauf eines ETFs auf den MSCI World Index können Sie einfach und kosteneffizient in den gesamten Index investieren.

- **Transparenz:** Die Zusammensetzung des MSCI World Index ist öffentlich zugänglich und wird regelmäßig aktualisiert.

MSCI – Morgan Stanley Capital International

MSCI steht für Morgan Stanley Capital International und ist ein weltweit führender Anbieter von Indexlösungen und Analysetools für die Finanzmärkte. Wenn Sie neu im Bereich der Exchange-Traded Funds (ETFs) sind, werden Sie den Namen MSCI häufiger hören, da viele ETFs sogenannte MSCI-Indizes nachbilden.

Was ist ein Index?

Ein Index ist eine Methode, die Leistung einer bestimmten Gruppe von Aktien, Anleihen oder anderen Wertpapieren zu messen. Stellen Sie sich einen Index wie einen großen Korb vor, in den verschiedene Aktien gelegt werden. Die Wertentwicklung dieses Korbs spiegelt dann die Gesundheit und Performance des gesamten Marktes oder eines Teils davon wider.

Die Rolle von MSCI

MSCI erstellt und veröffentlicht diverse Indizes, die häufig von Investmentfonds, Pensionsfonds und ETFs verwendet werden. Dabei ist MSCI besonders bekannt für seine internationalen Indizes. Diese Indizes umfassen Aktien aus verschiedenen Ländern und Regionen und bieten somit eine breite Marktabdeckung.

Beliebte MSCI-Indizes

- **MSCI World Index:** Dieser Index umfasst rund 1.600 Aktien aus 23 entwickelten Ländern. Er bietet Ihnen eine gute Möglichkeit, in den globalen Markt zu investieren.
- **MSCI Emerging Markets Index:** Dieser Index enthält Aktien aus 26 Schwellenländern. Wenn Sie also in

wirtschaftlich aufstrebende Länder investieren möchten, ist dieser Index eine interessante Option.

- **MSCI ACWI (All Country World Index):** Dieser Index kombiniert Aktien aus entwickelten und aufstrebenden Märkten weltweit.

Warum MSCI-Indizes wichtig sind

MSCI-Indizes sind in der Finanzwelt sehr angesehen, weil sie durch eine gründliche Methodik und Transparenz gekennzeichnet sind. Die Indizes werden regelmäßig überprüft und angepasst, um sicherzustellen, dass sie die aktuellen Marktbedingungen widerspiegeln. Dies macht sie zu zuverlässigen Maßstäben für die Einschätzung der Marktentwicklung.

Wie Sie profitieren können

Für Sie als Beginner bieten MSCI-Indizes eine einfache und effektive Möglichkeit, breit diversifiziert in den globalen oder einen spezifischen regionalen Aktienmarkt zu investieren. ETFs, die MSCI-Indizes nachbilden, sind in der Regel kostengünstig und bieten Ihnen die Möglichkeit, Ihr Anlagerisiko zu streuen.

Market Maker

Ein Market Maker ist eine Firma oder eine Einzelperson, die den Handel mit Finanzinstrumenten, wie z.B. ETFs (Exchange Traded Funds), unterstützt, indem sie kontinuierlich Kauf- und Verkaufsangebote für diese Instrumente bereitstellt. Sie können sich den Market Maker als einen „Marktplatz-Organisator" vorstellen, der sicherstellt, dass Käufer und Verkäufer immer jemanden finden, mit dem sie handeln können. Das geschieht durch sogenannte Geld- (Bid) und Briefkurse (Ask).

Wenn Sie als Anleger einen ETF kaufen oder verkaufen möchten, kann es Zeiten geben, in denen nur wenige andere Anleger bereit sind zu kaufen oder zu verkaufen. Hier kommt der Market Maker ins Spiel. Sie bieten an, ETFs zu kaufen oder zu verkaufen, auch wenn auf der anderen Seite des Handels momentan kein passender Partner vorhanden ist. Damit sorgen sie für Liquidität, also dafür, dass der Markt aktiv bleibt und Transaktionen schnell durchgeführt werden können. Dies ist besonders wichtig bei weniger beliebten oder exotischen ETFs, die sonst schwer handelbar wären.

Market Maker verdienen ihr Geld durch den sogenannten Spread – das ist die Differenz zwischen dem Preis, zu dem sie bereit sind zu kaufen (Geldkurs), und dem Preis, zu dem sie bereit sind zu verkaufen (Briefkurs). Diese Spanne ist ihr Gewinn für die Dienstleistung, die sie erbringen. Die Größe des Spreads kann sehr unterschiedlich sein und hängt von verschiedenen Faktoren ab, wie der Liquidität und Volatilität des gehandelten Finanzinstruments.

Market Maker arbeiten in der Regel für große Finanzinstitutionen oder spezialisierte Brokerfirmen. Sie müssen sich an strenge Regeln und Vorschriften halten, um sicherzustellen, dass sie fair handeln und den Markt nicht manipulieren. Zum Beispiel müssen sie sicherstellen, dass die

Preise, zu denen sie kaufen und verkaufen, den tatsächlichen Wert des gehandelten Instrumentes widerspiegeln.

Market Order

Eine Market Order ist eine Anweisung, eine bestimmte Anzahl von Aktien oder anderen Finanzinstrumenten sofort zum aktuellen Marktpreis zu kaufen oder zu verkaufen. Wenn Sie eine Market Order aufgeben, möchten Sie sicherstellen, dass der Handel schnell ausgeführt wird und Sie die gewünschten Wertpapiere möglichst sofort erwerben oder veräußern können.

Im Detail funktioniert das so: Wenn Sie beispielsweise beschließen, 10 Anteile eines ETF (Exchange Traded Fund) zu kaufen und dazu eine Market Order aufgeben, akzeptieren Sie den besten verfügbaren Preis, der zu diesem Zeitpunkt am Markt geboten wird. Die Börse oder der Market Maker versucht dann, Ihre Kauf- oder Verkaufsanfrage so schnell wie möglich zu erfüllen. Dies bedeutet, dass Sie die Aktien zu dem aktuellen Marktpreis erwerben oder verkaufen, unabhängig davon, ob dieser Preis möglicherweise etwas höher oder niedriger als der letzte gehandelte Preis ist.

Ein wesentlicher Vorteil einer Market Order ist ihre Einfachheit und die schnelle Ausführung. Besonders in einem liquiden Markt mit vielen Käufern und Verkäufern kann Ihre Order sehr schnell abgewickelt werden. Wenn Sie beispielsweise am Morgen eine Nachricht sehen, dass ein ETF, der Technologieaktien umfasst, plötzlich an Wert gewinnen könnte, können Sie durch eine Market Order sicherstellen, dass Sie schnell in diesen ETF investieren und von der Preissteigerung profitieren.

Allerdings gibt es auch einige Punkte, auf die Sie achten sollten. Da eine Market Order sofort zum aktuellen Preis ausgeführt wird, kann es insbesondere in sehr volatilen Märkten, in denen die Preise schnell schwanken, zu unerwarteten Ergebnissen kommen. Der Preis zu dem Ihre Market Order letztlich ausgeführt wird, kann sich unerwartet von dem Preis unterscheiden, den Sie kurz vor der Orderaufgabe gesehen haben. Diesen Unterschied nennt man „Slippage". Bei wenigen Ordern und in weniger liquiden Märkten können auch Transaktionskosten und Handelsspannen (die Differenz zwischen Kauf- und Verkaufskurs) Ihre erwarteten Kosten erhöhen.

Für Beginner in der ETF-Welt kann eine Market Order eine gute Möglichkeit sein, schnell und unkompliziert Handelsaktionen durchzuführen, insbesondere wenn der genaue Kauf- oder Verkaufspreis weniger entscheidend ist als die Geschwindigkeit der Transaktion. Beachten Sie jedoch, dass es auch andere Ordertypen wie Limit Orders gibt, mit denen Sie mehr Kontrolle über den Preis haben, zu dem Ihre Orders ausgeführt werden.

Marktbewertung

Die Marktbewertung beschreibt den Gesamtwert eines Unternehmens oder eines Finanzinstruments, wie zum Beispiel eines ETFs (Exchange Traded Fund). Sie stellt eine wichtige Kennzahl dar, die verwendet wird, um die wirtschaftliche Größe und den finanziellen Status eines Unternehmens oder eines Marktes zu beurteilen. Die Marktbewertung wird häufig auch als "Marktkapitalisierung" oder "Market Cap" bezeichnet.

Berechnung der Marktbewertung

Die Marktbewertung eines Unternehmens berechnet sich, indem man den aktuellen Aktienkurs mit der Anzahl der ausgegebenen Aktien multipliziert. Die Formel lautet:

Marktbewertung = Aktienkurs × Anzahl der ausgegebenen Aktien

Für einen ETF wird die Marktbewertung ähnlich berechnet, indem man den aktuellen Preis der Anteile des ETFs mit der Anzahl der insgesamt ausgegebenen Anteile multipliziert.

Beispiele

Nehmen wir an, ein Unternehmen hat 1 Million Aktien im Umlauf und der aktuelle Aktienkurs beträgt 50 Euro. Die Marktbewertung dieses Unternehmens wäre dann:

Marktbewertung = 50 Euro × 1.000.000 = 50.000.000 Euro

Für einen ETF, der 10 Millionen Anteile im Umlauf hat und jeder Anteil kostet 20 Euro, wäre die Rechnung:

Marktbewertung = 20 Euro × 10.000.000 = 200.000.000 Euro

Bedeutung für Investoren

Die Marktbewertung hilft Investoren einzuschätzen, wie groß und finanziell stabil ein Unternehmen oder ETF ist. Unternehmen mit hoher Marktbewertung gelten häufig als etablierter und weniger volatil. Sie sind meist in stabilen Branchen und haben eine lange Erfolgsgeschichte. Kleine und mittelgroße Unternehmen haben oft niedrigere Marktbewertungen und können potenziell schneller wachsen, tragen aber auch ein höheres Risiko.

Klassifizierung nach Marktbewertung

- **Large-Cap**: Unternehmen mit einer Marktbewertung von mehr als 10 Milliarden Euro. Diese Unternehmen sind oft gut etabliert und gelten als sicherere Investitionen.

- **Mid-Cap**: Unternehmen mit einer Marktbewertung zwischen 2 Milliarden und 10 Milliarden Euro. Sie bieten häufig ein Gleichgewicht zwischen Risiko und Rendite.

- **Small-Cap**: Unternehmen mit einer Marktbewertung von weniger als 2 Milliarden Euro. Diese Unternehmen können höhere Wachstumschancen bieten, sind aber auch risikoreicher.

Anwendung in der ETF-Welt

In der ETF-Welt hilft die Marktbewertung, um ETFs nach der Größe der Unternehmen, in die sie investieren, zu klassifizieren. Ein ETFs könnte zum Beispiel nur in Large-Cap-Unternehmen, also den größten und stabilsten Unternehmen des Marktes, investieren. Ein anderer ETF könnte sich auf Small-Cap-Unternehmen konzentrieren und damit ein höheres Wachstumspotenzial bieten, aber auch ein höheres Risiko eingehen.

Das Verständnis der Marktbewertung ist also entscheidend, wenn Sie in ETFs investieren, da sie Ihnen hilft, die Stabilität und das Risiko des ETFs besser einzuschätzen.

Markteffizienz

Die Markteffizienz ist ein Konzept, das besagt, dass die Preise von Wertpapieren, wie zum Beispiel Aktien oder ETFs (Exchange Traded Funds), alle verfügbaren Informationen widerspiegeln. Das bedeutet, dass es theoretisch unmöglich ist, durch den Kauf oder Verkauf von Wertpapieren überdurchschnittliche Gewinne zu erzielen, weil alle bekannten Informationen bereits im Preis enthalten sind.

Es gibt drei Stufen der Markteffizienz:

1. **Schwache Effizienz**: Diese Stufe besagt, dass alle vergangenen Preisinformationen in aktuellen Wertpapierkursen enthalten sind. Daher sind historische Kursdaten und vergangene Kursverläufe keine zuverlässige Grundlage, um zukünftige Preisbewegungen vorherzusagen. Technische Analyse, die auf die Auswertung vergangener Preisdaten abzielt, wird als wenig effektiv angesehen.

2. **Halbstarke Effizienz**: Diese Stufe geht einen Schritt weiter und nimmt an, dass alle öffentlich verfügbaren Informationen, einschließlich Unternehmensnachrichten, Finanzberichte und wirtschaftliche Daten, in den Preisen enthalten sind. Demnach könnten selbst sorgfältige Analysen öffentlich zugänglicher Informationen keine überdurchschnittlichen Gewinne ermöglichen.

3. **Starke Effizienz**: Die stärkste Form der Effizienz besagt, dass alle Informationen, sowohl öffentlich als auch privat (also Insiderinformationen), in den Wertpapierpreisen enthalten sind. In einem solchen, komplett effizienten Markt, wäre es auch Insidern

unmöglich, kontinuierlich überdurchschnittliche Gewinne zu erzielen.

Warum ist das wichtig für Beginner in der ETF-Welt? Wenn die Märkte effizient sind, mit Ausnahme einiger Unregelmäßigkeiten, bedeutet das, dass der Versuch, durch aktives Handeln den Markt zu schlagen, im Allgemeinen nicht erfolgreich sein wird. Es wird dann plausibler, eine Strategie des passiven Investierens zu wählen. Passives Investieren bedeutet, Ihr Geld in Fonds wie ETFs zu legen, die einen Marktindex nachbilden, anstatt zu versuchen, einzelne Gewinneraktien auszuwählen.

ETFs bieten eine kostengünstige Möglichkeit, diversifiziert und einfach zu investieren. Ein bekanntes Beispiel ist der S&P 500 ETF, der die Wertentwicklung der 500 größten börsennotierten US-Unternehmen verfolgt. In einem effizienten Markt könnte ein solcher ETF langfristig eine bessere Rendite bieten als die Mehrheit der aktiv verwalteten Fonds.

Markttiming

Markttiming ist eine Anlagestrategie, bei der Anleger versuchen, den optimalen Zeitpunkt für den Kauf oder Verkauf von Wertpapieren zu bestimmen, um die bestmögliche Rendite zu erzielen. Das Ziel dieser Strategie ist es, den Markt zu „timen", also die Phasen hoher und niedriger Kurse so genau wie möglich vorherzusagen und entsprechend zu handeln. In der ETF-Welt bedeutet dies, ETFs zu kaufen, wenn die Kurse niedrig sind, und zu verkaufen, wenn die Kurse hoch sind.

Warum ist Markttiming für Beginner interessant? Viele Einsteiger in die Welt der ETFs und anderen Anlageformen denken, dass sie durch Markttiming schnelle und hohe Gewinne erzielen können. Die Idee klingt verlockend: Wer möchte nicht gern genau wissen, wann der Markt am günstigsten ist, um einzusteigen oder auszusteigen und damit den größtmöglichen Profit zu machen? Theoretisch scheint es eine sehr effektive Methode zu sein, doch in der Praxis gestaltet es sich oft als schwierig.

Ein wesentlicher Punkt, den Sie verstehen sollten, ist, dass der Markt von vielen unvorhersehbaren Faktoren beeinflusst wird. Nachrichtenereignisse, wirtschaftliche Indikatoren, geopolitische Spannungen und viele andere Ereignisse können die Kurse von einem Moment auf den anderen stark beeinflussen. Daher ist es fast unmöglich, langfristig konsistent genaue Vorhersagen zu treffen.

Ein weiterer Faktor, den Sie berücksichtigen sollten, ist, dass Markttiming ein hohes Maß an Wissen, Erfahrung und oft auch Glück erfordert. Professionelle Anleger und Fondsmanager, die Zugang zu umfangreichen Informationen und Analysedaten haben, scheitern oft daran, den Markt präzise zu timen. Für private Anleger und Beginner ist es daher umso schwieriger.

Stattdessen raten viele Experten dazu, an einer simpleren und passiveren Strategie festzuhalten. Ein bekannter Ansatz ist das sogenannte "Buy and Hold". Dabei kaufen Sie ETFs und halten diese langfristig, unabhängig von kurzfristigen Marktschwankungen. Diese Methode basiert auf der Annahme, dass der Markt auf lange Sicht tendenziell wächst und dass Sie von diesem Wachstum profitieren können, ohne ständig zu versuchen, den besten Zeitpunkt für Käufe und Verkäufe zu erraten.

Minimaler Anlagebetrag

Der minimaler Anlagebetrag beschreibt den kleinsten Geldbetrag, den Sie benötigen, um in einen ETF (Exchange Traded Fund) zu investieren. Dieser Betrag kann variieren, abhängig von der Art des Brokers oder der Handelsplattform, die Sie verwenden, sowie vom spezifischen ETF, den Sie kaufen möchten.

Warum ist der minimale Anlagebetrag wichtig?

Für Beginner ist es wichtig zu wissen, wie viel Geld mindestens erforderlich ist, um in den Markt einzusteigen. Dieser Betrag kann eine entscheidende Rolle spielen, insbesondere wenn Sie ein begrenztes Budget haben. Einige Broker verlangen einen bestimmten Mindestbetrag, um Ihr Konto zu eröffnen oder um Transaktionen durchzuführen, während andere Broker keine solchen Anforderungen haben.

Einfluss von Handelsplattformen und Brokern

Unterschiedliche Broker und Handelsplattformen haben unterschiedliche Mindestanforderungen. Traditionelle Broker können höhere Mindestbeträge verlangen, während Online-Broker und Robo-Advisors oft geringere oder gar keine Mindestbeträge fordern. Beispielsweise könnte ein traditioneller Broker einen Mindestanlagebetrag von 500 Euro verlangen, während ein Online-Broker Ihnen ermöglicht, bereits mit 50 Euro zu starten.

Stücke oder Bruchstücke

Ein weiterer Aspekt des minimalen Anlagebetrags ist, ob Sie ganze Anteile oder Bruchstücke eines ETFs kaufen können. Bei einem traditionellen Broker müssen Sie möglicherweise ganze Anteile kaufen, aber viele moderne Broker und Plattformen erlauben den Kauf von Bruchstücken eines Anteils. Das bedeutet, dass Sie auch mit sehr kleinen Beträgen in einen ETF investieren können.

Einzahlung und Sparpläne

Viele Broker bieten ETF-Sparpläne an, bei denen Sie regelmäßig einen festen Betrag investieren können. Diese Sparpläne haben oft sehr niedrige Mindestbeträge, manchmal sogar ab 25 Euro pro Monat. Sie sind eine ausgezeichnete Möglichkeit, kontinuierlich und systematisch zu investieren, ohne dass Sie eine große Einmalinvestition tätigen müssen.

Beispiel

Angenommen, Sie möchten in den "MSCI World ETF" investieren, der einen Preis von 100 Euro pro Anteil hat. Wenn Ihr Broker den Kauf von Bruchstücken anbietet und keinen Mindestanlagebetrag verlangt, könnten Sie theoretisch bereits mit 10 Euro einsteigen. Verlangt Ihr Broker jedoch den Kauf ganzer Anteile und hat einen Mindestanlagebetrag von 100 Euro, müssten Sie diesen Betrag aufbringen, um in den ETF zu investieren.

Wichtige Überlegungen

- Prüfen Sie die Mindestanforderungen sorgfältig, bevor Sie sich für einen Broker entscheiden.

- Beachten Sie, dass niedrigere Mindestbeträge oft mit höheren Transaktionsgebühren verbunden sein können.

- Nutzen Sie möglicherweise Sparpläne, um mit kleineren regelmäßigen Beträgen zu investieren.

Indem Sie sich über den minimalen Anlagebetrag informieren, können Sie besser planen und entscheiden, wie und wann Sie in ETFs investieren möchten.

Momentum-Strategie

Die Momentum-Strategie ist eine Anlagestrategie, die darauf abzielt, von den Kursbewegungen von Wertpapieren zu profitieren, die sich in der jüngsten Vergangenheit in eine bestimmte Richtung bewegt haben. Dieser Ansatz basiert auf der Überzeugung, dass Wertpapiere, die in den letzten Monaten an Wert gewonnen haben, weiterhin steigen werden, und dass diejenigen, die gefallen sind, weiter fallen werden.

Um das Konzept der Momentum-Strategie besser zu verstehen, stellen Sie sich vor, dass Sie ein Race-Auto auf einer Rennstrecke beobachten. Wenn ein Auto deutlich schneller als die anderen fährt, könnten Sie erwarten, dass es diese Geschwindigkeit beibehält und möglicherweise das Rennen gewinnt. Ähnlich verhält es sich bei Anlagen wie Aktien: Wenn eine Aktie in den letzten Monaten kontinuierlich gestiegen ist, gibt die Momentum-Strategie Ihnen den Rat, dass diese Aktie wahrscheinlich weiter steigen wird.

Diese Strategie umfasst in der Regel mehrere Schritte:

1. Identifikation von Momentum-Aktien:

    - Zuerst identifizieren Sie die Aktien oder ETFs, die in einem bestimmten Zeitraum (z.B. über die letzten 3 bis 12 Monate) die beste Performance erzielt haben.

2. Kauf von starken Performern:

    - Kaufen Sie die Wertpapiere, die in diesem Zeitraum gut abgeschnitten haben. Sie könnten sich auf eine bestimmte Anzahl von Top-Performern beschränken, beispielsweise die besten 10 oder 20 Aktien.

3. Regelmäßige Überprüfung und Anpassung:

    o Überprüfen Sie Ihre Investments regelmäßig, zum Beispiel monatlich oder vierteljährlich. Verkaufen Sie die Wertpapiere, die an Momentum verloren haben, und investieren Sie in neue starke Performer.

Die Momentum-Strategie ist relativ einfach zu implementieren und erfordert keine tiefgehende Fundamentalanalyse oder Marktforschung. Sie verlassen sich auf die Kursbewegungen und Markttrends, die bereits bestehen, anstatt vorherzusagen, welche Wertpapiere in Zukunft gut abschneiden werden.

Jedoch ist es wichtig, sich der Risiken bewusst zu sein:

- Hohe Transaktionskosten:

Durch das häufige Kaufen und Verkaufen von Wertpapieren können hohe Transaktionskosten entstehen, die Ihre Rendite schmälern können.

- Marktumkehrungen:

Die Strategie funktioniert gut in stabilen oder wachsenden Märkten, kann jedoch in Phasen plötzlicher Marktumkehrungen erhebliche Verluste erleiden.

- Blasenbildung:

Die Strategie kann dazu führen, dass Sie in eine Marktblase investieren. Wenn viele Anleger einer Trendfolge-Strategie folgen, kann das zu überbewerteten Aktien und damit zu größeren Risiken führen.

Die Momentum-Strategie ist nur eine von vielen Anlagestrategien und sollte basierend auf Ihrer

Anlagestrategie, Ihren Zielen und Ihrer Risikobereitschaft in Betracht gezogen werden. Sie bietet das Potenzial für überdurchschnittliche Renditen, birgt jedoch auch bestimmte Risiken, die nicht außer Acht gelassen werden sollten.

Multi-Asset-ETF

Ein Multi-Asset-ETF (Exchange Traded Fund) ist ein börsengehandelter Fonds, der in eine Vielzahl von Anlageklassen investiert. Diese Anlageklassen können Aktien, Anleihen, Rohstoffe und manchmal auch alternative Investments umfassen. Der Hauptvorteil eines Multi-Asset-ETFs besteht darin, dass er Anlegern ermöglicht, mit einer einzigen Investition Zugang zu einer diversifizierten Palette von Anlagen zu erhalten.

Diversifikation leicht gemacht

Die Diversifikation ist eine bewährte Anlagestrategie, bei der Geld in verschiedene Arten von Anlagen investiert wird, um das Risiko zu reduzieren. Wenn eine Anlage schlecht abschneidet, können andere das ausgleichen. Ein Multi-Asset-ETF macht dies besonders einfach, weil er die Diversifikation automatisch für Sie übernimmt. Sie müssen sich nicht darum kümmern, verschiedene einzelne Anlagen auszuwählen und zu managen.

Wie funktioniert ein Multi-Asset-ETF?

Ein Multi-Asset-ETF funktioniert ähnlich wie andere ETFs. Er wird an der Börse gehandelt und Sie können Anteile daran kaufen und verkaufen, genau wie bei Aktien. Die Fondsgesellschaft, die den Multi-Asset-ETF verwaltet, wählt die verschiedenen Anlagen aus und passt den Mix regelmäßig an, um die festgelegte Anlagestrategie zu verfolgen.

Vorteile eines Multi-Asset-ETFs

1. **Einfachheit:** Sie benötigen nur ein einziges Investment, um in verschiedene Anlageklassen zu investieren.

2. **Kostenersparnis:** Da Sie nicht mehrere verschiedene Anlageklassen separat kaufen müssen, sparen Sie oft bei den Transaktionskosten.

3. **Risikominderung:** Durch die Diversifikation werden die Schwankungen (Volatilität) reduziert, was zu einem stabileren Anlageergebnis führen kann.

4. **Flexibilität:** Sie können einfach Anteile des ETFs kaufen und verkaufen, was Ihnen Flexibilität bei Ihren Anlageentscheidungen bietet.

Risiken eines Multi-Asset-ETFs

Auch wenn Multi-Asset-ETFs viele Vorteile bieten, gibt es auch Risiken. Diese beinhalten:

1. **Marktrisiko:** Da der ETF in verschiedene Märkte investiert, ist er trotzdem den allgemeinen Marktschwankungen ausgesetzt.

2. **Managementrisiko:** Der Erfolg des ETFs hängt von den Entscheidungen des Managementteams ab. Schlechte Entscheidungen können die Performance des Fonds negativ beeinflussen.

3. **Gebühren:** Auch wenn Multi-Asset-ETFs kosteneffizienter sind als das Investieren in einzelne Anlageklassen, fallen trotzdem Verwaltungsgebühren und andere Kosten an.

Für wen eignet sich ein Multi-Asset-ETF?

Ein Multi-Asset-ETF ist insbesondere für Anleger geeignet, die eine einfache und kosteneffiziente Methode suchen, um in verschiedene Anlageklassen zu investieren. Er eignet sich gut für Personen, die nicht die Zeit oder das Fachwissen haben, um ihre Anlageportfolios selbst zu managen, und die trotzdem eine robuste Diversifikation anstreben.

Indem Sie in einen Multi-Asset-ETF investieren, können Sie von einer breiten Streuung Ihrer Investitionen und einem professionellen Management profitieren. Dies macht ihn zu einem attraktiven Anlageinstrument für Beginner und erfahrene Anleger gleichermaßen.

NAV – Net Asset Value

Der Begriff "NAV" steht für "Net Asset Value" und kann auf Deutsch als "Nettoinventarwert" oder "Nettovermögenswert" übersetzt werden. Im Kontext von ETFs (Exchange Traded Funds) und anderen Investmentfonds ist der NAV eine der wichtigsten Kennzahlen, die Ihnen dabei hilft, den tatsächlichen Wert der Fondsanteile zu verstehen.

Der NAV gibt den Gesamtwert der Vermögenswerte des ETFs oder Fonds an, abzüglich aller Verbindlichkeiten. Einfacher ausgedrückt, handelt es sich um den Marktwert aller im Fonds enthaltenen Investments nach Abzug von Schulden und anderen Verbindlichkeiten. Der NAV wird in der Regel auf täglicher Basis berechnet und veröffentlicht.

Wie wird der NAV berechnet?

Um den NAV zu berechnen, müssen Sie zunächst den Gesamtwert aller Vermögenswerte des ETFs ermitteln. Dies umfasst:

1. **Aktien und Anleihen**: Der Wert der im Fonds enthaltenen Aktien und Anleihen.

2. **Cash-Äquivalente**: Bargeld und andere leicht verfügbare Mittel.

3. **Ansprüche und Zinsen**: Zinsen, die durch die im Fonds enthaltenen Anleihen erzielt werden, sowie Dividenden von Aktien.

Von diesem Gesamtwert werden alle Verbindlichkeiten des Fonds abgezogen. Dazu gehören:

1. **Verwaltungsgebühren**: Gebühren für die Verwaltung des Fonds.

2. **Transaktionskosten**: Kosten, die beim Kauf oder Verkauf von Wertpapieren entstehen.

3. **Sonstige Verbindlichkeiten**: Alle anderen Schulden oder Verpflichtungen des Fonds.

Der verbleibende Betrag nach Abzug der Verbindlichkeiten wird durch die Anzahl der ausgegebenen Fondsanteile geteilt. Das ergibt den NAV pro Anteil.

Warum ist der NAV wichtig?

Der NAV pro Anteil gibt Ihnen als Anleger einen genauen Wert Ihrer Investition zu einem bestimmten Zeitpunkt. Es ist die Grundlage für den Kauf und Verkauf von Fondsanteilen zum jeweiligen Tageskurs. Hier sind einige Gründe, warum der NAV wichtig ist:

1. **Transparenz**: Der NAV ermöglicht es Ihnen, den aktuellen Wert Ihrer Investition zu erkennen.

2. **Vergleichbarkeit**: Sie können verschiedene Fonds anhand ihres NAV vergleichen, um fundierte Investitionsentscheidungen zu treffen.

3. **Genauigkeit**: Der NAV wird täglich neu berechnet, was Ihnen hilft, den Marktwert Ihrer Anlagen zeitnah zu überwachen.

Wenn Sie sich entscheiden, Anteile an einem ETF oder einem Investmentfonds zu kaufen oder zu verkaufen, basiert der Preis, den Sie zahlen oder erhalten, in der Regel auf dem NAV pro Anteil des Fonds zum Zeitpunkt der Transaktion. Daher ist es für jeden Anleger wichtig, den NAV zu verstehen und zu beobachten.

NAV-Berechnung

Die Nettoinventarwert-Berechnung oder kurz "NAV-Berechnung" ist ein wichtiger Begriff in der Welt der ETFs (Exchange Traded Funds), da sie den Wert eines ETF-Anteils darstellt. NAV steht für "Net Asset Value", also Nettoinventarwert, und gibt den Gesamtwert der im ETF enthaltenen Vermögenswerte minus der Verbindlichkeiten an, geteilt durch die Anzahl der ausstehenden Anteile.

Stellen Sie sich vor, ein ETF ist wie ein großer Korb voller verschiedener Wertpapiere, wie Aktien, Anleihen oder andere Investments. Die NAV-Berechnung hilft Ihnen dabei, den aktuellen Wert eines Anteils an diesem Korb zu bestimmen.

Wie funktioniert die Berechnung?

1. Ermittlung des Gesamtwertes der Vermögenswerte:

Zunächst wird der Marktwert aller im ETF enthaltenen Wertpapiere addiert. Dies geschieht typischerweise am Ende jedes Handelstages.

Angenommen, der ETF enthält Aktien von 10 verschiedenen Unternehmen. Der Wert jeder Aktie zu Marktschluss wird zusammengezählt. Wenn die Aktien der Unternehmen A, B und C insgesamt 1.000 Euro, 500 Euro und 2.000 Euro wert sind, dann ist der Gesamtwert dieser drei Positionen 3.500 Euro.

2. Abzug der Verbindlichkeiten:

Von diesem Gesamtwert werden dann die Verbindlichkeiten des ETFs abgezogen. Verbindlichkeiten können z.B. laufende Kosten, Managementgebühren oder andere Verpflichtungen sein.

Wenn die Verbindlichkeiten des ETFs 200 Euro betragen, ziehen Sie diesen Betrag vom Gesamtwert (3.500 Euro) ab. Das ergibt 3.300 Euro.

3. Aufteilung auf die Anzahl der Anteile:

Schließlich wird dieser bereinigte Gesamtwert durch die Anzahl der im Umlauf befindlichen ETF-Anteile geteilt. Diese Anteile können täglich schwanken, da Menschen ETFs kaufen und verkaufen.

Angenommen, es gibt 1.000 Anteile dieses ETFs, dann teilen Sie den bereinigten Gesamtwert (3.300 Euro) durch die Anzahl der Anteile (1.000). Das ergibt einen NAV von 3,30 Euro pro Anteil.

Warum ist der NAV wichtig?

Für Sie als Anleger ist der NAV von großer Bedeutung, da er Ihnen hilft, den inneren Wert Ihrer Investition zu verstehen. Wenn Sie wissen, dass ein ETF-Anteil einen NAV von 3,30 Euro hat, können Sie einschätzen, ob der aktuelle Marktpreis gerechtfertigt ist oder ob es zu Überbewertungen oder Unterbewertungen kommt.

Der NAV wird täglich berechnet und veröffentlicht, damit Sie stets den aktuellen Wert Ihrer Anteile im Blick haben können. Beachten Sie jedoch, dass der Marktpreis eines ETFs während des Handelstages variieren kann und nicht exakt dem NAV entsprechen muss, da Angebot und Nachfrage kurzfristige Schwankungen verursachen können.

Nasdaq 100

Der Nasdaq 100 ist ein wichtiger Aktienindex, der die 100 größten nicht-finanziellen Unternehmen abbildet, die an der Nasdaq-Börse gehandelt werden. Diese Börse ist bekannt für ihren hohen Anteil an Technologieunternehmen, weshalb der Nasdaq 100 oft als Technologieindex angesehen wird.

Was ist die Nasdaq-Börse?

Die Nasdaq-Börse ist eine der größten elektronischen Börsen weltweit. Im Gegensatz zu traditionellen Börsen, die physische Handelsplätze haben, funktioniert die Nasdaq vollständig digital. Das bedeutet, dass der Handel über ein Netzwerk von Computern abgewickelt wird. Die Börse ist besonders bekannt für ihre vielen Technologieunternehmen.

Welche Unternehmen sind im Nasdaq 100 enthalten?

Der Nasdaq 100 umfasst die 100 größten Unternehmen aus verschiedenen Branchen, die an der Nasdaq-Börse notiert sind, mit Ausnahme des Finanzsektors. Das bedeutet, dass keine Banken oder Versicherungen im Nasdaq 100 vertreten sind. Stattdessen finden Sie bekannte Unternehmen aus den Bereichen Technologie, Gesundheitswesen, Einzelhandel und Industrie.

Einige der bekanntesten Unternehmen im Nasdaq 100 sind:

- **Apple**: Ein Technologieriese, der weltweit für seine iPhones, iPads und Macs bekannt ist.

- **Microsoft**: Ein multinationales Technologieunternehmen, bekannt für das Betriebssystem Windows und die Büro-Software Office.

- **Amazon**: Ein globaler E-Commerce-Gigant, der auch in den Bereichen Cloud Computing und künstliche Intelligenz tätig ist.

- **Google (Alphabet)**: Ein führender Anbieter von Internetdiensten und -produkten, bekannt durch seine Suchmaschine und zahlreiche andere Dienstleistungen.

Warum ist der Nasdaq 100 wichtig?

Der Nasdaq 100 ist ein Schlüsselindikator für die Gesamtgesundheit und Entwicklung der Technologiebranche sowie anderer wachstumsstarker Sektoren. Viele Anleger und Finanzexperten beobachten diesen Index, um die Leistung großer, innovativer Unternehmen zu verfolgen. Wenn der Nasdaq 100 steigt, kann das ein Zeichen dafür sein, dass die in ihm enthaltenen Unternehmen gut performen und insgesamt eine positive Marktentwicklung vorliegt.

Wie wird der Nasdaq 100 berechnet?

Der Nasdaq 100 ist ein marktkapitalisierungsgewichteter Index. Das bedeutet, dass jedes enthaltene Unternehmen entsprechend seiner Marktkapitalisierung gewichtet wird. Die Marktkapitalisierung wird berechnet, indem die Anzahl der ausstehenden Aktien eines Unternehmens mit dem aktuellen Aktienkurs multipliziert wird. Größere Unternehmen haben dadurch einen größeren Einfluss auf die Wertentwicklung des Indexes als kleinere Unternehmen.

Wie können Sie in den Nasdaq 100 investieren?

Es gibt verschiedene Möglichkeiten, in den Nasdaq 100 zu investieren:

- **Exchange Traded Funds (ETFs)**: Diese Fonds bilden die Wertentwicklung des Nasdaq 100 Index nach. Ein beliebter ETF ist der Invesco QQQ, der speziell den Nasdaq 100 widerspiegelt.

- **Investmentfonds**: Einige aktiv gemanagte Fonds investieren gezielt in Aktien, die im Nasdaq 100 enthalten sind.

- **Einzelaktien**: Sie können auch direkt in einzelne Aktien der Unternehmen investieren, die im Nasdaq 100 enthalten sind.

Durch diese Investitionsmöglichkeiten können Sie an der Wertentwicklung der größten und technologisch fortschrittlichsten Unternehmen weltweit partizipieren.

Nettofondsvermögen

Das Nettofondsvermögen, auch als Nettoinventarwert (Net Asset Value, NAV) bekannt, ist ein grundlegender Begriff in der Welt der Exchange Traded Funds (ETFs). Dieser Wert gibt den Gesamtwert aller Vermögenswerte eines Fonds abzüglich seiner Verbindlichkeiten wieder. Um das Nettofondsvermögen zu berechnen, werden zunächst alle Vermögenswerte des Fonds addiert, zu denen Aktien, Anleihen, Immobilien und andere Investitionen gehören können. Dann werden die Verbindlichkeiten, beispielsweise Verwaltungskosten oder ausstehende Gebühren, abgezogen.

Das Nettofondsvermögen wird in der Regel täglich berechnet und am Ende des Handelstages veröffentlicht. Diese Information ist für Anleger wichtig, weil sie den Wert eines Anteils oder einer Aktie des Fonds widerspiegelt. Die Berechnung erfolgt nach folgender Formel:

Nettofondsvermögen = (Summe der Vermögenswerte - Verbindlichkeiten)

Zum Beispiel, wenn ein ETF Vermögenswerte in Höhe von 50 Millionen Euro besitzt und Verbindlichkeiten von 5 Millionen Euro hat, dann beträgt das Nettofondsvermögen 45 Millionen Euro. Wenn der ETF 1 Million Anteile im Umlauf hat, dann wäre der Nettoinventarwert pro Anteil 45 Euro.

Das Nettofondsvermögen hat zwei Hauptfunktionen:

1. **Bewertung pro Anteil**: Es hilft Anlegern, den Wert eines einzelnen Anteils zu verstehen. Wenn Sie ein ETF-Anteil kaufen oder verkaufen möchten, basiert der Preis dieses Anteils auf dem Nettofondsvermögen.

2. **Vergleich und Analyse**: Das Nettofondsvermögen kann auch dazu verwendet werden, verschiedene ETFs zu vergleichen. Ein höheres Nettofondsvermögen kann darauf hinweisen, dass der ETF bei Anlegern beliebter ist oder besser performt hat.

Für Einsteiger ist es wichtig, auf das Nettofondsvermögen zu achten, da es einen Einblick in die Finanzstärke und Effizienz eines ETFs geben kann. Ein stabiles und wachsendes Nettofondsvermögen kann ein Indikator für gute Verwaltung und erfolgreiche Investitionen sein.

Optimierte Indexnachbildung

Optimierte Indexnachbildung ist eine Methode, die von börsengehandelten Fonds (ETFs) verwendet wird, um die Wertentwicklung eines bestimmten Aktien- oder Anleihenindexes nachzubilden, ohne dabei jede einzelne Position des Indexes zu kaufen. Diese Methode wird oft als "Optimierung" bezeichnet und ist besonders nützlich für Indizes, die viele Bestandteile haben oder deren Bestandteile schwer handelbar sind.

Was ist ein Index?

Ein Index ist eine Zusammenstellung von Wertpapieren (z. B. Aktien oder Anleihen), die den Zustand und die Entwicklung eines bestimmten Marktes oder Marktsegments widerspiegeln soll. Bekannte Beispiele sind der DAX, der die 30 größten deutschen börsennotierten Unternehmen umfasst, oder der S&P 500, der die 500 größten börsennotierten US-Unternehmen enthält.

Warum optimierte Nachbildung?

Die optimierte Indexnachbildung wird verwendet, um Kosten zu sparen und gleichzeitig die Performance eines Indexes möglichst genau abzubilden. Ein ETF, der sich strikt an die exakte Nachbildung hält (vollständige physische Replikation), muss in alle Indexbestandteile investieren, was teuer und logistisch aufwendig sein kann. Bei einem Index mit hunderten oder tausenden Wertpapieren ist dies besonders problematisch.

Wie funktioniert die optimierte Indexnachbildung?

Statt alle Positionen des Indexes zu kaufen, wählt der ETF nur eine bestimmte Auswahl der wertvollsten und wichtigsten

Komponenten aus. Diese Auswahl ist so gestaltet, dass sie die Gesamtrendite des Indexes so genau wie möglich nachbildet. Diese Methode basiert auf mathematischen Modellen, die so genannte Optimierungsalgorithmen verwenden. Ziel dieser Algorithmen ist es, ein Portfolio zusammenzustellen, das ähnlich auf Marktschwankungen reagiert wie der gesamte Index.

Beispielsweise kann ein ETF, der einen Index mit 500 verschiedenen Aktien optimiert nachbilden möchte, nur 200 Aktien kaufen. Diese 200 Aktien werden so gewählt, dass sie die gleichen risikoreichen und renditebezogenen Eigenschaften wie der gesamte Index haben.

Vorteile

1. **Kostenersparnis**: Da der ETF nicht jede einzelne Aktie des Indexes kaufen muss, spart er Transaktionskosten und Verwaltungskosten.

2. **Liquidität**: Der Kauf und Verkauf von weniger liquiden Aktien wird vermieden. Liquide Aktien sind leichter zu handeln und haben geringere Spreads (Unterschied zwischen Kauf- und Verkaufspreis).

3. **Flexibilität**: Optimierte Nachbildung kann schnellere Anpassungen an Marktveränderungen ermöglichen.

Nachteile

1. **Tracking Error**: Das Risiko eines sogenannten "Tracking Errors" ist höher, das heißt, der ETF könnte die Performance des Indexes weniger genau nachbilden.

2. **Komplexität**: Die Optimierung erfordert komplexe mathematische Modelle und umfangreiche

Datenanalyse, was die Verwaltung anspruchsvoller macht.

Wenn Sie neu im Bereich der ETFs sind, kann die optimierte Indexnachbildung eine effiziente und kostengünstige Möglichkeit sein, in einen breiten Markt zu investieren. Es ist jedoch wichtig, die potenziellen Risiken zu verstehen und sich gründlich zu informieren, bevor Sie eine Investitionsentscheidung treffen.

Optimiertes Sampling

Optimiertes Sampling ist eine Methode, die bei der Verwaltung von Exchange Traded Funds (ETFs) verwendet wird, um die Performance eines Index so genau wie möglich nachzubilden, ohne dabei alle im Index enthaltenen Wertpapiere kaufen zu müssen.

Ein ETF ist ein Finanzinstrument, das einen Index, wie beispielsweise den DAX oder den S&P 500, nachbilden soll. Ein Index besteht oft aus vielen einzelnen Aktien oder Anleihen. Wenn ein ETF versucht, diesen Index vollständig nachzubilden, spricht man von einer vollständigen Replikation. Hierbei werden alle Wertpapiere im Index in genau den gleichen Gewichtungen wie im Index selbst gekauft. Das kann jedoch teuer und kompliziert sein, besonders bei Indizes mit vielen oder schwer handelbaren Wertpapieren.

Hier kommt das optimierte Sampling ins Spiel. Statt alle Wertpapiere im Index zu kaufen, wählt der ETF-Anbieter eine repräsentative Auswahl von Wertpapieren aus, die das Risiko und die Rendite des gesamten Index möglichst genau widerspiegeln. Diese Methode reduziert die Handelskosten und die Verwaltungskosten für den ETF, weil weniger Transaktionen notwendig sind und einige der schwer handelbaren oder teuren Wertpapiere vermieden werden.

Wie funktioniert optimiertes Sampling in der Praxis? Stellen Sie sich vor, ein Index besteht aus 1.000 verschiedenen Aktien. Anstatt alle 1.000 Aktien zu kaufen, analysiert der ETF-Anbieter die Eigenschaften des Index und identifiziert die Schlüsselaktien, die einen Großteil der Rendite und des Risikos des Index bestimmen. Diese Schlüsselaktien werden dann ausgewählt und in den ETF aufgenommen. Es können auch ähnliche oder substitutive Wertpapiere genutzt werden, um bestimmte Segmente des Index optimal zu repräsentieren, ohne tatsächlich jede einzelne Aktie zu besitzen.

Ein Vorteil des optimierten Samplings ist, dass es die Kosten niedriger hält. ETFs, die diese Methode anwenden, haben in der Regel geringere Handels- und Verwaltungskosten, was für Anleger von Vorteil ist. Ein weiterer Vorteil ist die Flexibilität: Sollten sich die Marktbedingungen ändern oder sollte ein Wertpapier im Index illiquide werden, kann der ETF-Anbieter schneller und effizienter auf diese Änderungen reagieren.

Auf der anderen Seite hat optimiertes Sampling den Nachteil, dass es zu einer leichten Abweichung von der tatsächlichen Indexperformance führen kann. Diese Abweichung wird Tracking Error genannt. Ein hoher Tracking Error bedeutet, dass der ETF die Performance des Index nicht genau nachbildet. ETF-Anbieter, die optimiertes Sampling verwenden, arbeiten jedoch intensiv daran, den Tracking Error so gering wie möglich zu halten.

Orderbuch

Ein **Orderbuch** ist ein zentrales Werkzeug im Handel mit Exchange Traded Funds (ETFs) und anderen Finanzinstrumenten. Es hilft Händlern und Investoren, den Überblick über Kauf- und Verkaufsaufträge (Orders) zu behalten, die an einem bestimmten Handelsplatz platziert wurden.

Stellen Sie sich das Orderbuch als eine Liste vor: Diese Liste enthält alle Aufträge, die derzeit auf dem Markt platziert sind. Jeder Eintrag in dieser Liste stellt entweder ein Kauf- oder ein Verkaufsgebot dar.

Zwei Hauptspalten: Das Orderbuch hat in der Regel zwei Hauptspalten – eine für Kaufaufträge (Bids) und eine für Verkaufsaufträge (Asks). Die Kaufaufträge zeigen, wie viele Einheiten eines ETFs die Käufer zu einem bestimmten Preis kaufen möchten. Die Verkaufsaufträge zeigen, wie viele Einheiten die Verkäufer zu einem bestimmten Preis verkaufen möchten.

Preis und Menge: Jeder Eintrag im Orderbuch hat zwei wichtige Informationen: den Preis, zu dem jemand kaufen oder verkaufen möchte, und die Menge oder Anzahl der ETFs, die gekauft oder verkauft werden sollen.

Priorität der Aufträge: Die Aufträge werden nach ihrem Preis priorisiert. Für die Kaufaufträge bedeutet das: Die höchsten Gebote stehen ganz oben. Für die Verkaufsaufträge bedeutet das: Die niedrigsten Angebote stehen ganz oben. Das ist sinnvoll, weil es die Wirtschaftlichkeit der Abschlüsse fördert; Käufer wollen möglichst wenig bezahlen und Verkäufer möglichst viel erhalten.

Dynamische Daten: Das Orderbuch ist dynamisch und verändert sich ständig. Immer wenn jemand einen neuen Auftrag einreicht oder einen bestehenden Auftrag ändert oder rückzieht, aktualisiert sich das Orderbuch sofort. Diese ständigen Änderungen spiegeln die aktuellen Marktbedingungen und das Verhalten der Marktteilnehmer wider.

Transparenz und Liquidität: Durch das Orderbuch erhalten Sie Einblick in die Markttransparenz und Liquidität eines ETFs. Sie können sehen, wie viele Kauf- und Verkaufsaufträge es gibt und zu welchen Preisen diese abgeschlossen werden könnten. Das hilft Ihnen, fundierte Handelsentscheidungen zu treffen.

Matching: Börsen nutzen das Orderbuch, um Käufer und Verkäufer zusammenzubringen, einen Prozess, der als "Matching" bezeichnet wird. Wenn die Bedingungen eines Kaufauftrags (Preis und Menge) mit denen eines Verkaufsauftrags übereinstimmen, wird der Handel automatisch ausgeführt.

P/E – Price-to-Earnings Ratio

Die P/E-Ratio, was auf Deutsch das Kurs-Gewinn-Verhältnis (KGV) bedeutet, ist eine wichtige Kennzahl, die Ihnen helfen kann, die Bewertung und Attraktivität eines Unternehmens oder eines ETFs (Exchange Traded Funds) besser zu verstehen. Diese Kennzahl gibt an, wie viel Anleger bereit sind, für einen Euro Gewinn des Unternehmens zu zahlen.

Warum ist die P/E-Ratio wichtig?

1. Bewertung des Unternehmens:

Ein niedriges KGV kann darauf hindeuten, dass die Aktie im Vergleich zu den erzielten Gewinnen günstig bewertet ist. Ein hohes KGV kann bedeuten, dass die Aktie teuer bewertet ist. Aber Vorsicht: Ein niedriges KGV ist nicht immer ein Zeichen für eine gute Investition. Es kann auch bedeuten, dass die Marktteilnehmer schlechte Zukunftsaussichten für das Unternehmen erwarten.

2. Vergleich mit dem Markt:

Sie können das KGV eines Unternehmens oder ETFs mit dem durchschnittlichen KGV des Gesamtmarktes oder einer bestimmten Branche vergleichen. Ist das KGV eines Unternehmens viel höher als der Durchschnitt seiner Branche, könnte es überbewertet sein, oder es weist auf hohe Wachstumserwartungen hin.

3. Verständnis der Marktstimmung:

Ein hohes KGV kann darauf hinweisen, dass Anleger hohe Erwartungen an das zukünftige Wachstum des Unternehmens haben. Ein niedriges KGV kann eher auf Skepsis oder Unsicherheiten der Anleger hindeuten.

KGV bei ETFs:

Bei ETFs versteht man unter dem KGV in der Regel das gewichtete Durchschnitts-KGV aller im ETF enthaltenen Unternehmen. Dies hilft Ihnen zu beurteilen, ob der ETF im Vergleich zum Markt billig oder teuer bewertet ist.

Wichtige Anmerkungen:

- Das KGV allein reicht nicht aus, um eine fundierte Investitionsentscheidung zu treffen. Es sollte immer im Kontext weiterer Kennzahlen und Informationen betrachtet werden.

- Die P/E-Ratio berücksichtigt nicht zukünftig erwartete Gewinne, Risiken oder die Qualität des Managements eines Unternehmens.

- Das KGV kann durch einmalige Sonderfaktoren, wie außerordentliche Gewinne oder Verluste, verzerrt werden.

Passive Anlagestrategie

Eine passive Anlagestrategie ist eine Anlagestrategie, bei der Sie nicht aktiv handeln oder versuchen, den Markt zu übertreffen. Stattdessen investieren Sie in ein breit diversifiziertes Portfolio, das die Wertentwicklung eines bestimmten Marktindexes nachbildet. Diese Strategie wird oft durch den Kauf von Exchange Traded Funds (ETFs) umgesetzt, die einen Index wie den DAX, den S&P 500 oder den MSCI World verfolgen.

Wie funktioniert eine passive Anlagestrategie?

Bei einer passiven Anlagestrategie wählen Sie zunächst einen Marktindex aus, den Sie nachbilden möchten. Ein Marktindex ist eine Auswahl von Aktien, die einen bestimmten Teil des Marktes repräsentieren. Einmal in den ausgewählten ETF investiert, bleibt der Fonds selbst aktiv, indem er Anpassungen vornimmt, um die Zusammensetzung des Indexes genau abzubilden. Sie als Anleger müssen jedoch keine weiteren aktiven Entscheidungen treffen.

Vorteile der passiven Anlagestrategie

1. **Kostenersparnis**: Passive Anlagestrategien sind in der Regel kostengünstiger als aktive Strategien. Da keine aktiven Manager benötigt werden, fallen geringere Gebühren an.

2. **Geringeres Risiko**: Durch die breite Diversifizierung wird das Risiko, das mit dem Kauf einzelner Aktien einhergeht, reduziert.

3. **Einfachheit**: Sie müssen sich nicht regelmäßig um Ihre Investments kümmern, da Sie nicht aktiv handeln.

4.

Nachteile der passiven Anlagestrategie

1. **Begrenzte Renditemöglichkeiten**: Da Sie nur die Marktperformance nachbilden, werden Sie den Markt nie schlagen können.

2. **Keine Flexibilität**: Sie haben weniger Kontrolle über Ihre individuellen Investments und können nicht auf kurzfristige Marktbewegungen reagieren.

3. **Marktabhängigkeit**: Wenn der Markt insgesamt fällt, fällt auch Ihr Anlagewert.

Für wen eignet sich eine passive Anlagestrategie?

Eine passive Anlagestrategie eignet sich besonders für Anleger, die langfristig investieren möchten, ohne sich ständig um ihre Investitionen kümmern zu müssen. Sie ist ideal für Personen, die geringe Kosten bevorzugen und sich nicht aktiv mit dem Markt beschäftigen möchten.

Wie beginnen Sie mit einer passiven Anlagestrategie?

1. **Index wählen**: Entscheiden Sie, welchen Index Sie nachbilden möchten.

2. **ETF auswählen**: Finden Sie einen kostengünstigen ETF, der diesen Index abbildet.

3. **Investieren**: Kaufen Sie Anteile dieses ETFs und halten Sie diese langfristig.

4. **Regelmäßig investieren**: Setzen Sie ggf. auf Sparpläne, um regelmäßig in den ETF zu investieren und von Durchschnittskosten zu profitieren.

Eine passive Anlagestrategie kann eine einfache und effiziente Methode sein, um langfristig Vermögen aufzubauen. Sie erfordert wenig Zeitaufwand und bietet dennoch die Möglichkeit, von den langfristigen Renditen des Marktes zu profitieren.

Performanceanalyse

Die Performanceanalyse ist ein wesentlicher Bestandteil des Investierens in ETFs (Exchange Traded Funds). Sie hilft Ihnen, die Wertentwicklung eines ETFs zu verstehen, indem sie verschiedene Kennzahlen und Methoden verwendet, um die Leistung zu bewerten.

Was ist Performanceanalyse?

Performanceanalyse bezieht sich auf den Prozess der Bewertung, wie gut oder schlecht ein ETF im Laufe der Zeit abgeschnitten hat. Dabei werden verschiedene Aspekte wie Rendite, Risiko und Vergleichsmaßstäbe untersucht. Diese Analyse ist nicht nur für das Verständnis der Vergangenheit wichtig, sondern hilft Ihnen auch, bessere Anlageentscheidungen für die Zukunft zu treffen.

Rendite

Die Rendite ist ein grundlegender Bestandteil der Performanceanalyse. Sie zeigt, wie viel Geld Sie durch Ihre Investition in einen bestimmten Zeitraum verdient oder verloren haben. Die Rendite kann in verschiedenen Zeiträumen gemessen werden, wie z.B. täglich, monatlich oder jährlich. Sie wird oft als prozentualer Wert ausgedrückt, z.B. eine jährliche Rendite von 5%.

Risiko

Jede Investition trägt ein gewisses Risiko, und die Performanceanalyse hilft Ihnen, dieses Risiko zu verstehen und zu bewerten. Ein häufig verwendetes Maß für das Risiko ist die Volatilität, die anzeigt, wie stark die Renditen eines ETFs im Laufe der Zeit schwanken. ETFs mit hoher Volatilität sind riskanter, können aber auch höhere Renditen bieten.

Vergleichsmaßstäbe (Benchmarks)

In der Performanceanalyse werden ETFs oft mit einem Vergleichsmaßstab (Benchmark) verglichen. Ein Benchmark ist meistens ein Index, der die allgemeine Marktperformance repräsentiert, wie z.B. der S&P 500. Indem Sie die Leistung Ihres ETFs mit der des Benchmarks vergleichen, können Sie beurteilen, ob Ihr ETF besser oder schlechter abgeschnitten hat.

Kennzahlen zur Performanceanalyse

Es gibt mehrere spezifische Kennzahlen, die in der Performanceanalyse verwendet werden:

- **Alpha**: Misst die Überrendite eines ETFs im Vergleich zu seinem Benchmark. Ein positives Alpha bedeutet, dass der ETF besser abgeschnitten hat als erwartet.

- **Beta**: Zeigt die Empfindlichkeit des ETFs gegenüber Bewegungen im Gesamtmarkt. Ein Beta von 1 bedeutet, dass der ETF in etwa so volatil ist wie der Markt selbst.

- **Sharpe Ratio**: Misst die risikobereinigte Rendite eines ETFs. Eine höhere Sharpe Ratio bedeutet, dass der ETF eine höhere Rendite im Verhältnis zum eingegangenen Risiko bietet.

Praktische Anwendung

Um die Performance eines ETFs zu analysieren, können Sie verschiedene Tools und Ressourcen nutzen. Viele Finanzwebseiten und Broker bieten detaillierte Performanceberichte und Diagramme, die Ihnen helfen, einen Überblick zu gewinnen. Achten Sie darauf, mehrere Zeiträume und Kennzahlen zu betrachten, um ein umfassendes Bild zu erhalten.

Portfolio Turnover Rate

Die Portfolio Turnover Rate, auf Deutsch auch Umsatzrate des Portfolios genannt, ist ein Begriff, der beschreibt, wie oft die Vermögenswerte (z.B. Aktien oder Anleihen) innerhalb eines Investmentportfolios, wie einem Exchange Traded Fund (ETF), über einen bestimmten Zeitraum, typischerweise ein Jahr, gekauft und verkauft werden. Sie wird in Prozent ausgedrückt.

Stellen Sie sich die Portfolio Turnover Rate als eine Art "Aktivitätsspiegel" für das Portfolio vor. Je höher die Rate, desto häufiger werden die Wertpapiere im Portfolio getauscht. Dies kann verschiedene Gründe haben, z.B. eine Anpassung an Marktveränderungen oder eine Neugewichtung der Anlageentscheidungen, um die Anlageziele zu erreichen.

Bedeutung für Anleger

Eine hohe Portfolio Turnover Rate kann sowohl Vor- als auch Nachteile mit sich bringen. Einerseits kann ein aktives Management des Portfolios potenziell höhere Renditen erzielen, indem es schnell auf Marktveränderungen reagiert. Andererseits können häufige Käufe und Verkäufe auch höhere Transaktionskosten und steuerliche Belastungen verursachen, die die Rendite mindern können.

Für Anleger, insbesondere Beginner, ist es wichtig, die Portfolio Turnover Rate zu verstehen, da sie einen Hinweis darauf gibt, wie aktiv das Management des ETF ist. Ein ETF mit einer hohen Turnover Rate kann höhere Gebühren und Kosten haben, während ein ETF mit einer niedrigen Turnover Rate tendenziell kostengünstiger ist.

Portfolio-Überwachung

Die Portfolio-Überwachung ist ein wichtiger Prozess für alle Anleger, die in ETFs (Exchange Traded Funds) investieren. ETFs sind Investmentfonds, die wie Aktien an der Börse gehandelt werden und meistens einen bestimmten Marktindex nachbilden. Als Beginner im Bereich der ETFs sollten Sie verstehen, warum die Überwachung Ihres Portfolios wichtig ist und wie Sie dies effektiv durchführen können.

1. Ziele und Risikomanagement:

Zu Beginn sollten Sie Ihre finanziellen Ziele und Ihre Risikobereitschaft definieren. Fragen Sie sich, warum Sie investieren und welches Risiko Sie bereit sind einzugehen. Diese Klarheit hilft Ihnen bei der Entscheidung, welche Art von ETFs in Ihrem Portfolio enthalten sein sollen. Beispielsweise könnten sie sich für breit gestreute ETFs entscheiden, die ein geringeres Risiko bieten, oder für spezialisierte ETFs, die höhere Renditen, aber auch höhere Risiken haben.

2. Regelmäßige Überprüfung:

Ihr Portfolio sollte regelmäßig überprüft werden, um sicherzustellen, dass es weiterhin Ihren ursprünglichen Zielen entspricht. Dies bedeutet, dass Sie die Zusammensetzung Ihrer ETFs und deren Performance regelmäßig überwachen sollten. Es könnte beispielsweise passieren, dass bestimmte ETFs in Ihrem Portfolio besser oder schlechter abschneiden als erwartet. Eine regelmäßige Überprüfung gibt Ihnen die Möglichkeit, Anpassungen vorzunehmen, bevor größere Verluste entstehen.

3. Diversifikation:

Ein gut diversifiziertes Portfolio kann das Risiko minimieren. Diversifikation bedeutet, dass Sie Ihr Geld auf verschiedene Anlagen verteilen, um nicht alles auf eine Karte zu setzen. Dies könnte bedeuten, dass Sie nicht nur in einen, sondern in mehrere ETFs investieren, die verschiedene Märkte oder Branchen abdecken. Die Überwachung stellt sicher, dass diese Diversifikation erhalten bleibt und Sie nicht ungewollt ein Klumpenrisiko entwickeln, zum Beispiel durch eine überproportionale Gewichtung eines einzelnen ETFs.

4. Änderungen im Markt:

Die Finanzmärkte sind dynamisch und können sich schnell ändern. Neue wirtschaftliche Entwicklungen, politische Ereignisse oder Unternehmensnachrichten können die Performance Ihrer ETFs beeinflussen. Durch die regelmäßige Überwachung Ihres Portfolios bleiben Sie informiert und können auf solche Veränderungen reagieren. Beispielsweise könnten sie entscheiden, einen bestimmten ETF zu verkaufen, weil sich der zugrunde liegende Marktindex negativ entwickelt hat.

5. Rebalancing:

Rebalancing ist der Prozess der Wiederherstellung der ursprünglichen Asset-Allokation Ihres Portfolios. Wenn Sie beispielsweise beschlossen haben, 60 % Ihres Portfolios in Aktien-ETFs und 40 % in Anleihen-ETFs zu investieren, könnten Marktbewegungen diese Verteilung im Laufe der Zeit verändern. Durch Rebalancing verkaufen Sie Anteile, die über Ihrer gewünschten Gewichtung liegen, und kaufen solche, die unter Ihrer Zielgewichtung liegen. Dies hilft, das Risiko zu kontrollieren und die Struktur Ihres Portfolios zu bewahren.

6. Kosten im Blick behalten:

ETFs sind im Allgemeinen kostengünstig, aber es ist wichtig, auch hier die Kosten zu beobachten. Es gibt Verwaltungsgebühren und möglicherweise Transaktionskosten, die sich auf Ihre Gesamtrendite auswirken können. Bei der Überwachung Ihres Portfolios sollten Sie die Kosten im Auge behalten und gegebenenfalls nach kostengünstigeren Alternativen suchen.

7. Technologische Hilfsmittel:

Es gibt zahlreiche Werkzeuge und Softwarelösungen, die Ihnen bei der Portfolio-Überwachung helfen können. Online-Brokerage-Plattformen bieten oft Funktionen zur einfachen Überwachung und Analyse Ihres Portfolios. Sie können Alarme und Benachrichtigungen einrichten, um informiert zu bleiben, wenn bestimmte Ereignisse eintreten oder Schwellenwerte erreicht werden.

Portfolioallokation

Die Portfolioallokation beschreibt die Aufteilung Ihres investierten Geldes auf verschiedene Anlageklassen, wie Aktien, Anleihen und Bargeld. Ziel dieser Aufteilung ist es, ein ausgewogenes Verhältnis zwischen Risiko und Rendite zu schaffen. Mit einer guten Portfolioallokation können Sie einerseits Wachstumschancen nutzen und andererseits Ihr Risiko verringern, indem Sie nicht alles auf eine Karte setzen.

Stellen Sie sich vor, dass Sie Ihr gesamtes Geld nur in eine Aktie investieren. Wenn diese Aktie an Wert verliert, verlieren Sie einen großen Teil Ihres Geldes. Investieren Sie jedoch in verschiedene Aktien, Anleihen und vielleicht auch etwas Bargeld, so wird das Gesamtverlustrisiko gesenkt, weil nicht alle Ihre Anlagen gleichzeitig an Wert verlieren werden.

Warum ist dies wichtig? Jede Anlageklasse reagiert unterschiedlich auf wirtschaftliche Veränderungen. Aktien beispielsweise bieten höhere Renditechancen, sind aber auch risikoreicher. Anleihen sind in der Regel sicherer, bieten aber geringere Renditen. Bargeld ist am sichersten, bringt jedoch in der Regel keine Rendite. Durch die Kombination dieser verschiedenen Anlageklassen können Sie Ihr Portfolio gegen unterschiedliche Risiken absichern und gleichzeitig Wachstumspotenziale nutzen.

Die richtige Portfolioallokation hängt von mehreren Faktoren ab. Dazu gehören Ihre finanzielle Situation, Ihre Anlageziele, Ihr Risikobewusstsein und Ihr Anlagehorizont. Sind Sie beispielsweise jung und haben noch viele Jahre bis zur Rente, können Sie sich erlauben, mehr in Aktien zu investieren, da Sie die Zeit haben, Marktschwankungen auszusitzen. Sind Sie jedoch kurz vor der Rente, möchten Sie vielleicht weniger Risiko eingehen und mehr in sichere Anleihen investieren.

Die konkrete Aufteilung ist sehr individuell. Eine gängige Faustregel besagt, dass Sie Ihr Alter als Prozentsatz in Anleihen investieren sollten und den Rest in Aktien. Wenn Sie also 30 Jahre alt sind, könnten Sie 30% Ihres Portfolios in Anleihen und 70% in Aktien investieren. Diese Regel kann jedoch je nach persönlicher Präferenz und Marktlage angepasst werden.

Zur Umsetzung Ihrer Portfolioallokation können Sie ETFs (Exchange Traded Funds) nutzen. Diese bieten Ihnen eine kostengünstige Möglichkeit, breit diversifiziert in verschiedene Anlageklassen zu investieren. Es gibt ETFs für Aktien, Anleihen und verschiedene andere Anlageklassen, die Ihnen helfen können, Ihre gewünschte Portfolioallokation zu erreichen.

Abschließend ist es wichtig, Ihre Portfolioallokation regelmäßig zu überprüfen und bei Bedarf anzupassen. Marktentwicklungen oder Veränderungen in Ihrer persönlichen Situation können eine Anpassung notwendig machen, um weiterhin ein optimales Gleichgewicht zwischen Risiko und Rendite zu gewährleisten.

Primärmarkt

Der Begriff "Primärmarkt" spielt eine wesentliche Rolle im Finanzwesen, insbesondere wenn es um Wertpapiere wie Exchange Traded Funds (ETFs) geht. Lassen Sie uns gemeinsam diesen Begriff genauer unter die Lupe nehmen.

Der Primärmarkt ist der Markt, auf dem neue Wertpapiere zum ersten Mal ausgegeben und verkauft werden. Stellen Sie sich den Primärmarkt als den Ort vor, an dem ein neues Produkt erstmals angeboten wird, ähnlich wie ein neues Modell eines Automobilherstellers, das zuerst in den Autohäusern zu sehen ist.

Für ETFs bedeutet dies, dass im Primärmarkt neue Anteile des ETFs geschaffen und verkauft werden. Das passiert in der Regel, wenn nachgefragte ETFs von den Anlegern stark gefragt sind, oder wenn ein neuer ETF auf den Markt gebracht wird.

Wer sind die Akteure im Primärmarkt für ETFs?

1. Emittenten:
    - Dies sind die Institutionen oder Unternehmen, die die ETFs herausgeben. Oftmals handelt es sich um große Investmentgesellschaften oder Banken.

2. Autorisierte Teilnehmer (Authorized Participants, APs):
    - Dies sind spezialisierte Finanzinstitutionen, die befugt sind, im Namen des Emittenten neue ETF-Anteile zu erstellen oder bestehende Anteile zurückzunehmen. Ihre Hauptrolle besteht darin, sicherzustellen, dass der Handel der ETF-Anteile reibungslos verläuft und dass

die Preise der Anteile möglichst nahe am Nettoinventarwert (NAV) des ETF liegen.

Wie funktioniert der Primärmarktprozess?

1. Erstellung (Creation):
   - Wenn die Nachfrage nach einem ETF steigt, kann ein autorisierter Teilnehmer im Austausch für den zugrunde liegenden Korb von Wertpapieren (wie Aktien oder Anleihen) neue ETF-Anteile erstellen. Dieser Korb spiegelt in der Regel die Zusammensetzung des ETFs wider.

2. Rücknahme (Redemption):
   - Umgekehrt, wenn weniger Nachfrage besteht, können ETF-Anteile zurückgenommen werden. Ein autorisierter Teilnehmer gibt ETF-Anteile an den Emittenten zurück und erhält im Gegenzug die zugrunde liegenden Wertpapiere.

Dieser Mechanismus des Erstellens und Rücknehmens stellt sicher, dass die Anzahl der im Umlauf befindlichen ETF-Anteile flexibel ist und an die Nachfrage angepasst werden kann. Dadurch kann gleichzeitig der Preis der ETF-Anteile stabil gehalten werden und nahe am tatsächlichen Wert der zugrunde liegenden Vermögenswerte bleiben.

Ein weiterer wichtiger Punkt ist, dass der Primärmarkt in der Regel institutionellen Investoren vorbehalten ist. Privatpersonen kaufen und verkaufen ihre ETF-Anteile vorwiegend auf dem Sekundärmarkt, der unter Privatanlegern stattfindet.

ROA – Return on Assets

Der Begriff "Return on Assets" (ROA) beschreibt eine Kennzahl, die angibt, wie profitabel ein Unternehmen im Verhältnis zu seinen gesamten Vermögenswerten ist. Der ROA zeigt also, wie effizient ein Unternehmen seine Vermögenswerte nutzt, um Gewinne zu erzielen. Diese Kennzahl ist besonders hilfreich, um die Leistung eines Unternehmens zu bewerten und verschiedene Unternehmen miteinander zu vergleichen, besonders in der Welt der Exchange-Traded Funds (ETFs).

Berechnung des ROA

Um den ROA zu berechnen, benötigen Sie zwei grundlegende Informationen:

1. **Nettoeinkommen**: Dies ist der Gewinn, den ein Unternehmen nach Abzug aller Kosten und Steuern erzielt hat.

2. **Gesamtvermögen**: Dies umfasst alle Vermögenswerte eines Unternehmens, einschließlich Bargeld, Immobilien, Maschinen, Lagerbeständen und Forderungen.

Bedeutung des ROA

Ein höherer ROA-Wert zeigt an, dass ein Unternehmen effizienter arbeitet und besser darin ist, seine Vermögenswerte in Gewinne umzuwandeln. Dies kann darauf hinweisen, dass das Management gut arbeitet und die vorhandenen Ressourcen optimal nutzt. Ein niedriger ROA-Wert kann dagegen auf ineffizientes Arbeiten oder eine schlechte Nutzung der Vermögenswerte hinweisen.

ROA in der ETF-Welt

Wenn Sie in ETFs investieren, die mehrere Unternehmen zusammenfassen, kann der ROA dabei helfen, die Effizienz und Profitabilität der enthaltenen Unternehmen zu beurteilen. ETFs, die in Branchen mit hohen ROA-Werten investieren, könnten potenziell attraktivere Investitionen sein, da die darin enthaltenen Unternehmen effizienter arbeiten und bessere Renditen auf ihre Vermögenswerte erzielen.

Beachten Sie jedoch, dass der ROA alleine nicht ausreicht, um die Qualität einer Investition zu beurteilen. Es ist wichtig, ihn zusammen mit anderen Kennzahlen wie dem Return on Equity (ROE) oder der Gewinnmarge zu betrachten und das gesamte wirtschaftliche Umfeld zu berücksichtigen.

Durch Verständnis und Anwendung des ROA können Sie besser informierte Entscheidungen treffen und die Leistung verschiedener Unternehmen oder ETFs besser einschätzen.

ROE – Return on Equity

Der Begriff "ROE – Return on Equity" steht für die Eigenkapitalrendite. Diese Kennzahl gibt an, wie profitabel ein Unternehmen im Verhältnis zu seinem Eigenkapital ist. Mit anderen Worten: Der ROE zeigt Ihnen, wie viel Gewinn ein Unternehmen für jeden Euro des Eigenkapitals erwirtschaftet hat.

Der ROE ist eine nützliche Kennzahl, weil er Ihnen dabei hilft, die Rentabilität eines Unternehmens zu bewerten. Ein höherer ROE deutet darauf hin, dass das Unternehmen effektiver darin ist, Gewinne aus dem eingesetzten Kapital zu generieren.

Allerdings sollten Sie den ROE nicht isoliert betrachten. Es ist ratsam, ihn im Kontext anderer Finanzkennzahlen und im Vergleich mit ähnlichen Unternehmen in derselben Branche zu analysieren. Ein extrem hoher ROE könnte auch darauf hinweisen, dass das Unternehmen hohe Schulden hat, da ein geringer Betrag an Eigenkapital in Verbindung mit hohen Gewinnen den ROE künstlich aufblähen kann.

Rebalancing

Rebalancing, oder auf Deutsch „Neujustierung", bezieht sich auf den Prozess, bei dem das Portfolio eines Anlegers wieder auf das gewünschte Verhältnis von Anlagenarten zurückgeführt wird. Stellen Sie sich vor, Sie haben einen Korb mit verschiedenen Früchten: Äpfel, Orangen und Bananen. Am Anfang möchten Sie vielleicht, dass je ein Drittel Ihres Korbes aus jeder Frucht besteht. Über die Zeit könnte es passieren, dass die Orangen besser erhalten bleiben als die Äpfel, und Ihr Korb hat plötzlich mehr Orangen als Äpfel und Bananen. Rebalancing bedeutet, einige der Orangen herauszunehmen und mehr Äpfel und Bananen hinzuzufügen, bis wieder ein Drittel von jeder Frucht im Korb ist.

In der Welt der ETFs (Exchange Traded Funds) funktioniert es ähnlich, nur dass es nicht um Früchte geht, sondern um verschiedene Arten von finanziellen Vermögenswerten wie Aktien, Anleihen und Rohstoffe.

Warum ist Rebalancing wichtig?

1. **Risikomanagement:** Jede Anlageklasse bringt ihr eigenes Risikoprofil mit sich. Wenn eine bestimmte Anlageklasse zu stark wächst, kann das Ungleichgewicht das Risiko Ihres gesamten Portfolios erhöhen.

2. **Erhalt der Anlagestrategie:** Wenn Sie eine Anlagestrategie mit bestimmten Zielvorgaben haben, sorgt das Rebalancing dafür, dass Ihr Portfolio stets dieser Strategie entspricht.

3. **Gewinne mitnehmen:** Durch den Verkauf von gut gelaufenen Anlagen und den Kauf von weniger gut gelaufenen Anlagen können Sie Gewinne realisieren

und eventuell unterbewertete Anlagen günstig erwerben.

Wie funktioniert Rebalancing?

1. **Bestandsaufnahme:** Schauen Sie sich zunächst an, wie Ihr aktuelles Portfolio aussieht. Welche Anteile machen Aktien, Anleihen und andere Anlageklassen aus?

2. **Zielallokation festlegen:** Überlegen Sie, wie Ihre Wunschaufteilung aussieht. Sagen wir, Sie möchten 60 % in Aktien, 30 % in Anleihen und 10 % in Rohstoffe investieren.

3. **Vergleich:** Vergleichen Sie Ihre aktuelle Allokation mit Ihrer Zielallokation. Wenn Sie beispielsweise aktuell 70 % in Aktien haben, bedeutet das, dass Sie mehr Aktien besitzen als gewünscht.

4. **Anpassen:** Verkaufen Sie einige Ihrer hochentwickelten Aktien, um den Anteil zu reduzieren und investieren Sie den Erlös in Anleihen und Rohstoffe, um so wieder die angestrebte Verteilung von 60/30/10 zu erreichen.

Wann sollte man rebalancen?

Es gibt keine strikte Regel, aber gängige Ansätze umfassen:

- **Zeitbasiertes Rebalancing:** Regelmäßig, zum Beispiel einmal im Jahr oder halbjährlich.

- **Schwellenwertbasiertes Rebalancing:** Immer wenn die Allokation einer Anlageklasse einen bestimmten Prozentsatz über oder unter die Zielallokation fällt, z.B. um mehr als 5 %.

Es ist auch möglich, beide Ansätze zu kombinieren, indem man regelmäßig überprüft und dann rebalanciert, wenn bestimmte Schwellenwerte überschritten werden.

Automatisiertes Rebalancing

Einige moderne Broker und digitale Vermögensverwalter bieten automatisiertes Rebalancing an. Bei dieser Option müssen Sie sich selbst nicht aktiv um die Anpassungen kümmern; das System übernimmt dies für Sie gemäß Ihren Vorgaben. Dies kann besonders praktisch sein und hilft dabei, emotionsgesteuerte Entscheidungen zu vermeiden, die oft suboptimal sind.

Rendite

Die Rendite ist ein zentraler Begriff in der Welt der ETFs und der Geldanlage im Allgemeinen. Sie beschreibt den Gewinn, den Sie aus einer Investition ziehen.

Was ist Rendite?

Stellen Sie sich vor, Sie legen Geld in ein ETF (Exchange Traded Fund) an. Wie bei jeder anderen Investition erwarten Sie, dass sich das Geld im Laufe der Zeit vermehrt. Die Rendite ist im Grunde genommen die Belohnung für das Vertrauen, das Sie in diese Investition gesetzt haben. Sie zeigt Ihnen, um wie viel Ihr investiertes Geld gewachsen ist – inklusive der erhaltenen Dividenden und Kapitalgewinne.

Einbeziehung der Dividenden:

Viele ETFs zahlen Dividenden an ihre Investoren. Diese Dividenden sollten ebenfalls in die Renditeberechnung einfließen, um ein vollständiges Bild Ihrer Gewinne zu erhalten.

Wichtige Punkte zur Rendite:

1. **Zeitraum:** Renditen können für verschiedene Zeiträume berechnet werden – zum Beispiel jährlich, monatlich oder sogar täglich. Eine Jahresrendite gibt an, wie viel Sie im Durchschnitt pro Jahr verdient haben.

2. **Nominale vs. reale Rendite:** Die nominale Rendite ist der einfache Prozentsatz, den Sie berechnet haben. Die reale Rendite berücksichtigt auch Inflationsraten, um Ihnen ein genaueres Bild Ihrer tatsächlichen Kaufkraft zu vermitteln.

3. **Risiko:** Eine hohe Rendite klingt verlockend, aber sie geht oft mit einem höheren Risiko einher. ETFs, die in

volatile Märkte investieren, können zwar hohe Gewinne versprechen, aber auch erhebliche Verluste.

4. **Vergleichbarkeit:** Die Rendite hilft Ihnen, verschiedene Investitionen miteinander zu vergleichen. Ein ETF, der regelmäßig eine Rendite von 6% erzielt, kann attraktiver sein als einer, der große Schwankungen zeigt, auch wenn dieser einmal eine hohe Rendite hatte.

Rendite-Risiko-Verhältnis

Das Rendite-Risiko-Verhältnis ist ein Kernkonzept in der Welt der Geldanlage und bezieht sich auf das Verhältnis zwischen der potenziellen Rendite einer Investition und dem damit verbundenen Risiko. Einfach ausgedrückt, versucht es zu beantworten, wie viel Gewinn Sie erwarten können im Vergleich zu dem, wie viel Risiko Sie eingehen müssen, um diesen Gewinn zu erzielen.

Was bedeutet Rendite?

Die Rendite ist der Gewinn, den Sie aus einer Investition erhalten. Bei börsengehandelten Fonds (ETFs) könnte das bedeuten, wie viel der Wert Ihrer Anteile gestiegen ist, oder welche Dividendenzahlungen Sie erhalten haben. Rendite wird oft in Prozent ausgedrückt, zum Beispiel: „Dieser ETF hat eine jährliche Rendite von 5 %."

Was bedeutet Risiko?

Risiko bezieht sich auf die Möglichkeit, dass Ihre Investition im Wert schwankt oder sogar verloren geht. In der Welt der ETFs könnte Risiko bedeuten, dass der Börsenkurs des ETF fällt oder dass es wirtschaftliche Ereignisse gibt, die den Wert des ETFs beeinträchtigen. Höheres Risiko bedeutet eine größere Wahrscheinlichkeit von Wertschwankungen und potenziellen Verlusten.

Wie funktioniert das Verhältnis?

Wenn Sie eine Anlageentscheidung treffen, ist es wichtig, das Verhältnis zwischen der erwarteten Rendite und dem eingegangenen Risiko zu betrachten. Wenn ein ETF Ihnen eine höhere Rendite verspricht, dann ist in der Regel auch das Risiko höher. Ein Beispiel: Ein ETF auf Aktien in Schwellenländern könnte höhere Renditen bieten als ein ETF auf Staatsanleihen, aber auch ein höheres Risiko mit sich bringen. Hier ist es Ihr persönliches Ziel, die richtige Balance zwischen Rendite und Risiko zu finden, die zu Ihren finanziellen Zielen und Ihrem Risikoappetit passt.

Warum ist es wichtig?

Das Rendite-Risiko-Verhältnis hilft Ihnen, fundierte Entscheidungen zu treffen. Sie können verschiedene Anlagestrategien vergleichen und diejenige auswählen, die für Ihre Situation am besten geeignet ist. Beginner sollten dabei besonders vorsichtig sein und sich bewusst machen, dass höhere Renditen nicht garantiert sind und oft mit höherem Risiko einhergehen.

Ein einfaches Beispiel

Stellen Sie sich vor, Sie haben zwei ETFs zur Auswahl:

1. **ETF A**: Erwartete jährliche Rendite von 4 %, Risiko von 2 %

2. **ETF B**: Erwartete jährliche Rendite von 8 %, Risiko von 6 %

ETF A bietet eine moderate Rendite mit geringem Risiko, während ETF B eine höhere Rendite bietet, aber auch ein höheres Risiko mit sich bringt. Je nach Ihrer persönlichen Risikobereitschaft würden Sie entscheiden, welcher ETF besser zu Ihnen passt.

Renditekompression

Die Renditekompression ist ein Begriff, der sich auf die Verringerung der Renditen von Finanzinvestitionen bezieht. Dies kann auf unterschiedliche Arten und in verschiedenen Marktbedingungen vorkommen. Er ist besonders relevant im Kontext von börsengehandelten Fonds (ETFs) und wird oftmals mit Anleihen-ETFs oder auch Dividenden-ETFs in Verbindung gebracht. Aber was bedeutet das konkret für Sie als Anleger?

Wenn wir von Rendite sprechen, meinen wir den Ertrag, den Sie aus Ihrer Investition erwarten können. Das kann in Form von Zinsen, Dividenden oder Kapitalgewinnen sein. Bei der Renditekompression sinkt dieser erwartete Ertrag. Aber warum passiert das?

Ein häufiges Szenario, in dem Renditekompression auftritt, ist ein Niedrigzinsumfeld. Wenn die Zinssätze niedrig sind, kann die Rendite auf sichere Anlagen wie Staatsanleihen oder hoch bewertete Unternehmensanleihen ebenfalls niedrig sein. Anleger suchen daher nach Alternativen, die höhere Renditen bieten. Dies führt zu verstärkter Nachfrage nach anderen Anlagemöglichkeiten, was wiederum die Preise dieser Alternativen in die Höhe treibt und die daraus resultierenden Renditen drückt. Ein einfaches Beispiel: Wenn viele Anleger in dieselbe Aktie oder denselben Anleihen-ETF investieren, steigt der Preis des ETF. Der fixe Ertrag (wie Zinsen oder Dividenden), den dieser ETF ausschüttet, wird auf mehr Anteile aufgeteilt, wodurch die Rendite pro Anteil sinkt.

Die Renditekompression kann auch durch verstärkte Risikobereitschaft der Anleger bedingt sein. In Zeiten wirtschaftlicher Stabilität oder in der Erwartung einer stabilen Entwicklung suchen viele Investoren nach Möglichkeiten, ihr Kapital gewinnbringend anzulegen, was zu einer

Überbewertung von riskanteren Anlageklassen und somit zu geringeren Renditen führen kann.

Für Sie als Beginner im Bereich der ETFs bedeutet dies, dass es wichtig ist, sich über die Marktbedingungen im Klaren zu sein. Wenn die Renditekompression hoch ist, könnte dies ein Signal sein, dass der Markt überbewertet ist oder dass die Anlagechancen begrenzt sind. Dies sollte jedoch nicht dazu führen, dass Sie panisch reagieren. Stattdessen ist es ratsam, eine diversifizierte Anlagestrategie zu verfolgen. Denken Sie daran, dass Diversifikation hilft, das Risiko zu verteilen und die potenziellen negativen Auswirkungen der Renditekompression auf Ihre gesamten Anlageerträge zu minimieren.

Rentenstrategie

Die Rentenstrategie ist ein wichtiger Ansatz im Bereich der ETF-Investitionen, insbesondere wenn Sie langfristige finanzielle Ziele verfolgen. Aber was bedeutet das genau und wie funktioniert es?

In der Welt der ETFs (Exchange Traded Funds) bezieht sich die Rentenstrategie auf den Kauf und die Verwaltung von Renten-ETFs. Diese speziellen Arten von ETFs investieren in Anleihen oder andere festverzinsliche Wertpapiere. Anleihen sind Schuldscheine, die Unternehmen oder Regierungen ausgeben, um Geld zu leihen. Wenn Sie eine Anleihe kaufen, leihen Sie im Grunde genommen diesem Unternehmen oder dieser Regierung Geld. Im Gegenzug erhalten Sie Zinszahlungen und am Ende der Laufzeit die Rückzahlung des geliehenen Betrages.

Warum ist das nun wichtig für Ihre Investitionen? Anleihen und damit auch Renten-ETFs gelten als relativ sichere Anlageformen, besonders im Vergleich zu Aktien. Sie bieten regelmäßige Einkünfte in Form von Zinsen und schützen Ihr investiertes Kapital. Aufgrund ihrer geringeren Volatilität sind Renten-ETFs besonders für konservative Anleger oder für die Absicherung eines bereits aufgebauten Portfolios geeignet.

Hier sind einige zentrale Punkte, die Sie bei der Rentenstrategie beachten sollten:

1. **Sicherheit und Stabilität**: Renten-ETFs bieten mehr Stabilität und geringere Risiken als Aktien-ETFs. Besonders in unsicheren wirtschaftlichen Zeiten dienen sie als sicherer Hafen für Ihre Investments.

2. **Regelmäßige Einkünfte**: Die Zinsen, die Sie von den Anleihen im ETF erhalten, bieten Ihnen eine kontinuierliche Einkommensquelle. Diese regelmäßigen

Zahlungen können besonders attraktiv sein, wenn Sie eine verlässliche Einkommensquelle suchen, etwa im Ruhestand.

3. **Diversifikation**: Durch die Investition in einen Renten-ETF streuen Sie Ihr Risiko. Ein solcher ETF kann Anleihen von verschiedensten Emittenten enthalten, darunter Staatsanleihen, Unternehmensanleihen und kommunale Anleihen. Durch diese breite Streuung reduziert sich das Risiko, dass der Ausfall einer einzelnen Anleihe Ihr gesamtes Investment beeinträchtigt.

4. **Flexibilität**: Renten-ETFs sind an der Börse handelbar, was bedeutet, dass Sie sie zu Marktöffnungszeiten kaufen und verkaufen können. Dies gibt Ihnen Flexibilität und ermöglicht Ihnen, schnell auf Marktänderungen zu reagieren.

5. **Laufzeiten und Zinssätze**: Anleihen haben unterschiedliche Laufzeiten und Zinssätze. Kurz-, mittel- und langfristige Anleihen bieten verschiedene Zinszahlungen und Risiko-Niveaus. Renten-ETFs können verschiedene Anleihen-Laufzeiten kombinieren, um eine ausgewogene Rendite bei relativ geringem Risiko zu erzielen.

Obwohl die Rentenstrategie viele Vorteile bietet, gibt es auch einige Dinge zu bedenken. Anleihen und Renten-ETFs sind nicht völlig risikofrei. Beispielsweise können Zinsschwankungen und Bonitätsrisiken der Emittenten den Wert des ETFs beeinflussen. Ein Anstieg der Zinssätze kann dazu führen, dass der Kurs der Anleihen sinkt, was sich negativ auf Ihren ETF auswirkt.

Replikationsmethode

In der Welt der ETFs (Exchange Traded Funds) spielt die Replikationsmethode eine zentrale Rolle. Sie beschreibt die verschiedenen Wege, wie ein ETF den zugrunde liegenden Index nachbildet, den er abbilden möchte. Hier sind die drei gängigsten Replikationsmethoden, die für Beginner leicht verständlich erklärt werden.

1. Physische Replikation:

Bei der physischen Replikation kauft der ETF tatsächlich die Wertpapiere, die im Index enthalten sind. Es gibt zwei Ansätze innerhalb der physischen Replikation: die volle Replikation und die Sampling-Methode.

- **Volle Replikation**: Hierbei kauft der ETF alle Wertpapiere im selben Verhältnis wie der Index. Das bedeutet, wenn ein Index aus 100 Aktien besteht, kauft der ETF diese 100 Aktien in der gleichen Gewichtung. Dies ist die einfachste und direkteste Form der Nachbildung, allerdings können die Transaktionskosten aufgrund der vielen Käufe recht hoch sein.

- **Sampling (Auswahlmethode)**: Bei dieser Methode kauft der ETF nur eine Auswahl der im Index enthaltenen Wertpapiere. Diese Auswahl soll jedoch so gestaltet sein, dass der ETF die Performance des Index so genau wie möglich nachbildet. Diese Methode wird häufig bei Indizes angewendet, die sehr viele Bestandteile haben, um die Transaktionskosten zu senken.

2. Synthetische Replikation:

Die synthetische Replikation verwendet keine tatsächlichen Käufe der im Index enthaltenen Wertpapiere. Stattdessen nutzt der ETF Finanzderivate, insbesondere Swaps, um die Wertentwicklung des Index zu replizieren.

- **Swap-basierte ETFs**: Ein Swap ist eine Vereinbarung zwischen dem ETF und einer Gegenpartei, oft eine Bank. Die Bank verpflichtet sich, dem ETF die Rendite des Index zu zahlen. Im Gegenzug gibt der ETF der Bank eine andere Rendite, z.B. die Rendite eines anderen Aktienkorbs oder Zinserträge. Diese Methode kann helfen, Tracking-Fehler zu minimieren und manchmal auch die Gesamtkosten zu reduzieren. Allerdings birgt sie das sogenannte Gegenparteirisiko – das Risiko, dass die Bank ihre Verpflichtungen nicht erfüllen kann.

3. Optimierte Replikation:

Diese Methode verbindet die Elemente der physischen und synthetischen Replikation. Ein Teil des Portfolios wird physisch repliziert, und für den anderen Teil werden synthetische Mittel eingesetzt. Diese Methode kann helfen, das Beste aus beiden Welten zu kombinieren – die Genauigkeit der physischen Replikation und die Kosteneffizienz der synthetischen Replikation.

Vor- und Nachteile der Replikationsmethoden:

- **Physische Replikation** ist transparent und einfach zu verstehen, aber manchmal teuer aufgrund der vielen nötigen Transaktionen.

- **Synthetische Replikation** kann kostengünstiger sein und einen genaueren Nachbildungsgrad bieten, aber sie ist komplizierter und birgt zusätzlich das Gegenparteirisiko.

- **Optimierte Replikation** versucht, die Vorteile beider Methoden zu kombinieren, kann jedoch auch komplex sein.

Risikoanpassierte Rendite

Wenn Sie anfangen, in ETFs (Exchange Traded Funds) zu investieren, werden Sie oft den Begriff "Risikoanpassierte Rendite" hören. Aber was genau bedeutet das?

Einfach ausgedrückt, beschreibt die risikoanpassierte Rendite, wie viel Ertrag (Rendite) Sie aus einer Investition im Verhältnis zum eingegangenen Risiko erhalten. Ein höheres Risiko kann zwar potenziell höhere Erträge bedeuten, bringt aber auch die Möglichkeit größerer Verluste mit sich. Die risikoanpassierte Rendite hilft Ihnen, diese Dynamik zu verstehen, indem sie den Ertrag Ihrer Investition ins Verhältnis zum Risiko setzt, das Sie eingegangen sind, um diesen Ertrag zu erzielen.

Um hier ein wenig mehr ins Detail zu gehen: Eine der häufigsten Messmethoden für risikoanpassierte Renditen ist das sogenannte Sharpe-Ratio. Dieses Verhältnis wird benannt nach seinem Erfinder, William F. Sharpe, und hilft Ihnen zu bewerten, wie effizient Ihr Kapital für die Erzielung von Gewinnen eingesetzt wurde. Die Sharpe-Ratio berechnet sich, indem Sie die Differenz zwischen der Rendite Ihrer Investition und der risikofreien Rendite (wie z.B. Staatsanleihen) nehmen und diese Differenz dann durch die Volatilität (oder das Risiko) der Investition teilen.

Eine Sharpe-Ratio von 1 oder höher wird oft als gut angesehen, während eine Ratio unter 1 darauf hinweisen könnte, dass das Risiko im Verhältnis zur erzielten Rendite zu hoch ist.

Ein einfaches Beispiel: Angenommen, Sie haben in zwei verschiedene ETFs investiert. ETF A hat im letzten Jahr eine Rendite von 10% erzielt, während ETF B eine Rendite von 15% hatte. Ohne Berücksichtigung des Risikos könnte man annehmen, dass ETF B die bessere Investition war. Aber wenn man die Volatilität betrachtet und feststellt, dass ETF A eine

Sharpe-Ratio von 1,2 und ETF B eine Sharpe-Ratio von 0,8 hat, bedeutet das, dass ETF A für das eingegangene Risiko besser abgeschnitten hat. ETF A hat einen besseren Ertrag hinsichtlich des Risikos erbracht als ETF B.

Für Beginner kann es hilfreich sein, sich verschiedene Kennzahlen zur risikoanpassierten Rendite anzusehen, bevor sie eine Investitionsentscheidung treffen. Dazu gehören neben der Sharpe-Ratio auch andere Kennzahlen wie das Sortino-Ratio oder die Treynor-Ratio.

Risikomanagement bei ETFs

Risikomanagement bezieht sich auf alle Maßnahmen und Strategien, die Anleger anwenden, um ihre Investitionsrisiken zu minimieren oder zu kontrollieren. Bei ETFs, also börsengehandelten Fonds, ist das Risikomanagement besonders wichtig, da sich die Kurse dieser Anlageprodukte wie auch bei Aktien schnell verändern können.

Grundprinzipien des Risikomanagements bei ETFs

1. **Diversifikation**: Einer der grundlegendsten Schritte im Risikomanagement ist die Diversifikation. Das bedeutet, dass Sie nicht all Ihr Geld in einen einzigen ETF investieren sollten. Stattdessen sollten Sie Ihr Kapital auf verschiedene ETFs verteilen, die unterschiedliche Sektoren, Länder oder Anlageklassen repräsentieren. Dadurch verringert sich das Risiko, dass Sie einen großen Verlust erleiden, wenn ein bestimmter Markt oder Sektor schlecht abschneidet.

2. **Asset-Allokation**: Asset-Allokation bezeichnet die Verteilung Ihres Investitionskapitals auf verschiedene Anlageklassen wie Aktien, Anleihen, Rohstoffe oder Immobilien. Auch innerhalb Ihrer ETF-Investitionen sollten Sie auf eine gute Mischung achten. Ein gut diversifiziertes Portfolio enthält oft ETFs, die unterschiedliche Märkte und Sektoren abdecken, wie etwa Technologie, Gesundheitswesen oder Schwellenmärkte.

3. **Cost-Average-Effekt**: Durch regelmäßiges Investieren eines festen Betrags können Sie den Cost-Average-Effekt nutzen. Wenn die Kurswerte hoch sind, kaufen Sie weniger Anteile, und wenn sie niedrig sind, kaufen Sie mehr Anteile. Dies kann langfristig zu einem

günstigeren durchschnittlichen Kaufpreis führen und das Risiko von großen Verlusten reduzieren.

4. **Überwachung und Anpassung**: Es ist wichtig, dass Sie Ihre ETF-Investitionen regelmäßig überwachen und gegebenenfalls anpassen. Dies bedeutet, die Performance Ihrer ETFs zu überprüfen und in Erwägung zu ziehen, ob Sie mehr oder weniger in bestimmte Fonds investieren sollten. Manchmal kann es sogar sinnvoll sein, einen Treffer zu verkaufen und das freigewordene Kapital in einen besser performenden ETF zu investieren.

5. **Risikotoleranz analysieren**: Jeder Anleger hat eine unterschiedliche Risikotoleranz, die davon abhängt, wie viel Risiko er oder sie bereit ist zu akzeptieren. Überlegen Sie sich, wie Sie mit Kursverlusten umgehen können. Wenn Sie bei kleinen Verlusten bereits nervös werden, sollten Sie vorsichtiger investieren und eventuell mehr Wert auf sicherere Anlageklassen legen.

Spezifische Strategien im ETF-Risikomanagement

1. **Stop-Loss-Order setzen**: Eine Stop-Loss-Order ist eine Anweisung an Ihre Bank oder Ihren Broker, einen ETF automatisch zu verkaufen, wenn der Kurs einen bestimmten, von Ihnen festgelegten Wert unterschreitet. Dies hilft, Verluste zu begrenzen, indem es sicherstellt, dass Sie nicht mehr verlieren, als Sie bereit sind zu riskieren.

2. **Absicherungen (Hedging)**: Durch den Einsatz von Finanzinstrumenten wie Optionen oder Futures können Sie Ihre Positionen absichern. Allerdings ist Hedging komplex und nicht für Beginner geeignet, da es

zusätzliche Kosten verursachen und das Risikoprofil Ihres Portfolios verändern kann.

3. **Rebalancing**: Rebalancing ist der Prozess, mit dem Sie Ihr Portfolio so anpassen, dass es zu Ihren ursprünglichen Anlagezielen und der gewünschten Risikoverteilung zurückkehrt. Wenn beispielsweise ein bestimmter ETF überdurchschnittlich gut performt und einen zu großen Anteil an Ihrem Portfolio einnimmt, könnten Sie einen Teil dieses ETFs verkaufen und das freigewordene Geld in andere ETFs investieren.

Indem Sie sich an diese Methoden und Strategien des Risikomanagements halten, können Sie Ihre Verluste minimieren und Ihre Anlageziele trotz Marktschwankungen erreichen. So investieren Sie sicherer und strategischer in ETFs.

Risikostreuung

Die Risikostreuung, oft auch als Diversifikation bezeichnet, ist ein grundlegendes Prinzip im Bereich der Geldanlage und ist besonders wichtig für Investitionen in börsengehandelte Fonds (ETFs). Die Idee hinter der Risikostreuung ist, Ihr Geld auf verschiedene Anlageinstrumente, Branchen, geografische Regionen und Vermögensklassen zu verteilen, um das Risiko zu minimieren.

Stellen Sie sich vor, Sie besitzen ein Obstgeschäft. Wenn Sie nur Äpfel verkaufen und eine schlechte Apfelernte das Angebot verknappt, steht Ihr Geschäft vor Problemen. Verkaufen Sie jedoch auch Orangen, Bananen und Trauben, wirkt sich eine schlechte Apfelsaison weniger stark auf Ihr Unternehmen aus. Ähnlich funktioniert Risikostreuung im Anlagebereich.

Wenn Sie all Ihr Geld in eine einzige Aktie oder ein einziges Unternehmen investieren, sind Ihre Ersparnisse stark von der Leistung dieses Unternehmens abhängig. Schlägt sich das Unternehmen schlecht, verliert Ihr gesamtes Investment an Wert. Investieren Sie jedoch in einen ETF, der vielleicht 100 verschiedene Unternehmen umfasst, verteilt sich das Risiko. Fällt der Kurs einer Aktie, könnten andere Aktien im ETF diese Verluste ausgleichen.

ETFs sind besonders gut für die Risikostreuung geeignet, da sie von Natur aus eine Vielzahl von Wertpapieren enthalten. Mit einem ETF können Sie leicht über einen einzigen Kauf in viele verschiedene Aktien oder Anleihen investieren, was Ihr Risiko automatisch auf viele Schultern verteilt.

Es gibt mehrere Dimensionen der Risikostreuung:

- **Geografische Streuung:** Hierbei investieren Sie in verschiedene Länder und Regionen. Dadurch sind Sie weniger von den wirtschaftlichen Bedingungen eines einzigen Landes abhängig.

- **Branchenbezogene Streuung:** Investieren Sie in verschiedene Branchen wie Technologie, Gesundheit, Finanzen und Konsumgüter. So minimieren Sie das Risiko, das aus einem Abschwung in einer spezifischen Branche resultiert.

- **Vermögensklassen-Streuung:** Verteilen Sie Ihr Geld auf Aktien, Anleihen, Immobilien und vielleicht sogar Rohstoffe oder andere Anlageklassen. Jeder Anlagentyp reagiert unterschiedlich auf Marktereignisse und Wirtschaftslagen.

Ein einfaches Beispiel für angewandte Risikostreuung ist ein weltweiter ETF, der Aktien aus verschiedenen Ländern und Branchen enthält. Solch ein ETF reduziert das Risiko, das mit der Performance eines einzelnen Marktes verbunden ist.

Zu- oder Abnahmen in spezifischen Aktien oder Märkten haben einen geringeren Effekt auf Ihr Gesamtportfolio, wenn Ihr Investment gut gestreut ist. Dies gibt Ihnen mehr Stabilität und Sicherheit, besonders in volatilen Zeiten.

Russell 2000

Der Russell 2000 ist ein Aktienindex, der die Wertentwicklung von 2000 kleinen börsennotierten US-Unternehmen widerspiegelt. Dieser Index wird oft als Maßstab für die Performance von kleineren US-Aktiengesellschaften verwendet und ist ein Teil des größeren Russell 3000 Index, der insgesamt 3000 Unternehmen abbildet.

Hintergrund des Russell 2000

Der Russell 2000 wurde 1984 von der Frank Russell Company ins Leben gerufen. Sein Zweck ist es, die Entwicklung kleinerer Unternehmen zu messen, die oft als „Small Caps" bezeichnet werden. Während der S&P 500 die größten Unternehmen abbildet, bietet der Russell 2000 Einblicke in die Dynamik kleinerer und mittelgroßer Firmen.

Aufbau des Index

Der Russell 2000 besteht aus den 2000 kleinsten Unternehmen des Russell 3000 Index. Diese Unternehmen sind in verschiedenen Branchen tätig und bieten daher eine breit gestreute Marktübersicht. Die Zusammensetzung des Index wird jährlich überprüft und angepasst, um sicherzustellen, dass er weiterhin repräsentativ für die kleineren börsennotierten Unternehmen bleibt.

Bedeutung des Russell 2000

1. **Diversifikation**: Der Russell 2000 bietet Anlegern eine Möglichkeit, in eine breite Palette von kleineren Firmen zu investieren. Diese Unternehmen haben oft ein höheres Wachstumspotenzial im Vergleich zu größeren, etablierten Firmen, was den Index attraktiv für wachstumsorientierte Investoren macht.

2. **Wirtschaftsindikator**: Der Russell 2000 wird oft als Indikator für die Gesundheit der US-Wirtschaft angesehen, insbesondere in Bezug auf kleinere Unternehmen. Wenn der Index steigt, kann das als Zeichen dafür gesehen werden, dass sich kleinere Firmen gut entwickeln, was positiv für die gesamte Wirtschaft sein kann.

3. **Risikostreuung**: Durch die Investition in eine Vielzahl von Unternehmen verringert sich das Risiko, das mit einer Investition in eine einzelne Aktie verbunden ist. Dies macht den Index zu einer nützlichen Referenz für Fondsmanager und individuelle Anleger, die auf Diversifikation Wert legen.

Investieren in den Russell 2000

Anleger können in den Russell 2000 investieren, indem sie Anteile an börsengehandelten Fonds (ETFs) kaufen, die den Index nachbilden. Diese ETFs enthalten alle oder einen repräsentativen Anteil der im Russell 2000 gelisteten Unternehmen und ermöglichen es Anlegern, die Performance des Index zu verfolgen. Beispiele für solche ETFs sind der iShares Russell 2000 ETF (Ticker: IWM) und der Vanguard Russell 2000 ETF (Ticker: VTWO).

S&P 500 Index

Der S&P 500 Index ist ein weit verbreiteter und viel beachteter Börsenindex in den Vereinigten Staaten. Er repräsentiert die 500 größten börsennotierten Unternehmen des Landes und wird von der Ratingagentur Standard & Poor's zusammengestellt. Der S&P 500 wird oft als Indikator für die allgemeine Entwicklung des amerikanischen Aktienmarktes und der US-Wirtschaft herangezogen.

Struktur und Zusammensetzung

Der S&P 500 umfasst Unternehmen aus verschiedenen Branchen, darunter Technologie, Gesundheit, Finanzen, Energie und viele mehr. Um in den Index aufgenommen zu werden, müssen Unternehmen bestimmte Kriterien erfüllen, wie zum Beispiel einen bestimmten Börsenwert und eine Mindestanzahl an jährlich gehandelten Aktien. Die genaue Auswahl und Gewichtung der Unternehmen erfolgt nach ihrer Marktkapitalisierung, also dem Gesamtwert aller am Markt befindlichen Aktien eines Unternehmens.

Bedeutung und Nutzung

Für Beginner im Bereich der ETFs (Exchange Traded Funds) ist der S&P 500 besonders interessant, da er eine breite Diversifikation bietet. Da der Index die größten und bekanntesten US-Unternehmen abbildet, können Sie an der wirtschaftlichen Entwicklung einer Vielzahl von Branchen und Firmen teilhaben. Dies reduziert das Risiko im Vergleich zu Investitionen in einzelne Aktien, da Verluste einzelner Unternehmen durch Gewinne anderer Unternehmen im Index ausgeglichen werden können.

Investieren in den S&P 500

Sie können in den S&P 500 Index durch spezielle ETFs investieren, die diesen Index nachbilden. Diese sogenannten "S&P 500 ETFs" kaufen entsprechend gewichtet die Aktien der im Index vertretenen Unternehmen, sodass die Wertentwicklung des ETFs der des Index sehr nahekommt. Dies ermöglicht Ihnen, mit einer einzigen Investition an der Wertentwicklung von 500 unterschiedlichen großen US-Unternehmen teilzunehmen.

Vorteile und Nachteile

Vorteile:

- **Breite Diversifikation:** Sie investieren in viele Unternehmen gleichzeitig.

- **Marktbreite Abdeckung:** Der S&P 500 deckt sehr große Teile der US-Wirtschaft ab.

- **Kostenersparnis:** ETFs, die den S&P 500 abbilden, sind oft günstiger als aktiv verwaltete Fonds.

Nachteile:

- **Marktabhängigkeit:** Die Entwicklung des Index ist stark von der amerikanischen Wirtschaft abhängig.

- **Kein individuelles Management:** Da ETFs passiv verwaltet werden, gibt es keinen Fondsmanager, der auf Marktveränderungen aktiv reagiert.

S&P - Standard & Poor's

Standard & Poor's, oft abgekürzt als S&P, ist ein führendes Finanzdienstleistungsunternehmen, das sich vor allem durch seine umfassenden Finanzanalysen und Bewertungen einen Namen gemacht hat. Eine der bekanntesten Dienstleistungen des Unternehmens ist die Bereitstellung von Aktienindizes.

Geschichtlicher Hintergrund:

Standard & Poor's geht auf die Gründung von zwei verschiedenen Unternehmen zurück. Zum einen gab es die "Standard Statistics Bureau" und zum anderen "Poor's Publishing". Diese beiden Unternehmen fusionierten im Jahr 1941, um Standard & Poor's zu bilden. Heute gehört S&P zur S&P Global Inc.

Wichtigkeit im Finanzmarkt:

S&P ist vor allem für seine Indizes bekannt, allen voran der S&P 500. Der S&P 500 ist ein Aktienindex, der die 500 größten börsennotierten Unternehmen in den USA anhand ihrer Marktkapitalisierung abbildet. Dieser Index gilt als einer der wichtigsten Indikatoren für die wirtschaftliche Lage der USA und hat weltweit Einfluss auf die Finanzmärkte.

Weitere Dienstleistungen:

Neben Aktienindizes bietet S&P auch Analysen und Bewertungen von Kreditrisiken an. Die sogenannten "Credit Ratings" von S&P bewerten die Kreditwürdigkeit von Unternehmen, Ländern und anderen Emittenten von Kreditinstrumenten. Diese Bewertungen sollen Investoren helfen, das Risiko ihrer Anlagen besser einzuschätzen.

Bedeutung für ETFs:

Exchange Traded Funds (ETFs) sind Fonds, die an der Börse gehandelt werden und in der Regel einen bestimmten Index nachbilden. Der S&P 500 ist einer der am häufigsten nachgebildeten Indizes, sodass es viele ETFs gibt, die diesen Index abbilden. Wenn Sie zum Beispiel in einen S&P 500 ETF investieren, erwerben Sie Anteile an einem Fonds, der die Wertentwicklung der 500 größten US-Unternehmen nachbildet. Das macht es für Sie als Anleger einfacher, eine breite Diversifikation zu erreichen, ohne jeden einzelnen Aktienwert selbst kaufen zu müssen.

SRI – Socially Responsible Investing

Socially Responsible Investing, abgekürzt als SRI und auf Deutsch mit „sozial verantwortliches Investieren" übersetzt, ist eine Anlagestrategie, die neben finanziellen Gewinnen auch ethische, soziale und ökologische Kriterien berücksichtigt. Diese Anlagestrategie ist besonders attraktiv für Anleger, die nicht nur ihr Kapital vermehren wollen, sondern auch positive gesellschaftliche und ökologische Auswirkungen erzielen möchten.

Beim SRI bewerten Anleger Unternehmen und Investmentfonds anhand verschiedener Kriterien, die oft als ESG-Kriterien (Umwelt, Soziales und Unternehmensführung) bezeichnet werden. Diese drei Kategorien stehen für:

1. **Umwelt (Environmental)**: Hier wird untersucht, wie ein Unternehmen mit natürlichen Ressourcen umgeht. Das umfasst Aspekte wie den Klimawandel, den Energieverbrauch, die Emission von Treibhausgasen, die Abfallwirtschaft und den Naturschutz. Unternehmen, die beispielsweise erneuerbare Energien fördern oder umweltfreundliche Produktionsprozesse haben, schneiden in dieser Kategorie gut ab.

2. **Soziales (Social)**: Dieser Aspekt bezieht sich auf den Umgang eines Unternehmens mit Menschen – sowohl innerhalb als auch außerhalb der Organisation. Dazu gehören Fragen der Arbeitsbedingungen, der Arbeitssicherheit, der Einhaltung von Menschenrechten und der gesellschaftlichen Verantwortung. Unternehmen, die sich etwa für faire Arbeitsbedingungen und soziale Gerechtigkeit einsetzen oder karitative Projekte unterstützen, gelten als sozialverantwortlich.

3. **Unternehmensführung (Governance)**: Hierbei wird die Art und Weise bewertet, wie ein Unternehmen geführt wird. Dazu zählen Aspekte wie Transparenz, ethische Geschäftspraktiken, die Unabhängigkeit des Vorstandes und der Schutz der Aktionärsinteressen. Unternehmen mit hohen Standards in der Unternehmensführung gelten als weniger riskant und werden oft als vertrauenswürdiger eingestuft.

Um in SRI zu investieren, können Sie auf verschiedene Arten vorgehen. Eine Möglichkeit ist die Investition in spezielle SRI- oder ESG-Fonds. Diese Fonds investieren ausschließlich in Unternehmen, die die definierten sozialen, ökologischen und ethischen Standards erfüllen. Eine andere Möglichkeit ist die direkte Investition in Aktien von Unternehmen, die in Ihrem persönlichen Screening-Prozess als sozialverantwortlich eingestuft wurden.

Es gibt aber auch bestimmte Ausschlusskriterien, die häufig beim SRI angewendet werden. So investieren viele sozial verantwortliche Anleger nicht in Unternehmen, die in umstrittene Branchen wie Rüstung, Tabak, Alkohol oder Glücksspiel involviert sind. Diese Ausschlusskriterien können je nach den individuellen Werten und Präferenzen variieren.

Im Laufe der letzten Jahre hat SRI stark an Bedeutung gewonnen. Immer mehr Investoren – von Einzelpersonen bis zu großen institutionellen Anlegern – legen Wert auf die positiven sozialen und ökologischen Auswirkungen ihrer Investitionen. Dies hat auch dazu geführt, dass immer mehr Unternehmen ihre Geschäftspraktiken anpassen und nachhaltiger wirtschaften, um den Anforderungen und Erwartungen von SRI-Investoren zu entsprechen.

Schließungskosten eines ETFs

Schließungskosten treten auf, wenn ein Exchange Traded Fund (ETF) aus verschiedenen Gründen geschlossen wird. Dies kann passieren, weil der ETF zu geringes verwaltetes Vermögen aufweist, seine Performance enttäuschend ist oder die Managementfirma ihre Produktlinie konsolidiert. Als Anleger sollten Sie verstehen, was diese Schließungskosten sind und wie sie sich auf Ihre Investitionen auswirken können.

1. **Verkaufskosten:** Wenn ein ETF geschlossen wird, müssen alle darin enthaltenen Anteile verkauft werden. Dies bedeutet, dass das Management des ETF die zugrundeliegenden Wertpapiere veräußert. Diese Verkäufe können Transaktionskosten verursachen, die sich auf den Nettoinventarwert (NAV) des ETFs auswirken können.

2. **Steuerliche Konsequenzen:** Der Verkauf der zugrundeliegenden Vermögenswerte kann zu einer steuerpflichtigen Kapitalgewinnverteilung führen. Insbesondere wenn die gehaltenen Vermögenswerte Gewinne erzielt haben, müssen diese Gewinne versteuert werden, was für die Anleger eine zusätzliche Steuerlast bedeutet. Diese steuerlichen Auswirkungen hängen von Ihrem individuellen Steuerstatus ab.

3. **Provisionen und Gebühren:** Anleger könnten dazu veranlasst werden, ihre Anteile vor der endgültigen Schließung des ETF zu verkaufen. Dabei können Brokergebühren oder andere Handelskosten anfallen, die je nach Anlagestrategie und Handelsplattform variieren können.

4. **Liquiditätsrisiken:** In der Zeit vor der Schließung kann es schwieriger werden, Anteile des ETFs zu einem fairen

Preis zu verkaufen. Die Liquidität des ETF kann abnehmen, was zu größeren Spreads zwischen Ankaufs- und Verkaufspreisen führen kann. Dies kann dazu führen, dass Sie einen niedrigeren Preis für Ihre Anteile erhalten als erwartet.

5. **Informationsstand:** Ein weiterer Aspekt der Schließungskosten ist die Unsicherheit und die Komplexität, die damit einhergehen. Die Ankündigung der Schließung kann zu Marktunsicherheiten führen und es kann eine gewisse Zeit dauern, bis die Schließung tatsächlich vollzogen ist und Sie Ihr Kapital zurückerhalten haben.

6. **Wandel zu anderen Investments:** Nach der Schließung eines ETFs müssen Sie möglicherweise entscheiden, wie Sie Ihr freigewordenes Kapital wieder anlegen. Dies könnte mit zusätzlichen Recherchekosten, Zeitaufwand und Transaktionsgebühren verbunden sein.

Sekundärmarkt

Der Sekundärmarkt ist ein zentraler Begriff in der Welt der Exchange Traded Funds (ETFs) und wird Ihnen häufiger begegnen, wenn Sie sich intensiver mit dieser Anlageform beschäftigen. Der Sekundärmarkt bezieht sich auf den Handelsplatz, an dem Wertpapiere wie Aktien, Anleihen oder ETFs nach ihrem initialen Verkauf, also der Erstausgabe, weitergehandelt werden. Das bedeutet, wenn Sie einen ETF kaufen oder verkaufen, tun Sie dies in der Regel auf dem Sekundärmarkt.

Funktionsweise des Sekundärmarktes

Auf dem Sekundärmarkt handeln Anleger miteinander, und die Börse bietet den Marktplatz dafür. Anders als am Primärmarkt, wo beispielsweise ein ETF zum ersten Mal von einer Fondsgesellschaft an Investoren verkauft wird, ermöglicht der Sekundärmarkt den fortlaufenden Handel des ETFs zwischen verschiedenen Anlegern. Dies geschieht meistens über Börsen oder außerbörsliche Handelsplätze.

Beispiel:

Sie möchten einen ETF kaufen, der an der Börse Frankfurt gelistet ist. Ein anderer Anleger möchte denselben ETF verkaufen. Der Handel findet über die Börse statt, wobei der Preis durch Angebot und Nachfrage bestimmt wird.

Vorteile des Sekundärmarktes

1. Liquidität: Einer der größten Vorteile des Sekundärmarktes ist die hohe Liquidität. Es ist oft einfach, ETFs zu kaufen und zu verkaufen, ohne auf den nächsten großen Käufer oder Verkäufer warten zu müssen. Dies macht den Handel sehr flexibel und zeitnah.

2. Transparenz: Börsen stellen Preisinformationen in Echtzeit zur Verfügung, sodass Sie immer wissen, welchen Preis Sie zahlen oder erhalten werden. Dies trägt zur Transparenz des Handelsprozesses bei.

3. Kosteneffizienz: Da der Sekundärmarkt in der Regel sehr liquide ist, können die Handelskosten niedriger sein als auf weniger liquiden Märkten. Dies bedeutet, dass Sie einfach und zu günstigen Preisen in ETFs investieren können.

Wer nutzt den Sekundärmarkt?

Der Sekundärmarkt wird von einer Vielzahl von Marktteilnehmern genutzt:

- **Privatanleger:** Individuelle Investoren, die Aktien und ETFs als Teil ihrer Anlageportfolios kaufen und verkaufen.

- **Institutionelle Anleger:** Pensionsfonds, Versicherungsgesellschaften und Investmentfonds, die große Mengen an Wertpapieren handeln.

- **Marktmacher und Broker:** Finanzintermediäre, die den Handel erleichtern und die Liquidität aufrecht erhalten.

Sharpe Ratio

Die Sharpe Ratio ist ein Maß, das von dem amerikanischen Wirtschaftswissenschaftler William F. Sharpe entwickelt wurde. Sie ermöglicht es Ihnen, die Rendite eines Investments im Verhältnis zu dessen Risiko zu bewerten. In der Welt der Exchange Traded Funds (ETFs) ist die Sharpe Ratio ein wertvolles Werkzeug, um verschiedene ETFs miteinander zu vergleichen und besser abschätzen zu können, ob das eingegangene Risiko die erzielte Rendite rechtfertigt.

Was misst die Sharpe Ratio?

Die Sharpe Ratio misst die Überrendite eines Investments im Vergleich zu einer risikofreien Anlage, zum Beispiel Staatsanleihen. Diese Überrendite wird dann in Beziehung zum Risiko, das durch die Schwankungen der Investmentrenditen gemessen wird, gesetzt. Einfach ausgedrückt berechnet die Sharpe Ratio, wie viel zusätzliche Rendite Sie pro einheitlichem Risiko erhalten.

Interpretation der Sharpe Ratio

- **Hohe Sharpe Ratio:** Eine höhere Sharpe Ratio ist besser, weil sie anzeigt, dass die über den risikofreien Zinssatz hinausgehende Rendite höher ist im Verhältnis zur eingegangenen Volatilität. Eine Sharpe Ratio von 1 oder höher wird oft als gut angesehen.

- **Niedrige Sharpe Ratio:** Eine niedrige Sharpe Ratio deutet darauf hin, dass die erzielte Rendite das eingegangene Risiko möglicherweise nicht wert ist. Eine Sharpe Ratio von weniger als 1 kann darauf hinweisen, dass das Investment zu risikoreich für die erreichte Rendite ist.

Anwendung in der ETF-Welt

In der Welt der ETFs hilft Ihnen die Sharpe Ratio dabei, ETFs zu identifizieren, die eine attraktive Rendite im Vergleich zu ihrem Risiko bieten. Sie können die Sharpe Ratios verschiedener ETFs miteinander vergleichen, um zu sehen, welche ETFs eine bessere risikoadjustierte Performance bieten. Dies ist besonders wichtig, wenn Sie Ihr Portfolio diversifizieren und optimieren möchten.

Wichtige Hinweise

Es ist wichtig zu beachten, dass die Sharpe Ratio auf historischen Daten basiert. Vergangene Performances sind keine Garantie für zukünftige Ergebnisse. Außerdem berücksichtigt die Sharpe Ratio nicht alle möglichen Risiken, wie politische oder wirtschaftliche Veränderungen, die zukünftige Renditen beeinflussen könnten. Sie sollte daher als eines von mehreren Tools verwendet werden, um ETF-Investitionen zu bewerten.

Short

Short, auch als "Short Selling" oder "Leerverkauf" bezeichnet, ist eine Anlagestrategie, bei der Investoren auf den fallenden Kurs einer Aktie, eines ETF (Exchange Traded Fund) oder eines anderen Finanzinstruments setzen. Hier ist eine detaillierte Erklärung dieses Konzepts, leicht verständlich für Beginner:

Stellen Sie sich vor, Sie gehen davon aus, dass der Preis eines bestimmten ETFs in der Zukunft sinken wird. Anstatt den ETF zu kaufen und auf steigende Kurse zu hoffen, "leihen" Sie sich den ETF von einem Broker, um ihn sofort zum aktuellen Marktpreis zu verkaufen. Nach einiger Zeit, wenn der Preis des ETFs tatsächlich gefallen ist, kaufen Sie denselben ETF zu dem nun niedrigeren Preis zurück und geben ihn dem Broker zurück. Ihr Gewinn entsteht aus der Differenz zwischen dem höheren Verkaufspreis und dem niedrigeren Rückkaufpreis.

Hier ist ein einfaches Beispiel:

1. **Leihen und Verkaufen**: Sie leihen sich einen ETF, dessen aktueller Preis bei 100 Euro liegt, und verkaufen ihn sofort.

2. **Kurs fällt**: Der Preis des ETFs sinkt, wie Sie es erwartet haben, auf 80 Euro.

3. **Rückkauf**: Sie kaufen den ETF nun für 80 Euro zurück.

4. **Gewinn**: Sie geben den ETF an den Broker zurück und haben 20 Euro Gewinn gemacht (100 Euro - 80 Euro).

Es gibt jedoch einige wichtige Aspekte und Risiken zu berücksichtigen:

1. **Potentiell unbegrenzte Verluste**: Anders als beim Kauf eines ETFs, wo das Maximum, das Sie verlieren

können, Ihre ursprüngliche Investition ist, können die Verluste beim Short Selling theoretisch unbegrenzt sein. Dies liegt daran, dass der Preis des ETFs theoretisch unendlich steigen könnte, während Sie sich weiterhin den ETF zu einem hohen Preis zurückkaufen müssten.

2. **Leihgebühren und Zinsen**: Wenn Sie ETFs von einem Broker leihen, können dafür Gebühren und Zinsen anfallen. Diese zusätzlichen Kosten müssen in Ihre Gewinnkalkulation mit einbezogen werden.

3. **Regulatorische Einschränkungen**: In vielen Ländern unterliegen Leerverkäufe regulatorischen Beschränkungen. Stellen Sie sicher, dass Sie die Regeln und Vorschriften in Ihrem Markt verstehen, bevor Sie mit Short Selling beginnen.

4. **Margin Calls**: Im Fall eines starken Kursanstiegs des ETFs kann Ihr Broker einen sogenannten "Margin Call" durchführen, bei dem Sie zusätzliches Kapital in Ihr Konto einzahlen müssen, um Ihre Position zu decken. Andernfalls könnte der Broker Ihre Position automatisch schließen, was zu erheblichen Verlusten führen kann.

Trotz dieser Risiken kann Short Selling eine Möglichkeit sein, von fallenden Kursen zu profitieren oder Ihr Portfolio abzusichern. Für Beginner ist es jedoch wichtig, diese Strategie sorgfältig zu erlernen und alle möglichen Konsequenzen zu verstehen, bevor Sie sie anwenden.

Small-Cap

Der Begriff „Small-Cap" bezieht sich auf die Aktien von Unternehmen mit einer relativ geringen Marktkapitalisierung. Die Marktkapitalisierung ist der Gesamtwert aller ausgegebenen Aktien eines Unternehmens und wird berechnet, indem der aktuelle Aktienkurs mit der Anzahl der ausgegebenen Aktien multipliziert wird. Small-Cap-Unternehmen gelten oft als kleinere Firmen, die sich in einer Wachstums- oder Entwicklungsphase befinden.

In der Regel wird ein Unternehmen als Small-Cap eingestuft, wenn seine Marktkapitalisierung zwischen etwa 300 Millionen und 2 Milliarden US-Dollar liegt. Es ist wichtig zu beachten, dass die spezifischen Werte je nach Markt und Region leicht variieren können.

Warum Small-Cap-Aktien interessant sein können

- **Wachstumspotenzial:** Small-Cap-Unternehmen haben oft ein höheres Wachstumspotenzial als große, etablierte Unternehmen. Da sie noch am Anfang ihrer Entwicklung stehen, können sie überproportional von neuen Märkten, Produkten oder Dienstleistungen profitieren.

- **Innovationen:** Viele Small-Cap-Unternehmen sind innovativ und konzentrieren sich auf Nischenmärkte oder aufstrebende Technologien. Dies kann zu spannenden Investitionsmöglichkeiten führen.

- **Unterbewertete Aktien:** Small-Cap-Aktien sind manchmal weniger bekannt und weniger analysiert. Dies kann bedeuten, dass ihre Aktienkurse nicht immer den tatsächlichen Wert des Unternehmens widerspiegeln, was Chancen für Investoren bieten kann.

Risiken von Small-Cap-Aktien

- **Volatilität:** Small-Cap-Aktien sind oft volatiler als Aktien größerer Unternehmen. Das bedeutet, dass ihre Preise stärker schwanken können, was zu größeren Gewinnen, aber auch zu größeren Verlusten führen kann.

- **Liquidität:** Da Small-Cap-Unternehmen häufig weniger Aktien im Umlauf haben und weniger gehandelt werden, kann es schwerer sein, diese Aktien zu kaufen oder zu verkaufen, ohne den Preis zu beeinflussen.

- **Finanzielle Stabilität:** Kleinere Unternehmen haben tendenziell weniger finanzielle Ressourcen und könnten anfälliger für wirtschaftliche Schwankungen oder Krisenzeiten sein.

Smart Beta

Was bedeutet Smart Beta?

Smart Beta ist ein spezieller Ansatz zur Investition in Exchange Traded Funds (ETFs). Dabei handelt es sich um eine Methode, die traditionelle Indexstrategien mit aktiven Anlagestrategien kombiniert. Während traditionelle ETFs in der Regel auf Marktkapitalisierung basieren – das heißt, dass größere Unternehmen im Index stärker gewichtet sind – verfolgt Smart Beta einen anderen Weg.

Das Ziel von Smart Beta

Smart Beta zielt darauf ab, durch die Gewichtung von Aktien nach alternativen Faktoren eine bessere Rendite zu erzielen oder das Risiko zu minimieren. Diese Faktoren können verschiedene Kriterien beinhalten, wie zum Beispiel das Kurs-Gewinn-Verhältnis (KGV), die Volatilität, das Unternehmenswachstum oder die Dividendenrendite.

Die verschiedenen Faktoren

1. **Value (wertorientiert)**: Diese Strategie fokussiert sich auf unterbewertete Aktien. Durch die Auswahl von Aktien, die im Verhältnis zu ihren Fundamentaldaten niedriger bewertet sind, hofft man, dass der Marktfehler erkannt wird und der Kurs dieser Aktien steigt.

2. **Momentum (Impuls)**: Hierbei wird in Aktien investiert, die in der jüngeren Vergangenheit eine positive Kursentwicklung gezeigt haben. Die Annahme ist, dass diese positiven Trends sich fortsetzen könnten.

3. **Volatilität**: Bei dieser Strategie werden Aktien mit geringerer Kursvolatilität bevorzugt. Die Idee ist, dass

diese Aktien weniger Risiko bergen und dennoch eine ordentliche Rendite liefern können.

4. **Dividende**: Diese Strategie konzentriert sich auf Aktien, die hohe und stetige Dividenden zahlen. Diese Aktien bieten oft eine gewisse Stabilität und eine regelmäßige Einkommensquelle.

5. **Qualität**: Diese Aktien werden aufgrund ihrer hohen Rentabilität, starken Bilanzen und stabilen Erträge ausgewählt.

Wie funktioniert Smart Beta?

Ein Smart Beta ETF wählt und gewichtet Aktien innerhalb eines Index basierend auf den oben genannten Faktoren und nicht nur anhand der Marktkapitalisierung. Stellen Sie sich einen Marktkapitalisierungsindex wie den DAX vor, der die größten 30 Unternehmen Deutschlands nach ihrem Börsenwert umfasst. Ein Smart Beta ETF auf den DAX könnte stattdessen die Unternehmen nach deren Wert, Momentum, Volatilität oder Dividendenrendite gewichten.

Warum Smart Beta?

Der Reiz von Smart Beta liegt in der potenziellen Steigerung der Rendite oder in der Verringerung des Risikos im Vergleich zu traditionellen, marktkapitalisierungsgewichteten ETFs. Dabei bleiben die Vorteile eines ETFs, wie niedrige Kosten, Transparenz und Liquidität, erhalten. Für Anleger, die nach einer mittelweg-Lösung zwischen passivem und aktivem Management suchen, bietet Smart Beta eine interessante Möglichkeit.

Aber wie bei jeder Anlagestrategie gibt es keine Garantie, dass Smart Beta besser abschneidet als traditionelle Ansätze. Die Wahl von Smart Beta erfordert eine gründliche

Auseinandersetzung mit den zugrunde liegenden Faktoren und einem klaren Verständnis der eigenen Anlageziele und Risikobereitschaft.

Smart Contract ETFs

Ein Smart Contract ETF ist ein Exchange Traded Fund (ETF), der speziell in Unternehmen investiert, die in der Entwicklung und Nutzung von Smart Contracts tätig sind.

Was ist ein Smart Contract?

Ein Smart Contract, auf Deutsch „intelligenter Vertrag", ist ein computergestütztes Protokoll, das die Ausführung, Überprüfung und Durchsetzung von Verträgen ermöglicht, ohne dass ein Dritter, wie zum Beispiel ein Notar oder Anwalt, notwendig ist. Diese Verträge sind auf einer Blockchain gespeichert, was ihre Sicherheit erhöht und Manipulationen nahezu unmöglich macht. Ein Beispiel für einen Smart Contract könnte eine digitale Wette sein, bei der der Vertrag automatisch den Gewinner bestimmt und die Gewinne auszahlt, sobald die Bedingungen erfüllt sind.

Was ist ein ETF?

Ein ETF, oder Exchange Traded Fund, ist ein Fonds, der an der Börse gehandelt wird und einen Korb von Vermögenswerten repräsentiert, wie Aktien, Anleihen oder Rohstoffe. ETFs ermöglichen es Anlegern, in eine Vielzahl von Vermögenswerten zu investieren, ohne diese einzeln kaufen zu müssen, und bieten eine einfache Möglichkeit zur Diversifikation des Portfolios.

Wie funktioniert ein Smart Contract ETF?

Ein Smart Contract ETF bündelt Investments in Unternehmen, die im Bereich der Smart Contracts tätig sind. Das können Firmen sein, die die Blockchain-Technologie entwickeln, auf der Smart Contracts basieren, oder Unternehmen, die Anwendungen und Dienstleistungen anbieten, die Smart

Contracts nutzen. Diese ETFs bieten Anlegern die Möglichkeit, in den gesamten Smart-Contract-Sektor zu investieren, ohne sich mit den einzelnen Firmen und Technologien auseinandersetzen zu müssen.

Vorteile eines Smart Contract ETFs

1. **Diversifikation**: Ein ETF investiert in eine Vielzahl von Unternehmen innerhalb des Smart-Contract-Sektors. Dies reduziert das Risiko, das durch die Investition in einzelne Unternehmen entstehen könnte.

2. **Zugang zu einem Wachstumssektor**: Der Markt für Smart Contracts wächst schnell und bietet potenziell hohe Renditen. Durch Investment in einen Smart Contract ETF haben Sie die Möglichkeit, an diesem Wachstum teilzuhaben.

3. **Einfache Handhabung**: ETFs werden wie Aktien an der Börse gehandelt, was den Kauf und Verkauf sehr einfach macht. Im Vergleich zu den einzelnen Investitionen in Unternehmen oder Technologien ist ein ETF unkomplizierter zu verwalten.

Risiken eines Smart Contract ETFs

1. **Marktvolatilität**: Da Smart Contracts eine relativ neue Technologie sind, können die Märkte sehr volatil sein.

2. **Technologierisiken**: Die zugrundeliegende Technologie könnte noch in der Entwicklung sein oder durch bessere Lösungen ersetzt werden. Dies könnte die Unternehmen, in die der ETF investiert, stark beeinflussen.

3. **Regulierung**: Gesetze und Vorschriften rund um Blockchain-Technologien und Smart Contracts sind

noch im Wandel. Neue Regelungen könnten sich negativ auf den Markt auswirken.

Ein Smart Contract ETF stellt eine moderne, diversifizierte und einfach zugängliche Möglichkeit dar, in die Welt der Blockchain und Smart Contracts zu investieren. Wenn Sie daran interessiert sind, von den potenziellen Chancen, die diese Technologien bieten, zu profitieren, könnte ein solcher ETF eine interessante Option für Ihr Anlageportfolio sein.

Sortino Ratio

Die Sortino Ratio ist ein spezielles Maß in der Finanzwelt, das Investoren hilft, die Leistung eines Investments zu bewerten, indem es das Risiko einbezieht, unerwünschte Verluste zu erleiden. Sie ist besonders nützlich für Beginner, die sich mit ETFs (Exchange Traded Funds) beschäftigen und die Schwankungen ihrer Investitionen verstehen möchten.

Was ist die Sortino Ratio?

Die Sortino Ratio ist eine Variante der Sharpe Ratio, die ebenfalls die Rendite eines Investments im Verhältnis zu dessen Risiko misst. Der Hauptunterschied besteht darin, dass die Sortino Ratio sich nur auf das "Downside Risk" (das Risiko von negativen Abweichungen) konzentriert, während die Sharpe Ratio das Gesamtrisiko, also sowohl positive als auch negative Abweichungen, berücksichtigt.

Warum ist die Sortino Ratio wichtig?

Viele Anleger, vor allem Beginner, empfinden das Risiko als etwas Negatives. Doch nicht jede Abweichung vom Durchschnitt ist per se schlecht. Zum Beispiel kann eine Investition überdurchschnittliche Renditen erzielen, was eigentlich gut ist. Die Sortino Ratio hilft Ihnen, sich auf das Risiko von negativen Abweichungen zu konzentrieren—also auf das, was Sie wirklich vermeiden möchten: Verluste.

Wie wird die Sortino Ratio berechnet?

Die Berechnung der Sortino Ratio erfolgt in mehreren Schritten:

1. Zuerst bestimmen Sie die durchschnittliche Rendite Ihrer Investition.

Dies könnte die jährliche Rendite Ihres ETFs sein.

2. Dann bestimmen Sie die risikofreie Rendite.

Das ist die Rendite, die Sie ohne Risiko erwarten könnten, zum Beispiel von Staatsanleihen.

3. Danach berechnen Sie die erwartete Überschussrendite.

Diese erhalten Sie, indem Sie die risikofreie Rendite von der durchschnittlichen Rendite Ihrer Investition abziehen.

4. Ermitteln Sie das Downside Risk.

Hier betrachten Sie nur die negativen Abweichungen der Rendite, also die Fälle, in denen die Rendite unter einem bestimmten Schwellenwert liegt—häufig wird die risikofreie Rendite als Schwellenwert verwendet.

5. Schließlich teilen Sie die erwartete Überschussrendite durch das Downside Risk.

Dies ergibt die Sortino Ratio.

Was sagt Ihnen die Sortino Ratio?

Eine höhere Sortino Ratio deutet darauf hin, dass die Investition eine höhere Rendite pro Einheit des eingegangenen Risikos erzeugt. Für Beginner ist das ein guter Indikator dafür, wie viel Risiko Sie für eine bestimmte Rendite eingehen. Eine hohe Sortino Ratio bedeutet, dass das Investment generell weniger riskant ist, während eine niedrige Ratio auf ein höheres Risiko von Verlusten hinweist.

Anwendung auf ETFs

Wenn Sie in ETFs investieren, können Sie die Sortino Ratio nutzen, um verschiedene ETFs miteinander zu vergleichen.

Spread

Der Spread ist ein Begriff, den Sie oft hören werden, wenn Sie sich mit dem Kauf und Verkauf von ETFs (Exchange Traded Funds) beschäftigen. Er bezeichnet die Differenz zwischen dem Kaufpreis (Geldkurs) und dem Verkaufspreis (Briefkurs) eines Finanzinstruments, in diesem Fall eines ETFs.

Beim Handeln von ETFs an der Börse gibt es immer einen Käufer und einen Verkäufer. Der Käufer ist bereit, einen gewissen Preis zu zahlen, während der Verkäufer einen bestimmten Preis erhalten möchte. Diese Preise stimmen jedoch meistens nicht überein. Der Kaufpreis (Geldkurs) ist der höchste Preis, den ein Käufer bereit ist zu zahlen, und der Verkaufspreis (Briefkurs) ist der niedrigste Preis, den ein Verkäufer akzeptieren will. Der Spread ist die Differenz zwischen diesen beiden Preisen.

Einfach ausgedrückt: Wenn Sie einen ETF kaufen möchten, zahlen Sie den Briefkurs, und wenn Sie ihn verkaufen möchten, bekommen Sie den Geldkurs. Der Spread stellt somit eine Art Kosten dar, die bei jedem Kauf und Verkauf eines ETFs beachtet werden müssen.

Warum gibt es den Spread?

1. **Marktaktivität**: In Märkten, in denen viel gehandelt wird und viele Käufer und Verkäufer aktiv sind, ist der Spread meist kleiner. In weniger aktiven Märkten kann der Spread dagegen größer sein. Ein geringerer Spread ist vorteilhaft für Anleger, da die Kosten für das Handeln dann niedriger sind.

2. **Liquidität**: Der Spread gibt auch Aufschluss über die Liquidität eines ETFs. Eine geringe Differenz zwischen Kauf- und Verkaufspreis deutet auf eine hohe Liquidität hin, was bedeutet, dass Sie den ETF leicht kaufen und

verkaufen können, ohne dass der Preis stark schwankt. Ein größerer Spread kann dagegen auf geringere Liquidität und damit auf höhere Handelskosten hinweisen.

3. **Marktverhältnisse**: Während turbulenten Marktphasen oder Krisenzeiten kann der Spread auch zunehmen, da die Unsicherheit und das Risiko steigen. Die Marktteilnehmer werden dann vorsichtiger, was zu größeren Differenzen zwischen Kauf- und Verkaufspreisen führen kann.

Wie beeinflusst der Spread Ihre Investitionen?

Der Spread wirkt sich direkt auf die Kosten aus, die beim Kauf und Verkauf von ETFs anfallen. Daher ist es sinnvoll, ETFs mit niedrigem Spread zu wählen, insbesondere wenn Sie häufig handeln. Der Spread ist neben den Managementgebühren und anderen Kosten ein wichtiger Faktor, der die Rendite Ihrer Investition beeinflusst.

Spread-Engagement

Stellen Sie sich vor, Sie möchten einen ETF kaufen oder verkaufen. Bei dieser Transaktion gibt es zwei Preise, die Sie beachten müssen: den Kaufpreis (auch „Geldkurs" genannt) und den Verkaufspreis (auch „Briefkurs" genannt). Der Kaufpreis ist der höchste Preis, den ein Käufer bereit ist zu zahlen, und der Verkaufspreis ist der niedrigste Preis, den ein Verkäufer bereit ist zu akzeptieren. Die Differenz zwischen diesen beiden Preisen nennt man „Spread".

Nun zum Begriff „Engagement": In der Finanzwelt bezieht sich Engagement oft auf das Ausmaß, in dem ein Investor in einem bestimmten Markt oder einem Finanzinstrument investiert ist. Spread-Engagement bedeutet also, wie stark der Spread eine Rolle in Ihren Investitionen spielt und wie sehr Sie auf diese Preisunterschiede achten müssen.

Warum ist das Spread-Engagement wichtig? Hier sind einige Gründe:

1. **Kosten:** Ein breiter Spread kann zusätzliche Kosten verursachen. Wenn Sie beispielsweise einen ETF kaufen und der Spread groß ist, zahlen Sie möglicherweise mehr, als der ETF eigentlich wert ist. Umgekehrt, wenn Sie einen ETF verkaufen, könnte ein breiter Spread bedeuten, dass Sie weniger als den fairen Marktwert erhalten.

2. **Liquidität:** Der Spread kann auch ein Indikator für die Liquidität eines ETFs sein. Ein kleinerer Spread deutet in der Regel darauf hin, dass der ETF häufiger gehandelt wird und es einfach ist, Käufer und Verkäufer zu finden. Ein größerer Spread kann bedeuten, dass der ETF weniger liquide ist und weniger gehandelt wird.

3. **Markteffizienz:** Ein kleiner Spread kann darauf hinweisen, dass der Markt für diesen ETF effizient ist. Das bedeutet, dass die Preise schnell auf neue Informationen reagieren und die Transaktionskosten niedrig sind.

Was sollten Sie als Anleger tun, um das Spread-Engagement zu minimieren und smarter zu investieren?

1. **Vergleich:** Vergleichen Sie die Spreads verschiedener ETFs, bevor Sie investieren. Eine einfache Möglichkeit besteht darin, die Geld- und Briefkurse verschiedener ETFs zu beobachten und die Unterschiede zu notieren.

2. **Handelszeiten:** Achten Sie auf die Handelszeiten. Die Spreads können sich während des Tages ändern, und es kann hilfreich sein, zu Zeiten zu handeln, wenn die Märkte am besten liquid sind, z. B. während der Kernhandelszeiten.

3. **Limit Orders:** Nutzen Sie Limit Orders anstelle von Market Orders. Eine Limit Order erlaubt es Ihnen, den Preis festzulegen, den Sie bereit sind zu zahlen oder zu akzeptieren, wodurch Sie besser kontrollieren können, zu welchem Preis der Handel stattfindet.

Stress-Test bei ETFs

Ein Stress-Test bei ETFs ist ein wichtiges Werkzeug, das genutzt wird, um die Widerstandsfähigkeit eines Exchange Traded Funds (ETF) unter extremen wirtschaftlichen oder finanziellen Bedingungen zu überprüfen. Denken Sie dabei an eine Art Belastungsprobe, bei der der ETF verschiedenen „Stress"-Situationen ausgesetzt wird, um zu sehen, wie gut er damit umgehen kann.

Warum sind Stress-Tests wichtig?

Stress-Tests sind besonders nützlich für Anleger, weil sie eine Vorstellung davon geben, wie ein ETF sich in schwierigen Marktsituationen verhalten könnte. Dies kann zu einer fundierten Entscheidung beitragen, ob ein bestimmter ETF für Ihr Portfolio geeignet ist oder nicht. Angenommen, es kommt zu einem plötzlichen Markteinbruch: Ein Stress-Test kann Ihnen vorher eine Idee geben, wie stark der Wert Ihres ETFs in einer solchen Situation fallen könnte.

Wie funktioniert ein Stress-Test?

In einem Stress-Test werden mehrere hypothetische Szenarien erstellt, um die potenzielle Reaktion eines ETFs zu bewerten. Diese Szenarien können verschiedene Formen annehmen, darunter:

- **Marktcrash:** Überprüfen, wie der ETF reagiert, wenn die Aktienmärkte plötzlich um 20% oder mehr einbrechen.

- **Zinserhöhungen:** Analysieren, wie der ETF sich verhält, wenn die Zinssätze abrupt steigen.

- **Wirtschaftliche Schocks:** Testen der Auswirkungen von Ereignissen wie einer Rezession oder einer plötzlichen Abwertung einer Währung.

Was beinhalten die Szenarien?

Jedes Szenario berücksichtigt unterschiedliche Marktfaktoren. Ein Marktcrash-Szenario könnte etwa die heftigen Kursrückgänge der im ETF enthaltenen Aktien simulieren. Ein Zinsschock-Szenario könnte untersuchen, wie steigende Zinsen die Anleihen im ETF beeinflussen. Bei wirtschaftlichen Schocks könnte man prüfen, wie das Portfolio auf eine weltweite Rezession reagieren würde.

Wer führt Stress-Tests durch?

Stress-Tests können von verschiedenen Akteuren durchgeführt werden:

- **ETF-Anbieter:** Viele große ETF-Anbieter führen regelmäßig Stress-Tests durch, um die Robustheit ihrer Produkte zu gewährleisten.

- **Regulierungsbehörden:** In einigen Fällen können Aufsichtsbehörden wie die Europäische Zentralbank oder die US-amerikanische Securities and Exchange Commission (SEC) diese Tests vorschreiben.

- **Anleger selbst:** Sie als Anleger können ebenfalls Werkzeuge und Software nutzen, um eigene Stress-Tests durchzuführen, basierend auf den Informationen, die Ihnen zur Verfügung stehen.

Wie verwenden Sie die Ergebnisse?

Die Ergebnisse eines Stress-Tests bieten Ihnen Einblicke in die Risiken und potenziellen Schwächen eines ETFs. Wenn ein ETF in mehreren Szenarien gut abschneidet, könnten Sie dies als Zeichen für dessen Stabilität und Verlässlichkeit werten. Andererseits, wenn ein ETF in Stress-Szenarien schlecht abschneidet, könnte dies ein Signal sein, dass dieser ETF Risiken birgt, die Sie möglicherweise vermeiden möchten.

Swap-basiertes ETF

Ein "Swap-basiertes ETF" ist ein börsengehandelter Fonds, der nicht direkt in die Vermögenswerte investiert, die er abbildet, sondern stattdessen Finanzderivate, sogenannte Swaps, verwendet, um die Wertentwicklung eines bestimmten Index nachzubilden. Lassen Sie uns diesen Begriff Schritt für Schritt aufschlüsseln und leicht verständlich erklären.

Was ist ein ETF?

Ein ETF, oder Exchange Traded Fund, ist ein Investmentfonds, der an der Börse gehandelt wird. Er funktioniert ähnlich wie ein Aktienportfolio und ermöglicht es Ihnen, in eine Vielzahl von Aktien oder anderen Vermögenswerten zu investieren, ohne diese einzeln kaufen zu müssen. ETFs sind oft so konzipiert, dass sie einen bestimmten Index nachbilden, wie beispielsweise den DAX oder den S&P 500.

Was ist ein Swap?

Ein Swap ist ein Finanzderivat, bei dem zwei Parteien Vereinbarungen treffen, Zahlungsströme auszutauschen. Im Kontext eines Swap-basierten ETFs bedeutet dies, dass der ETF-Anbieter und eine Gegenpartei (meist eine Bank) vereinbaren, die Renditen auszutauschen, die sie aus ihren jeweiligen Anlagen erhalten.

Funktionsweise eines Swap-basierten ETFs

Anstatt die Aktien eines bestimmten Indexes zu kaufen, geht ein swap-basiertes ETF eine Swap-Vereinbarung mit einer Gegenpartei ein. Folgendes passiert:

1. **Investition in kollaterale Vermögenswerte:** Der ETF nutzt das Geld, das Sie (und andere Anleger)

investieren, um ein Portfolio sicherer Anlagen zu kaufen, die als Sicherheit oder Kollaterale dienen.

2. **Swap-Vereinbarung:** Der ETF geht eine Swap-Vereinbarung mit einer Gegenpartei ein. In dieser Vereinbarung verpflichtet sich die Gegenpartei, die Rendite des Zielindexes zu zahlen. Im Gegenzug zahlt der ETF die Renditen aus den kollateralen Anlagen an die Gegenpartei.

Vorteile von Swap-basierten ETFs

1. **Effizienz:** Swap-basierte ETFs können kosteneffizienter sein und eine genauere Nachbildung der Indexrendite ermöglichen, da sie keine Transaktionskosten für den Kauf und Verkauf von Aktien im Index haben.

2. **Zugang zu schwer zugänglichen Märkten:** Sie ermöglichen es, Märkte oder Strategien abzubilden, die schwer zugänglich oder teuer zu starten sind, wie etwa bestimmte Rohstoffindizes oder exotische Märkte.

Risiken von Swap-basierten ETFs

1. **Kontrahentenrisiko:** Es besteht das Risiko, dass die Gegenpartei ihre Verpflichtungen aus dem Swap nicht erfüllen kann. Dies könnte zu Verlusten führen.

2. **Komplexität:** Swap-basierte ETFs sind oft komplexer als physisch replizierende ETFs, was sie schwerer verständlich macht.

Swing-Pricing

Swing-Pricing ist ein Begriff, der im Zusammenhang mit Fondsmanagement und speziell bei Exchange Traded Funds (ETFs) verwendet wird. Es beschreibt einen Mechanismus, der dazu dient, die Auswirkungen von großen Kauf- oder Verkaufsaktionen auf den Wert eines Fonds zu minimieren und so die verbleibenden Anleger zu schützen.

Wenn viele Anleger gleichzeitig Anteile eines ETFs kaufen oder verkaufen, kann dies zu großen Schwankungen im Kurs des Fonds führen. Diese Schwankungen entstehen, weil der Fondsmanager gezwungen ist, seine Positionen anzupassen, um den Geldzuflüssen oder -abflüssen gerecht zu werden. Dies kann zu Transaktionskosten führen und den Nettoinventarwert (Net Asset Value, NAV) des Fonds beeinflussen.

Hier kommt Swing-Pricing ins Spiel: Dabei handelt es sich um eine Preisanpassungsstrategie, die bei großen Kauf- oder Verkaufsvolumina angewendet wird. Wenn z. B. viele Anleger gleichzeitig Anteile verkaufen, könnte der Fonds einen sogenannten "Swing-Faktor" anwenden. Dieser Swing-Faktor ist ein kleiner Auf- oder Abschlag auf den NAV des Fonds, der bei der Abwicklung der Transaktionen berücksichtigt wird.

Ziel des Swing-Pricing ist es, die Kosten, die durch große Transaktionen entstehen, fairer unter den Anlegern zu verteilen. Ohne Swing-Pricing müssten die verbleibenden Anleger für die durch große Transaktionen verursachten Kosten aufkommen. Mit dem Swing-Pricing tragen die Anleger, die große Mengen kaufen oder verkaufen, eher die durch ihre Aktionen entstehenden Kosten.

Ein einfaches Beispiel: Stellen Sie sich vor, ein ETF hat einen NAV von 100 Euro pro Anteil. Plötzlich gibt es eine große Verkaufswelle, und viele Anleger wollen ihre Anteile loswerden.

Ohne Swing-Pricing könnte der NAV durch die nötigen Verkäufe von Vermögenswerten im Fonds je Anteil auf 99 Euro sinken. Mit Swing-Pricing hingegen wird der Verkaufspreis vom Fonds um einen kleinen Abschlag (zum Beispiel 1%) angepasst, damit Verkaufstransaktionen zu 99 Euro pro Anteil abgewickelt werden. Dadurch bleibt der restliche NAV des Fonds stabiler bei 100 Euro, und die Bestandsanleger sind besser geschützt.

TCO – Total Cost of Ownership

Der Begriff **Total Cost of Ownership (TCO)** bezieht sich auf die Gesamtkosten, die mit dem Besitz und der Verwaltung eines Exchange Traded Funds (ETF) verbunden sind. Im Wesentlichen geht es darum, alle direkten und indirekten Kosten zu berücksichtigen, die beim Investieren in einen ETF anfallen.

Was genau beinhaltet TCO?

1. **Fondsgebühren**: Dies sind die jährlichen Kosten, die der ETF-Anbieter erhebt. Diese Gebühren werden oft als Gesamtkostenquote (TER - Total Expense Ratio) ausgedrückt und beinhalten Managementgebühren, Verwaltungsgebühren und sonstige Betriebskosten des Fonds. Die TER wird in Prozent angegeben und direkt vom Fondsvermögen abgezogen.

2. **Handelskosten**: Dazu gehören die Kosten, die beim Kauf oder Verkauf eines ETFs anfallen. Diese umfassen:

    - **Brokergebühren**: Der Betrag, den Sie Ihrem Broker für die Durchführung Ihrer ETF-Transaktionen zahlen müssen.

    - **Geld-Brief-Spanne (Spread)**: Der Unterschied zwischen dem Kaufpreis (Geldkurs) und dem Verkaufspreis (Briefkurs) eines ETF. Ein engerer Spread bedeutet geringere Kosten für den Anleger.

3. **Steuerliche Kosten**: Eventuell anfallende Steuern auf Kapitalgewinne oder Dividenden, die entweder sofort zu zahlen sind oder später bei der Veräußerung des ETF anfallen können. Diese können je nach Land und Anlageform unterschiedlich sein.

4. **Kosten für die Nachbildung des Index**: Einige ETFs nutzen Techniken wie die Wertpapierleihe oder Swap-Geschäfte, um die Indexnachbildung zu optimieren oder zusätzliche Einnahmen zu generieren. Diese können zusätzliche, oft versteckte Kosten verursachen.

Warum ist TCO wichtig?

Das Konzept des TCO ist für Anleger entscheidend, da es hilft, ein vollständiges Bild der wahren Kosten zu erhalten, die mit einer Investition in einen ETF verbunden sind. Ein ETF mit einer niedrigen Gesamtkostenquote könnte auf den ersten Blick attraktiv erscheinen, aber wenn die Handelskosten oder steuerlichen Auswirkungen hoch sind, könnte sich das Bild schnell ändern. Daher ist es wichtig, bei der Auswahl eines ETFs nicht nur die jährlichen Gebühren zu berücksichtigen, sondern auch die gesamten Besitzkosten über die Dauer der Investition zu kalkulieren.

TER (Total Expense Ratio)

Die Total Expense Ratio (TER), zu Deutsch Gesamtkostenquote, ist eine wichtige Kennzahl, die die Gesamtkosten eines Investmentfonds oder eines Exchange Traded Funds (ETF) widerspiegelt. Für Beginner in der Welt der ETFs ist es besonders wichtig, die TER zu verstehen, da sie Ihnen hilft, die wahren Kosten Ihrer Investition zu erkennen und besser informierte Entscheidungen zu treffen.

Was ist die TER?

Die TER fasst alle laufenden Kosten zusammen, die bei der Verwaltung und dem Betrieb eines Fonds anfallen. Diese Kosten werden jährlich als Prozentsatz des Fondsvermögens angegeben. Einfach ausgedrückt: Die TER zeigt Ihnen, wie viel Prozent Ihres investierten Geldes Jahr für Jahr für die Gebühren und Kosten des Fonds aufgewendet werden.

Bestandteile der TER

Hier sind einige der wichtigsten Kosten, die in die TER einfließen:

1. **Verwaltungsgebühren:** Diese Gebühren zahlen Sie für das Managementteam des Fonds, das dafür verantwortlich ist, Investitionen zu tätigen und zu überwachen.

2. **Depotgebühren:** Hierbei handelt es sich um Gebühren für die Verwahrung der Fondsanteile.

3. **Beratungsgebühren:** Manchmal fallen zusätzlich Kosten für Finanz- oder Anlageberatung an.

4. **Rechts- und Prüfungskosten:** Diese Kosten decken juristische Dienstleistungen und Prüfungen ab, die für

die Einhaltung gesetzlicher Vorschriften notwendig sind.

5. **Werbe- und Vertriebskosten:** Einige Fonds nutzen Teile der TER für Marketing und Vertrieb, um neue Anleger zu gewinnen.

6. **Sonstige Kosten:** Hierzu gehören zum Beispiel Transaktionskosten, die beim Kauf und Verkauf von Wertpapieren anfallen.

Relevanz der TER für Anleger

Für Sie als Anleger ist die TER deshalb von Bedeutung, weil sie die Rentabilität Ihrer Investition direkt beeinflusst. Ein ETF mit einer hohen TER zieht mehr von Ihren Erträgen für sich ein, was Ihre Nettorendite mindert. Daher ist es oft ratsam, ETFs mit einer niedrigen TER zu bevorzugen, es sei denn, höhere Kosten sind durch eine deutlich bessere Performance gerechtfertigt.

Beispielrechnung

Betrachten wir zwei ETFs, einen mit einer TER von 0,1 % und einen anderen mit einer TER von 1 %. Wenn Sie 10.000 € in jeden ETF investieren, würden Sie jährlich folgende Kosten zahlen:

- ETF mit 0,1 % TER: 10 € pro Jahr

- ETF mit 1 % TER: 100 € pro Jahr

Über 10 Jahre würde der Unterschied in den Gesamtkosten signifikant werden, besonders wenn Sie die Macht des Zinseszinses in Betracht ziehen.

Wo finden Sie die TER?

Die TER eines ETFs finden Sie in den Fondsunterlagen, insbesondere im Verkaufsprospekt und den sogenannten "wesentlichen Anlegerinformationen" (KID, Key Investor Document). Diese Dokumente sind oft online auf der Webseite des Fondsanbieters verfügbar.

Durch die Berücksichtigung der TER können Sie die Effektivität Ihrer Investition besser einschätzen und unnötige Kosten vermeiden. In der Welt der ETFs ist die TER daher ein unverzichtbares Instrument zur Auswahl der für Sie geeignetsten Anlageprodukte.

Thesaurierend

Thesaurierend, auch als "thesaurierende Ausschüttung" bekannt, ist ein Begriff, den Sie häufig in der Welt der Exchange Traded Funds (ETFs) antreffen werden. Doch was bedeutet er genau und warum ist er für Sie als Anleger wichtig?

Wenn ein ETF thesaurierend ist, bedeutet das, dass die Erträge, beispielsweise Dividenden oder Zinsen, die der ETF generiert, nicht an die Anleger ausgeschüttet werden. Stattdessen werden diese Erträge automatisch wieder in den ETF investiert. Auf diese Weise wird das sogenannte "Zinseszins-Effekt" genutzt, bei dem die erzielten Erträge erneut Erträge erzielen können.

Stellen Sie sich vor, Sie besitzen Aktien von Unternehmen über einen ETF. Diese Unternehmen schütten regelmäßig Gewinne in Form von Dividenden an ihre Aktionäre aus. In einem thesaurierenden ETF werden diese Dividenden nicht als Barausschüttung an Sie weitergeleitet. Stattdessen werden sie verwendet, um weitere Aktien des ETFs zu kaufen. Dadurch wächst Ihr Investment ständig weiter, ohne dass Sie aktiv etwas dafür tun müssen.

Ein Vorteil der thesaurierenden ETFs ist, dass Sie sich nicht darum kümmern müssen, wie Sie die Ausschüttungen wieder anlegen. Dies bietet besonders für langfristig orientierte Anleger einen angenehmen Komfort, da sie buchstäblich „nicht die Hände schmutzig machen müssen". Zudem kann der Zinseszinseffekt langfristig zu einer erheblichen Wertsteigerung führen.

Ein möglicher Nachteil ist, dass Sie als Anleger womöglich weniger Flexibilität haben. Wenn Sie die Erträge direkt benötigen – beispielsweise als regelmäßiges Einkommen – dann könnte ein thesaurierender ETF weniger geeignet sein. Ein ausschüttender ETF, der die Gewinne direkt an Sie auszahlt, wäre dann vielleicht die bessere Wahl.

Ein weiterer Punkt, den Sie beachten sollten, ist die steuerliche Behandlung. In vielen Ländern müssen Erträge aus thesaurierenden ETFs trotzdem jährlich versteuert werden, auch wenn sie nicht ausgezahlt, sondern reinvestiert wurden. Dies kann die Steuererklärung etwas komplizierter machen, aber in einigen Fällen könnte der langfristige Vorteil des Zinseszinseffekts diese Unannehmlichkeit überwiegen.

Top-down-Analyse

Die **Top-down-Analyse** ist eine Methode der Finanzanalyse, die sich darauf konzentriert, übergeordnete wirtschaftliche, sektorale und marktbezogene Trends zu betrachten, bevor spezifische Investitionen ausgewählt werden. Diese Methode kann besonders nützlich sein, wenn Sie in Exchange Traded Funds (ETFs) investieren möchten, da sie Ihnen hilft, breite Markt- oder Sektorentscheidungen zu treffen, ehe Sie sich auf einzelne Wertpapiere oder ETFs konzentrieren.

Grundprinzipien der Top-down-Analyse

1. Makroökonomische Analyse

Der erste Schritt in der Top-down-Analyse ist die Betrachtung der gesamtwirtschaftlichen Lage. Sie beginnen damit, die Konjunkturzyklen, Zinssätze, Inflationsraten, Arbeitslosenzahlen und sonstige makroökonomische Indikatoren zu analysieren. Ziel ist es, herauszufinden, welche Phasen der Konjunktur besonders günstig für Investitionen sind. Zum Beispiel könnten niedrige Zinssätze und steigende Wirtschaftsleistung auf einen guten Zeitpunkt für Investitionen in Aktienmärkte hindeuten.

2. Analyse von Märkten und Sektoren

Nachdem Sie ein Verständnis für die allgemeine wirtschaftliche Situation gewonnen haben, gehen Sie zu einer detaillierteren Betrachtung von Märkten und Sektoren über. Hier evaluieren Sie, welche Branchen am meisten von den makroökonomischen Trends profitieren oder welche Sektoren in Zukunft Wachstumspotenzial aufweisen könnten. Sie könnten beispielsweise feststellen, dass der Technologiesektor in einer Phase wirtschaftlichen Wachstums besonders vielversprechend ist.

3. Regionale und länderspezifische Analyse

Im nächsten Schritt untersuchen Sie verschiedene geografische Märkte. Unterschiede in den wirtschaftlichen Bedingungen, politischen Faktoren und Entwicklungsstadien können dazu führen, dass bestimmte Regionen oder Länder attraktiver für Investitionen sind als andere. Vielleicht stellen Sie fest, dass Schwellenländer im Vergleich zu entwickelten Märkten höhere Wachstumsraten bieten, aber auch höhere Risiken mit sich bringen.

4. Auswahl von Anlageinstrumenten

Erst nachdem Sie all diese übergeordneten Faktoren berücksichtigt haben, wenden Sie sich der Auswahl spezifischer Anlageinstrumente zu. Bei ETFs könnten Sie sich beispielsweise für ETFs entscheiden, die in bestimmte Sektoren, Länder oder geografische Regionen investieren, die Sie aufgrund Ihrer vorausgegangenen Analyse als vielversprechend identifiziert haben.

Vorteile der Top-down-Analyse

- **Breiter Kontext**: Sie erhalten ein umfassendes Bild der wirtschaftlichen Landschaft, bevor Sie spezifische Anlageentscheidungen treffen.

- **Risikomanagement**: Durch die Analyse makroökonomischer und sektoraler Trends können Sie Risiken besser einschätzen und diversifizieren.

- **Effizienz**: Sie sparen Zeit und Ressourcen, weil Sie sich auf aussichtsreiche Märkte und Sektoren konzentrieren, anstatt jede einzelne Aktie oder Anleihe zu analysieren.

Anwendung in der Praxis

Zu Beginn könnten Sie wirtschaftliche Berichte und Analysen großer Finanzinstitute und Regierungen studieren. Es ist auch hilfreich, Nachrichten und Expertenmeinungen zu verfolgen, um aktuelle wirtschaftliche Trends und Ereignisse zu verstehen. Anschließend verwenden Sie spezialisierte Analysetools und finanzielle Datendienste, um spezifische Märkte, Sektoren oder Regionen zu analysieren und geeignete ETFs zu identifizieren.

Durch die Anwendung der Top-down-Analyse können Sie strukturiert und fundiert in ETFs investieren. Sie berücksichtigen größere wirtschaftliche Zusammenhänge und treffen informierte Entscheidungen, die auf fundierten Analysen basieren.

Total Return Swap

Ein Total Return Swap (TRS) ist ein Finanzinstrument, das oft in der Welt der börsengehandelten Fonds (ETFs) und anderen Anlagevehikeln verwendet wird.

Ein Swap ist im Allgemeinen ein Vertrag zwischen zwei Parteien, in dem sie sich darauf einigen, Zahlungen auszutauschen, die auf den Wert bestimmter Vermögenswerte basieren. Bei einem Total Return Swap geht es speziell darum, die gesamten Erträge eines bestimmten Vermögenswerts – also Erträge aus Kursgewinnen, Dividenden oder Zinsen – gegen eine festgelegte Zahlung zu tauschen.

Wie funktioniert ein Total Return Swap?

Stellen Sie sich vor, es gibt zwei Parteien: Partei A und Partei B. Partei A besitzt einen Vermögenswert, etwa eine Aktie oder Anleihen. Partei B möchte die Erträge aus diesem Vermögenswert erhalten, ohne ihn tatsächlich zu kaufen. In einem Total Return Swap-Vereinbarung würde Partei A die Gesamterträge aus dem Vermögenswert an Partei B zahlen. Im Gegenzug würde Partei B eine Reihe von festen oder variablen Zahlungen an Partei A leisten, die basierend auf einem Referenzzinssatz, wie dem Libor, berechnet werden.

Für Beginner ist es hilfreich, dies als eine Art „Ertragstausch" zu betrachten. Partei A tauscht ihre variablen Einkünfte aus einem Vermögenswert gegen die stabileren Zahlungen von Partei B.

Warum wird ein Total Return Swap verwendet?

1. **Hebelwirkung**: Total Return Swaps ermöglichen es Anlegern, eine Hebelwirkung zu erzielen. Das bedeutet, sie können an den Erträgen eines Vermögenswerts

partizipieren, ohne den vollen Kaufpreis zahlen zu müssen.

2. **Risikomanagement**: Institutionelle Investoren nutzen TRS, um Risiken zu managen. Ein Investor könnte sich gegen das Risiko von Kursverlusten absichern oder versucht, sich von bestimmten regulatorischen oder steuerlichen Beschränkungen zu befreien.

3. **Diversifikation**: Durch TRS können Investoren Zugang zu verschiedenen Marktsegmenten und Vermögenswerten erhalten, die sie sonst nicht direkt kaufen könnten oder wollten.

Beispiel

Stellen Sie sich vor, Partei A besitzt Aktien eines Technologieunternehmens, die derzeit gut performen und hohe Dividenden zahlen. Partei B ist an diesen Erträgen interessiert, möchte jedoch das Risiko und die Kosten des direkten Aktienkaufs vermeiden.

In einem Total Return Swap würde Partei A Vereinbaren, die gesamten Erträge dieser Aktien (Kurssteigerungen, Dividenden) an Partei B zu zahlen. Im Gegenzug würde Partei B vereinbaren, festgelegte Zinszahlungen, die auf einem vereinbarten Referenzsatz, z. B. dem Libor, basieren, an Partei A zu leisten.

Wenn der Wert der Aktie steigt und hohe Dividenden ausgeschüttet werden, profitiert Partei B. Stabilere Zinszahlungen hingegen bringen Vereinfachungen in der Kalkulation für Partei A, während sie gleichzeitig das Risioko der Kursentwicklung weitergegeben hat.

Tracking Error

Der Tracking Error ist eine wichtige Kennzahl, die speziell im Bereich der börsengehandelten Fonds (ETFs) Anwendung findet. Er hilft Ihnen zu verstehen, wie gut ein ETF seinen zugrunde liegenden Index nachbildet. Einfach gesagt, der Tracking Error misst die Abweichung der Renditen eines ETFs von den Renditen des Zielindex, den der ETF zu verfolgen versucht.

Stellen Sie sich den Tracking Error wie die Genauigkeit eines Navigationssystems vor. Angenommen, Ihr Ziel ist es, von Punkt A nach Punkt B zu fahren, indem Sie den kürzesten und schnellsten Weg nehmen. Wenn Ihr Navigationssystem sehr präzise ist, kommen Sie genau auf der geplanten Route ans Ziel. Ist es jedoch ungenau, müssen Sie möglicherweise Umwege nehmen oder landen sogar am falschen Ort. Der Tracking Error ist ähnlich – er zeigt Ihnen, wie genau der ETF dem „vorgeschriebenen" Weg des Index folgt.

Berechnung des Tracking Errors

Der Tracking Error wird mathematisch als die Standardabweichung der Renditedifferenzen zwischen dem ETF und dem Index berechnet. In einfacheren Worten: Er schaut sich die täglichen, wöchentlichen oder monatlichen Unterschiede zwischen den Renditen des ETFs und den Renditen des Index an und berechnet daraus einen Durchschnittswert.

Ein kleiner Tracking Error bedeutet, dass der ETF sehr genau das tut, was er tun sollte – nämlich den Index nachbilden. Ein größerer Tracking Error kann hingegen darauf hindeuten, dass der ETF oft von seiner Zielvorgabe abweicht.

Ursachen für den Tracking Error

Mehrere Faktoren können zu einem Tracking Error führen, darunter:

1. **Verwaltungskosten:** ETFs erheben oft Managementgebühren und andere Kosten, die die Rendite des ETFs beeinflussen können.

2. **Indexanpassungen:** Wenn der zugrunde liegende Index seine Zusammensetzung ändert, muss der ETF manchmal Aktien verkaufen und kaufen, um diese Änderungen nachzuvollziehen. Diese Transaktionen können zusätzliche Kosten verursachen und somit den Tracking Error erhöhen.

3. **Dividenden:** Dividendenzahlungen können ebenfalls eine Rolle spielen. Je nachdem, wie der ETF-Anbieter die Dividenden verwaltet, können diese Zahlungen Unterschiede in der Rendite verursachen.

4. **Handelszeiten:** Wenn der ETF und der zugrunde liegende Index an verschiedenen Börsen gehandelt werden, kann es ebenfalls zu Abweichungen kommen, insbesondere wenn die Handelszeiten nicht übereinstimmen.

5. **Cash Management:** Manchmal hält der ETF einen kleinen Teil in bar statt vollständig in Aktien zu investieren. Dies kann notwendig sein, um Auszahlungen an Investoren zu ermöglichen, aber es kann auch die Nachbildung des Index beeinträchtigen.

Bedeutung für Anleger

Für Sie als Anleger ist der Tracking Error ein wichtiges Kriterium bei der Auswahl eines ETFs. Ein niedriger Tracking Error zeigt

Ihnen, dass der ETF den Index effizient nachbildet, was oft zu besseren Anlageergebnissen führt. Wenn Sie jedoch feststellen, dass der Tracking Error hoch ist, könnte es sinnvoll sein, sich nach anderen ETFs umzusehen, die den gleichen Index mit weniger Abweichung nachbilden.

Den Tracking Error können Sie üblicherweise im Informationsmaterial des ETF-Anbieters finden. Es ist ratsam, diese Kennzahl regelmäßig zu überprüfen, um sicherzustellen, dass Ihr Investment weiterhin Ihre Anlageziele erfüllt.

Tracking-Index

Ein Tracking-Index ist ein Index, den ein Exchange Traded Fund (ETF) nachzubilden versucht. Stellen Sie sich einen Index als eine Sammlung von Aktien oder anderen Wertpapieren vor, die eine bestimmte Strategie oder einen bestimmten Markt repräsentieren. Ein Tracking-Index kann ein bekannter Index wie der DAX, der S&P 500 oder der MSCI World sein.

Wenn Sie in einen ETF investieren, der einen bestimmten Index verfolgt, kauft der ETF alle oder eine repräsentative Auswahl der in diesem Index enthaltenen Wertpapiere. Das Ziel des ETFs ist es, sich so nah wie möglich an der Performance des Tracking-Index zu orientieren. Wenn der Tracking-Index am Tag um 2 % steigt, sollte auch der ETF-Wert ungefähr um 2 % steigen.

Die Idee hinter einem Tracking-Index ist einfach: Anstatt zu versuchen, den Markt zu schlagen, was vielen aktiv verwalteten Fonds oft nicht gelingt, sorgt ein ETF darauf, den Markt so präzise wie möglich abzubilden. Das ist eine passiv verwaltete Anlagestrategie, die oft mit niedrigeren Kosten verbunden ist, da weniger aktiv gehandelt wird.

Das Nachbilden eines Tracking-Index kann auf verschiedene Weisen geschehen. Die häufigste Methode ist die physische Replikation, bei der der ETF tatsächlich alle oder einen Großteil der Wertpapiere kauft, die im Index enthalten sind. Eine andere Methode ist die synthetische Replikation, bei der der ETF Derivate wie Swaps verwendet, um die Performance des Index zu spiegeln, ohne die tatsächlichen Wertpapiere zu besitzen.

Für Sie als Investor bedeutet die Wahl eines ETFs, der einem Tracking-Index folgt, dass Sie eine breit gestreute Anlagestrategie verfolgen können. Dies reduziert das Risiko im Vergleich zur Investition in einzelne Aktien, da die Wertentwicklung auf viele verschiedene Unternehmen verteilt ist. Außerdem profitieren Sie von den vergleichsweise niedrigen Verwaltungskosten eines passiv verwalteten ETFs.

Um die Performance eines ETFs zu beurteilen, können Sie dessen "Tracking Error" betrachten. Der Tracking Error misst, wie gut der ETF den Index nachbildet. Ein geringer Tracking Error deutet darauf hin, dass die Wertentwicklung des ETFs sehr dicht an der des Index liegt, während ein hoher Tracking Error darauf hinweist, dass es größere Abweichungen gibt.

Transition Bond ETF

Ein Transition Bond ETF ist ein Exchange Traded Fund (ETF), der speziell in Transition Bonds investiert.

Was sind Transition Bonds?

Transition Bonds sind Anleihen, die von Unternehmen oder Organisationen ausgegeben werden, die sich in einem Übergangsprozess hin zu nachhaltigeren und umweltfreundlicheren Geschäftspraktiken befinden. Diese Anleihen sollen Projekte oder Aktivitäten finanzieren, die zur Reduzierung von Treibhausgasemissionen beitragen, ohne dass das Unternehmen bereits vollständig nachhaltig ist. Der Unterschied zu Green Bonds liegt darin, dass Transition Bonds sich auf den Übergangsprozess konzentrieren, während Green Bonds in der Regel von Unternehmen genutzt werden, die bereits nachhaltige Geschäftsmodelle verfolgen.

Wie funktioniert ein Transition Bond ETF?

Ein Transition Bond ETF sammelt das Geld von vielen Anlegern und investiert es in Transition Bonds verschiedener Emittenten. Ziel ist es, eine breite Diversifikation zu erreichen, um das Risiko zu streuen. Der ETF verfolgt typischerweise einen bestimmten Index, der Transition Bonds abbildet. Durch den Kauf von Anteilen an einem Transition Bond ETF können Sie somit an den Renditen dieser speziellen Anleihen partizipieren, ohne einzelne Anleihen selbst kaufen zu müssen.

Warum in Transition Bond ETFs investieren?

1. **Nachhaltigkeit:** Transition Bond ETFs bieten Ihnen die Möglichkeit, in Unternehmen zu investieren, die aktiv Maßnahmen zur Reduzierung ihrer Umweltbelastung

ergreifen. Dies kann für Anleger attraktiv sein, die auf Nachhaltigkeit achten.

2. **Diversifikation:** Durch die Investition in einen ETF erhalten Sie Zugang zu einer Vielzahl von Transition Bonds, was das Risiko verringert, das mit der Investition in einzelne Anleihen verbunden ist.

3. **Liquidität:** ETFs sind an der Börse handelbar, was bedeutet, dass Sie Ihre Anteile jederzeit kaufen und verkaufen können, ähnlich wie bei Aktien. Dies verleiht Ihnen eine hohe Flexibilität.

4. **Transparenz:** ETFs sind in der Regel sehr transparent, und Sie können leicht herausfinden, in welche Anleihen der ETF investiert. Dies erleichtert es Ihnen, fundierte Entscheidungen zu treffen.

Worauf sollten Sie achten?

- **Kosten:** Achten Sie auf die Verwaltungsgebühren des ETFs, da diese Ihre Rendite beeinflussen können.

- **Index:** Informieren Sie sich über den Index, den der ETF nachbildet, um sicherzustellen, dass er Ihren Anlagezielen entspricht.

- **Risiko:** Auch wenn Transition Bond ETFs dazu beitragen können, das Risiko zu diversifizieren, bleiben Sie sich bewusst, dass wie bei allen Investitionen ein gewisses Risiko besteht.

Mit der Investition in einen Transition Bond ETF können Sie auf einfache und kosteneffiziente Weise von den Vorteilen nachhaltiger Anleihen profitieren.

UCITS (Undertakings for the Collective Investment in Transferable Securities)

UCITS steht für „Undertakings for the Collective Investment in Transferable Securities", auf Deutsch „Organismen für die gemeinschaftliche Anlage in Wertpapiere". Es handelt sich dabei um eine europäische Regulierung, die ursprünglich im Jahr 1985 eingeführt wurde, um Investmentfonds zu standardisieren, damit diese EU-weit angeboten und vertrieben werden können.

Was sind UCITS?

UCITS-Fonds sind Investmentfonds, die den strengen Vorschriften der UCITS-Richtlinie der Europäischen Union entsprechen. Diese Richtlinie legt fest, wie diese Fonds aufgebaut sind und betrieben werden dürfen. Der Hauptzweck dieser Regelungen ist es, den Anlegern ein hohes Maß an Schutz zu bieten und es ihnen zu erleichtern, Fonds in verschiedenen Ländern der EU zu kaufen und zu verkaufen.

Warum sind UCITS wichtig?

UCITS-Fonds bieten mehrere Vorteile:

1. **Investorenschutz**: Diese Fonds müssen bestimmte Anlagerichtlinien einhalten, um das Risiko für die Anleger zu minimieren. Dazu gehören Vorschriften zur Risikostreuung, zur Sicherung der Kapitalanlagen und zur Transparenz.

2. **Größere Marktverfügbarkeit**: Da UCITS-Fonds in jedem EU-Land verkauft werden können, haben sie Zugang zu einem größeren Anlegermarkt.

3. **Transparenz**: UCITS-Fonds müssen regelmäßig Berichte veröffentlichen, in denen sie ihre Anlageergebnisse, Gebühren und Risikobewertungen offenlegen. Das macht es für Anleger einfacher, fundierte Entscheidungen zu treffen.

Wer reguliert UCITS?

In jedem EU-Mitgliedstaat gibt es eine zuständige Behörde, die für die Überwachung und Durchsetzung der UCITS-Richtlinien verantwortlich ist. In Deutschland ist dies beispielsweise die Bundesanstalt für Finanzdienstleistungsaufsicht (BaFin), in Frankreich die Autorité des Marchés Financiers (AMF).

Welche Arten von Anlagen dürfen UCITS-Fonds halten?

UCITS-Fonds dürfen in eine Vielzahl von Anlagen investieren, darunter Aktien, Anleihen, Geldmarktinstrumente und andere übertragbare Wertpapiere. Es gibt strikte Vorgaben, wie diese Anlagen verwaltet werden müssen, um das Risiko zu begrenzen:

- **Diversifikation**: Ein UCITS-Fonds darf nicht mehr als 10% seines Vermögens in Wertpapiere eines einzigen Emittenten investieren.

- **Liquidität**: Die Anlagen müssen relativ liquide sein, damit der Fonds im Falle eines starken Abzugs von Anlegergeldern nicht in Schwierigkeiten gerät.

Welche Fondsarten fallen unter UCITS?

Es gibt verschiedene Arten von Fonds, die unter die UCITS-Richtlinie fallen und dadurch für den EU-weiten Vertrieb zugelassen sind:

1. **Aktienfonds**: Diese investieren hauptsächlich in Aktien.

2. **Anleihefonds**: Diese fokussieren sich auf Anleihen oder festverzinsliche Wertpapiere.

3. **Mischfonds**: Diese kombinieren Aktien- und Anleihenanlagen.

4. **Geldmarktfonds**: Diese investieren in kurzfristige, hochliquide Geldmarktinstrumente.

Indem Sie in einen UCITS-Fonds investieren, profitieren Sie von einem hohen Maß an Regulierung und Schutz und haben gleichzeitig Zugang zu einer breiten Palette von Investmentmöglichkeiten.

Underlying (Basiswert)

Im Anlagejargon bezeichnet der Begriff "Underlying" oder auf Deutsch "Basiswert" das eigentliche Wertpapier oder Asset, auf dem ein Finanzprodukt basiert. In der Welt der ETFs (Exchange Traded Funds) ist es von entscheidender Bedeutung, den Basiswert zu verstehen, um eine fundierte Investmententscheidung treffen zu können.

Stellen Sie sich einen ETF als einen Korb vor, der verschiedene Wertpapiere enthält – ähnlich wie ein Einkaufswagen in einem Supermarkt. Das Underlying ist wie der Hersteller der Produkte in Ihrem Wagen. Wenn Sie also einen ETF besitzen, investieren Sie indirekt in den Basiswert bzw. die Basiswerte dieses ETFs.

ETFs werden in der Regel so konstruiert, dass sie die Wertentwicklung eines bestimmten Indexes widerspiegeln. Ein Index ist eine Sammlung von Wertpapieren, die nach bestimmten Regeln zusammengestellt wurden. Beispiele für solche Indizes sind der DAX, der die 30 größten deutschen Unternehmen umfasst, oder der S&P 500, der 500 der größten börsennotierten US-Unternehmen enthält. Wenn Sie also einen DAX-ETF kaufen, dann ist der Underlying dieses ETFs der DAX Index.

Das Verständnis des Basiswerts hilft Ihnen herauszufinden, in welche Art von Unternehmen, Sektoren oder sogar Länder Sie investieren. Wenn der Basiswert eines ETFs beispielsweise der MSCI Emerging Markets Index ist, dann investieren Sie in eine Vielzahl von Unternehmen aus Schwellenländern wie China, Indien oder Brasilien.

Es ist auch wichtig zu wissen, dass der Wert eines ETFs eng mit dem Wert seines Basiswerts verknüpft ist. Wenn der Basiswert an Wert gewinnt, steigt in der Regel auch der Wert des ETFs. Verliert der Basiswert an Wert, fällt meistens auch der Preis des

ETFs. Dieses Prinzip macht es essentiell, die Merkmale und die potenzielle Entwicklung des Basiswerts zu verstehen, um die Bewegungen des ETFs besser vorhersehen zu können.

VaR – Value at Risk

Value at Risk (VaR) ist ein Risikomaß, das häufig in der Finanzwelt verwendet wird, insbesondere bei der Verwaltung von Portfolios wie Exchange Traded Funds (ETFs). Es handelt sich dabei um eine statistische Methode, die das potenzielle Risiko eines Verlustes in einem bestimmten Zeitraum und mit einer bestimmten Wahrscheinlichkeit quantifiziert.

Was ist VaR?

VaR steht für "Value at Risk", was auf Deutsch so viel wie "Gefährdeter Wert" bedeutet. Es gibt an, wie viel Geld Sie in einem gegebenen Zeitraum mit einer bestimmten Wahrscheinlichkeit verlieren könnten. Zum Beispiel könnte ein Tages-VaR von 5% bei einem Portfolio von 100.000 Euro sagen, dass mit einer 95%igen Wahrscheinlichkeit der Verlust an einem Tag nicht mehr als 5.000 Euro beträgt.

Wie wird VaR berechnet?

Die Berechnung des VaR kann auf verschiedene Weisen erfolgen:

1. **Historische Simulation**: Hierbei werden tatsächliche, vergangenheitsbezogene Marktdaten verwendet, um zu simulieren, wie Ihr Portfolio auf verschiedene Marktszenarien reagieren würde.

2. **Varianz-Kovarianz-Methode**: Hierbei wird durch mathematische Modelle und Annahmen, wie beispielsweise der Normalverteilung der Renditen, der potenzielle Verlust berechnet.

3. **Monte-Carlo-Simulation**: Diese Methode nutzt Computermodelle, um Tausende von zufälligen

Szenarien zu erzeugen, die zeigen, wie sich der Markt und somit Ihr Portfolio entwickeln könnten.

Anwendungsbeispiele

Nehmen wir an, Sie haben ein ETF-Portfolio im Wert von 100.000 Euro. Ein VaR auf Tagesbasis mit einem Konfidenzniveau von 95% kann Ihnen sagen, dass es eine 5% Wahrscheinlichkeit gibt, dass Ihr Portfolio an einem Tag mehr als z. B. 3.000 Euro verliert. Auf Monatsbasis könnte der VaR größer sein, da längere Zeiträume in der Regel mehr Unsicherheit und damit mehr potenziellen Verlust beinhalten.

Warum ist VaR nützlich?

Für Beginner und auch für erfahrene Investoren ist der VaR nützlich, da er ein einfaches und verständliches Maß für das Verlustrisiko eines Investments bietet. Er hilft Ihnen, das Risiko zu quantifizieren und damit fundiertere Entscheidungen zu treffen. Mit einem klaren Verständnis des potenziellen Verlustes können Sie Ihr Portfolio besser diversifizieren und Absicherungsstrategien entwickeln, um große Verluste zu vermeiden.

Grenzen und Kritik

Es ist wichtig zu beachten, dass der VaR nicht perfekt ist. Hier sind einige der Einschränkungen:

- **Normalverteilung**: Viele der mathematischen Modelle setzen Normalverteilungen der Renditen voraus, was nicht immer der Fall ist.

- **Vergangene Daten**: Historische Simulationen basieren auf der Annahme, dass die Zukunft die Vergangenheit widerspiegelt, was in volatilen Märkten nicht immer zutreffend ist.

- **Extremereignisse**: VaR berücksichtigt oft keine extremen Marktbedingungen oder "schwarzen Schwäne" (seltene und unvorhersehbare Ereignisse).

Trotz dieser Einschränkungen bleibt der VaR ein wertvolles Instrument in der Risikomanagement-Praxis, besonders für Beginner, die sich mit der Komplexität der Finanzmärkte vertraut machen.

Value

In der Welt der Exchange Traded Funds (ETFs) begegnen Sie häufig dem Begriff „Value". Der englische Begriff „Value" bedeutet auf Deutsch „Wert" und bezieht sich im Finanzkontext auf eine spezielle Anlagestrategie oder Kategorie von Aktien.

Value-Aktien sind in der Regel Anteile an Unternehmen, die im Vergleich zu ihrem inneren Wert als unterbewertet angesehen werden. Dies bedeutet, dass der aktuelle Marktpreis der Aktie geringer ist als der eigentliche, geschätzte Wert des Unternehmens. Der innere Wert kann auf unterschiedliche Weise ermittelt werden, z. B. durch Analyse der Gewinnmargen, Cashflows, Dividenden und anderen fundamentalen Kennzahlen des Unternehmens.

Hier sind einige wichtige Punkte, die Ihnen helfen, den Begriff „Value" im Kontext von ETFs besser zu verstehen:

1. **Fundamentaldaten**: Value-Aktien zeichnen sich oft durch starke Fundamentaldaten aus. Das bedeutet, diese Unternehmen haben oft robuste Geschäftszahlen, wie zum Beispiel stabile Gewinne, hohe Dividendenrenditen und eine solide Bilanz. Trotz dieser positiven Eigenschaften werden sie vom Markt oft nicht angemessen bewertet.

2. **Preis-Leistungs-Verhältnis**: Value-Investoren suchen nach Aktien mit einem niedrigen Kurs-Gewinn-Verhältnis (KGV), einem niedrigen Kurs-Buchwert-Verhältnis (KBV) und einer hohen Dividendenrendite. Diese Kennzahlen deuten darauf hin, dass die Aktien potenziell unterbewertet sind.

3. **Risikominderung**: Obwohl keine Anlagestrategie risikofrei ist, gelten Value-Aktien oft als weniger riskant

im Vergleich zu wachstumsorientierten Aktien, da sie bereits zu niedrigen Preisen gehandelt werden und in der Regel finanzielle Stabilität aufweisen.

4. **Längerer Anlagehorizont**: Value-Investitionen erfordern oft Geduld. Der Markt benötigt Zeit, um die wahren Werte dieser Aktien zu erkennen und ihren Preis entsprechend zu korrigieren. Daher ist ein längerer Anlagehorizont von Vorteil.

5. **Bekannte Vertreter**: Zu den bekanntesten Vertretern der Value-Investition zählt der US-amerikanische Investor Warren Buffett. Er hat im Laufe seines Lebens durch diszipliniertes Value-Investing ein enormes Vermögen aufgebaut.

ETFs, die auf der Value-Strategie basieren, bündeln eine Vielzahl von Value-Aktien, sodass Sie als Anleger von der Diversifikation profitieren. Das Risiko wird dadurch verteilt, was ein wesentlicher Vorteil gegenüber dem Kauf einzelner Aktien ist. Diese ETFs verfolgen das Ziel, eine attraktive langfristige Rendite zu erzielen, indem sie in unterbewertete Unternehmen investieren, die langfristig an Wert gewinnen könnten.

Wenn Sie als Beginner in die Welt der ETFs einsteigen und einen konservativeren Ansatz verfolgen möchten, könnte ein Value-ETF eine interessante Option für Sie sein. Er bietet die Möglichkeit, an der potenziellen Wertsteigerung solider Unternehmen teilzuhaben, ohne dass Sie sich selbst intensiv mit der Bewertung einzelner Aktien auseinandersetzen müssen.

Vergleichsindex

Ein Vergleichsindex, auch Benchmark-Index genannt, ist wie eine Art Maßstab oder Referenz, mit dem man die Leistung eines bestimmten Anlageprodukts, wie beispielsweise eines ETFs (Exchange Traded Funds), messen kann. Stellen Sie sich vor, Sie möchten wissen, wie gut oder schlecht Ihr ETF abschneidet. Da kommt der Vergleichsindex ins Spiel.

Ein Vergleichsindex ist in der Regel ein Börsenindex, der eine bestimmte Gruppe von Aktien, Anleihen oder anderen Wertpapieren repräsentiert. Diese Wertpapiere sind so ausgewählt, dass sie den gesamten Markt oder einen speziellen Marktsektor möglichst präzise widerspiegeln. Ein bekanntes Beispiel ist der DAX (Deutscher Aktienindex), der die 40 größten deutschen Unternehmen abbildet.

Wenn Sie einen ETF kaufen, der sich auf den DAX bezieht, erwarten Sie, dass die Performance des ETFs ähnlich wie die des DAX verläuft. Der DAX dient hier als Vergleichsindex. Wenn der DAX im Laufe eines Jahres um 5 % steigt, und Ihr ETF ähnlich stark oder gar besser steigt, dann können Sie sicher sein, dass Ihr ETF seine Aufgabe gut erfüllt.

Ein Vergleichsindex hat mehrere Vorteile:

1. **Leistungskontrolle**: Sie sehen auf einen Blick, wie gut Ihre Investition im Vergleich zum Gesamtmarkt oder einem speziellen Marktsektor performt.

2. **Objektive Bewertung**: Ein Index ist ein neutraler Vergleichsmaßstab, der keine subjektiven Einschätzungen beinhaltet.

3. **Basis für Entscheidungen**: Er hilft Ihnen, fundierte Entscheidungen zu treffen, ob Sie beispielsweise noch

mehr in einen bestimmten ETF investieren oder vielleicht Ihr Portfolio umschichten sollten.

Es ist wichtig zu verstehen, dass es viele verschiedene Vergleichsindizes gibt, je nachdem welche Anlageklasse oder welcher Markt betrachtet wird. Zum Beispiel gibt es den MSCI World Index, der die Wertentwicklung von Aktien aus 23 Industrieländern widerspiegelt, oder den Bloomberg Barclays Global Aggregate Bond Index, der den Anleihenmarkt repräsentiert.

Deshalb sollten Sie immer darauf achten, welcher Vergleichsindex für Ihren ETF verwendet wird. Nur so können Sie die Leistung zuverlässig und akkurat beurteilen.

Verwaltungsgebühr

Die Verwaltungsgebühr ist ein wichtiger Begriff, den Sie kennen sollten, wenn Sie sich mit Exchange Traded Funds (ETFs) beschäftigen. Sie bezeichnet die Kosten, die von der Fondsgesellschaft erhoben werden, um die laufenden Ausgaben eines Fonds zu decken. Diese Gebühr ist besonders wichtig, weil sie die Rendite Ihres Investments mindern kann.

Ein ETF ist ein Investmentfonds, der wie eine Aktie an der Börse gehandelt wird. Er besteht aus einem Korb von Wertpapieren, der einen bestimmten Index abbildet. Damit der ETF reibungslos funktioniert, muss die Fondsgesellschaft verschiedene Dienstleistungen erbringen. Dazu gehören unter anderem das Management des Fonds, die Überwachung der Indexnachbildung und die Abwicklung von Kauf- und Verkaufsaufträgen. All diese Dienstleistungen kosten Geld, und dieses Geld wird durch die Verwaltungsgebühr gedeckt.

Die Verwaltungsgebühr wird in der Regel als Prozentsatz des in den ETF investierten Geldes angegeben. Zum Beispiel könnte die Gebühr 0,20% pro Jahr betragen. Das bedeutet, dass Sie 0,20 Euro zahlen würden, wenn Sie 100 Euro in den ETF investiert haben.

Diese Gebühr wird jährlich berechnet und automatisch vom Fondsvermögen abgezogen. Sie müssen sich also nicht aktiv darum kümmern, sie zu bezahlen. Wichtig ist, dass die Verwaltungsgebühr bereits in den ausgewiesenen Fondskosten enthalten ist, die so genannte Total Expense Ratio (TER). Die TER fasst alle laufenden Kosten eines Fonds zusammen, also auch die Verwaltungsgebühr.

Warum ist die Verwaltungsgebühr wichtig? Hohe Verwaltungsgebühren können die Gewinne, die Sie durch Ihr Investment erzielen, erheblich reduzieren. Daher ist es ratsam, die Verwaltungsgebühren verschiedener ETFs zu vergleichen, bevor Sie sich für einen ETF entscheiden. In der Regel sind ETFs jedoch bekannt für ihre niedrigen Kosten im Vergleich zu traditionellen Investmentfonds.

Beachten Sie, dass die Verwaltungsgebühr nicht die einzigen Kosten sind, die bei einem ETF anfallen können. Es gibt auch andere Gebühren, wie Handelskosten und Spreads, die Sie berücksichtigen sollten. Die Verwaltungsgebühr ist jedoch einer der wichtigsten Kostenfaktoren und verdient daher Ihre besondere Aufmerksamkeit.

Volatilität

Volatilität ist ein Begriff, den Sie häufig in der Welt der ETFs und des Investierens hören werden. Einfach gesagt, beschreibt die Volatilität, wie stark der Preis eines Wertpapiers, wie zum Beispiel ein ETF (Exchange Traded Fund), im Laufe der Zeit schwankt. Es ist ein Maß dafür, wie viel und wie schnell die Preise steigen und fallen.

Stellen Sie sich die Volatilität wie das Wetter vor. An einem Tag kann es sonnig und ruhig sein, am nächsten Tag stürmisch mit starkem Wind. Ähnlich verhält es sich mit den Marktpreisen. Wenn die Preise eines ETFs stark und häufig schwanken, sagen wir, dass er eine hohe Volatilität hat. Wenn die Preise relativ stabil bleiben und nur geringfügige Veränderungen zeigen, sprechen wir von niedriger Volatilität.

Warum ist das wichtig? Die Volatilität gibt Ihnen einen Hinweis darauf, wie riskant ein Investment ist. Hohe Volatilität kann bedeuten, dass Sie mit größeren kurzfristigen Gewinnen, aber auch mit größeren Verlusten rechnen müssen. Niedrige Volatilität deutet darauf hin, dass die Bewegungen des ETF-Preises weniger dramatisch sind, was möglicherweise ein geringeres Risiko für Verluste bedeutet, aber auch niedrigere allgemeine Gewinne.

Ein weiteres interessantes Merkmal der Volatilität ist, dass sie nicht konstant ist. Sie kann sich im Laufe der Zeit ändern und wird von verschiedenen Faktoren beeinflusst. Wirtschaftliche Daten, politische Ereignisse oder Marktstimmungen können alle zu Schwankungen in der Volatilität führen. Beispielsweise kann ein unerwartetes wirtschaftliches Ereignis wie eine Rezession oder eine globale Krise die Volatilität erhöhen.

Wie misst man Volatilität? Investoren nutzen oft Statistiken wie die Standardabweichung oder die Variabilität vergangener

Preisänderungen, um die Volatilität zu quantifizieren. Ein hohes Maß an Standardabweichung bedeutet, dass der Preis in der Vergangenheit stark geschwankt hat, was eine hohe Volatilität anzeigt.

Zu guter Letzt erlaubt die Volatilität Ihnen auch, bessere Investmententscheidungen zu treffen. Wenn Sie ein konservativer Investor sind, könnten Sie ETFs bevorzugen, die weniger volatil sind. Wenn Sie hingegen das Potenzial für hohe Gewinne suchen und bereit sind, größere Risiken einzugehen, könnten Sie in stärker volatile ETFs investieren.

Wenn Sie also den Begriff Volatilität sehen oder hören, denken Sie daran: Es geht um die Bewegung und Schwankung der Preise im Laufe der Zeit und gibt Ihnen ein Gefühl dafür, wie stabil oder instabil ein Investment sein könnte. **Volatilitäts-ETF**

Ein Volatilitäts-ETF ist ein börsengehandelter Fonds (ETF), der es Ihnen ermöglicht, an der Volatilität des Marktes zu partizipieren. Volatilität bezeichnet hierbei die Schwankungsintensität der Kurse eines Wertpapiers oder eines Indexes innerhalb eines bestimmten Zeitraums. Ein Volatilitäts-ETF zeichnet sich also dadurch aus, dass er die Veränderungen und Schwankungen im Finanzmarkt widerspiegelt, anstatt einfach nur den Auf- oder Abwärtstrend der Wertpapiere nachzuvollziehen.

Solche ETFs basieren oftmals auf Volatilitätsindizes, wie dem VIX-Index, der auch als "Angstbarometer" bekannt ist. Ein hoher VIX-Wert deutet auf eine hohe Volatilität hin – und somit auf Unsicherheit und potenziell viele Kursschwankungen an den Märkten. Ein niedriger Wert signalisiert hingegen eine ruhige Marktphase mit weniger Schwankungen.

Volatilitäts-ETFs sind speziell für Anleger interessant, die auf kurzfristige Marktbewegungen spekulieren möchten. Dabei gibt es grundsätzlich zwei Arten von Volatilitäts-ETFs: "Long-Volatilitäts-ETFs" und "Short-Volatilitäts-ETFs".

- **Long-Volatilitäts-ETFs**: Diese steigen im Wert, wenn die Marktvolatilität ansteigt. Man verwendet sie, wenn man erwartet, dass die Märkte unruhiger werden.

- **Short-Volatilitäts-ETFs**: Diese steigen im Wert, wenn die Marktvolatilität abnimmt. Sie sind das Mittel der Wahl, wenn man davon ausgeht, dass die Märkte ruhiger werden.

Es ist wichtig zu wissen, dass Volatilitäts-ETFs in der Regel nicht für langfristige Anlagen konzipiert sind. Aufgrund von Faktoren wie dem „zeitlichen Verfall" und den Kosten des ständigen Anpassens der Fondsbestandteile können diese ETFs in längeren Zeiträumen signifikant an Wert verlieren. Daher sind sie oft nur für gut informierte Anleger geeignet, die die Märkte aktiv beobachten und schnelle Entscheidungen treffen können.

WKN (Wertpapierkennnummer)

Die Wertpapierkennnummer, kurz WKN, ist eine eindeutige alphanumerische Kennzeichnung für Wertpapiere wie Aktien, Anleihen, Investmentfonds und natürlich auch ETFs (Exchange Traded Funds). Sie dient dazu, ein bestimmtes Wertpapier eindeutig zu identifizieren und Verwechslungen mit anderen Finanzprodukten zu vermeiden.

Die WKN besteht aus einer Kombination von sechs Zeichen, die sowohl Zahlen als auch Buchstaben umfassen können. Diese sechsstellige Kombination ist festgelegt und wird vom zuständigen deutschen Vergabegremium, der Deutschen Börse AG, ausgegeben.

Wenn Sie zum Beispiel einen bestimmten ETF kaufen möchten, können Sie die WKN verwenden, um diesen ETF gezielt zu finden und zu erwerben. Das funktioniert genauso, wie Sie zum Beispiel eine ISBN-Nummer nutzen, um ein bestimmtes Buch zu identifizieren.

Hier sind einige wichtige Punkte, die Ihnen helfen werden, die WKN besser zu verstehen:

1. **Einfachheit und Klarheit**: Die WKN besteht aus sechs Zeichen, was sie sehr übersichtlich und einfach nutzbar macht.

2. **Eindeutigkeit**: Jedes Wertpapier hat seine eigene, unverwechselbare WKN. Das bedeutet, dass es keine zwei Wertpapiere mit derselben WKN gibt. Das macht den Handel und die Verwaltung von Wertpapieren sicherer und zuverlässiger.

3. **Universeller Einsatz**: Auch wenn die WKN vor allem in Deutschland verwendet wird, erkennen auch

internationale Finanzmärkte diese Kennzeichnung an. Das erleichtert den internationalen Handel.

Zum Beispiel: Angenommen, Sie interessieren sich für den ETF "iShares Core MSCI World UCITS ETF". Dieser ETF hat die WKN A0RPWH. Sie können diese WKN in das Suchfeld Ihrer bevorzugten Börsenplattform eingeben, und Sie werden direkt zu diesem speziellen ETF geführt. Das spart Ihnen Zeit und reduziert das Risiko von Fehlern.

Wertpapierleihe

Die Wertpapierleihe ist ein Prozess, bei dem ein Anleger seine Wertpapiere für eine bestimmte Zeit an einen anderen Marktteilnehmer verleiht. Die dabei ausgeliehenen Wertpapiere können beispielsweise Aktien, Anleihen oder ETFs sein. In der ETF-Welt spielt die Wertpapierleihe eine wichtige Rolle, da sie den Anlegern zusätzliche Einnahmequellen bieten kann. Lassen Sie uns die Wertpapierleihe Schritt für Schritt erklären.

1. Grundidee der Wertpapierleihe:

Bei der Wertpapierleihe überträgt der Eigentümer (auch Verleiher genannt) seine Wertpapiere zeitweise an einen anderen Marktteilnehmer (den Entleiher). Der Entleiher hat in diesem Zeitraum das Recht, die Wertpapiere zu nutzen, und zwar für verschiedene Zwecke, wie zum Beispiel für das sogenannte Short Selling. Der Verleiher bleibt während der Leihe weiterhin der rechtliche Eigentümer der Wertpapiere.

2. Rolle im ETF-Kontext:

ETF-Anbieter nutzen die Wertpapierleihe, um zusätzliche Erträge für die ETF-Anleger zu generieren. Dabei verleihen sie Wertpapiere aus den ETFs an andere Marktteilnehmer und erhalten im Gegenzug eine Gebühr. Diese Zusatzeinnahmen können dazu beitragen, die Gesamtkostenquote des ETFs zu senken, was letztlich den Anlegern zugutekommt.

3. Sicherheiten:

Um das Risiko für den Verleiher zu minimieren, muss der Entleiher Sicherheiten hinterlegen, die in der Regel den Wert der verliehenen Wertpapiere übersteigen. Diese Sicherheiten können in Form von Bargeld, anderen Wertpapieren oder einer Kombination aus beidem bereitgestellt werden. Sollte der

Entleiher seiner Rückgabeverpflichtung nicht nachkommen, kann der Verleiher die Sicherheiten verwenden, um seinen Verlust auszugleichen.

4. Vergütung:

Der Verleiher erhält für das Verleihen der Wertpapiere eine Gebühr. Diese Gebühr variiert je nach Wertpapier und Marktnachfrage. Im Falle von ETFs fließen diese Einnahmen in den Fonds zurück, was den Nettoertrag der Anleger erhöhen kann.

5. Risiken:

Obwohl die hinterlegten Sicherheiten das Risiko reduzieren, kann die Wertpapierleihe immer noch mit gewissen Risiken verbunden sein. Falls der Entleiher zahlungsunfähig wird und die Sicherheiten nicht ausreichen, um den vollen Wert der verliehenen Wertpapiere zu decken, kann der Verleiher einen Verlust erleiden. Daher ist es wichtig, dass ETF-Anbieter strenge Richtlinien und Kontrollen implementieren, um solche Risiken zu minimieren.

6. Rückgabe der Wertpapiere:

Nach Ablauf der Leihfrist muss der Entleiher die geliehenen Wertpapiere an den Verleiher zurückgeben. Die Sicherheiten werden dann dem Entleiher zurückgegeben, sofern alle Bedingungen der Leihe erfüllt wurden.

7. Vorteile für Anleger:

Die Wertpapierleihe kann für Anleger im ETF mehrere Vorteile haben:

- o Zusätzliche Erträge: Die Leihgebühren können den Gesamtertrag des ETFs erhöhen.

- Erhöhte Kosteneffizienz: Zusätzliche Einnahmen können helfen, die Kostenquote des ETFs zu senken.

Durch die geschickte Nutzung der Wertpapierleihe können ETF-Anbieter Mehrwert für ihre Anleger schaffen. Für Anleger bedeutet dies potenziell höhere Renditen, jedoch sollten sie sich auch der damit verbundenen Risiken bewusst sein.

Währungsgesichert (hedged)

Ein börsengehandelter Fonds (ETF) kann entweder währungsgesichert (hedged) oder nicht gesichert (unhedged) sein. Aber was bedeutet das genau, und warum sollten Sie sich darum kümmern? Lassen Sie uns das genauer betrachten.

Was bedeutet "währungsgesichert"?

Wenn ein ETF währungsgesichert ist, bedeutet das, dass er Mechanismen verwendet, um die Auswirkungen von Wechselkursschwankungen zu minimieren. Diese Schwankungen können auftreten, wenn der ETF in Vermögenswerte investiert, die in einer anderen Währung als Ihrer Heimwährung denominiert sind. Zum Beispiel, wenn Sie in Deutschland leben und in einen ETF investieren, der amerikanische Aktien enthält, wären diese Aktien in US-Dollar denominiert. Wechselkursänderungen zwischen Euro und US-Dollar können den Wert Ihrer Investition beeinflussen, selbst wenn der eigentliche Aktienwert stabil bleibt.

Warum ist das wichtig?

Wechselkursschwankungen können die Rendite Ihrer Investition sowohl positiv als auch negativ beeinflussen. Ein währungsgesicherter ETF reduziert dieses Risiko, indem er spezielle Finanzinstrumente, wie zum Beispiel Devisen-Terminkontrakte, nutzt. Diese Instrumente gleichen die Wechselkursschwankungen aus, so dass Ihre Rendite hauptsächlich von der Performance der zugrunde liegenden Vermögenswerte abhängt und nicht von den Währungsschwankungen.

Vorteile der Währungssicherung

1. **Stabilere Renditen**: Sie sind weniger anfällig für Wechselkursschwankungen, was zu stabileren und vorhersagbareren Renditen führt.

2. **Einfacheres Management**: Da Sie sich keine Sorgen über Währungsschwankungen machen müssen, wird das Management Ihrer Investition einfacher.

Nachteile der Währungssicherung

1. **Kosten**: Die Absicherung gegen Wechselkursschwankungen ist nicht kostenlos. Die Fondsmanager müssen Finanzinstrumente kaufen, um diese Absicherung zu erreichen, was zusätzliche Kosten verursacht, die Ihre Gesamtrendite mindern können.

2. **Verzicht auf mögliche Gewinne**: Wenn die Fremdwährung gegenüber Ihrer Heimwährung an Wert gewinnt, könnten Sie durch die Währungssicherung auf diese zusätzlichen Gewinne verzichten.

Für wen ist ein währungsgesicherter ETF geeignet?

Währungsgesicherte ETFs sind besonders für Anleger geeignet, die ein geringeres Risiko bevorzugen und stabile Renditen suchen. Wenn Sie neu in der Welt der ETFs sind und sich nicht mit den zusätzlichen Risiken von Wechselkursschwankungen auseinandersetzen möchten, könnte ein währungsgesicherter ETF für Sie die richtige Wahl sein.

Währungsrisiko

Das Währungsrisiko, auch bekannt als Wechselkursrisiko, ist ein Begriff, der die möglichen finanziellen Verluste beschreibt, die durch Schwankungen der Wechselkurse entstehen können. Wenn Sie in ETFs (Exchange Traded Funds) investieren, kann dieses Risiko insbesondere dann relevant werden, wenn der ETF internationale Wertpapiere enthält. Lassen Sie uns das genauer erklären.

Stellen Sie sich vor, Sie investieren in einen ETF, der hauptsächlich aus Aktien europäischer Unternehmen besteht. Da diese Unternehmen in Europa ansässig sind, handelt der ETF vermutlich in Euro. Wenn Sie jedoch in Deutschland leben und Ihr ETF-Account in Euro geführt wird, sind Sie direkt dem Währungsrisiko ausgesetzt.

Um das Währungsrisiko besser zu verstehen, sollten Sie sich vorstellen, dass der Wechselkurs zwischen Euro und US-Dollar schwankt. Wenn der Euro gegenüber dem US-Dollar an Wert gewinnt, verlieren Sie Geld, wenn Sie die im ETF enthaltenen Wertpapiere wieder in Euro umtauschen. Umgekehrt, wenn der Euro gegenüber dem US-Dollar an Wert verliert, können Sie beim Umtausch einen Gewinn erzielen.

Ein einfaches Beispiel:

Angenommen, Sie haben 1000 Euro in einen ETF investiert, der nur in US-Dollar notierte Aktien hält. Wenn der Euro schwächer wird (der Wechselkurs geht von 1 EUR = 1.10 USD auf 1 EUR = 1.05 USD), würden Ihre in USD gehandelten Aktien mehr wert sein, wenn sie zurück in Euro gewechselt werden. In diesem Fall haben Sie möglicherweise einen zusätzlichen Gewinn durch den günstigen Wechselkurs erzielt.

Auf der anderen Seite kann ein starker Euro den Wert von Überseeanlagen verringern. Ein Wechselkurs von 1 EUR = 1.10 USD, der sich auf 1 EUR = 1.20 USD ändert, würde die US-Dollar-Anteile Ihres ETFs wörtlich weniger Euro wert machen.

Es gibt verschiedene Strategien, um das Währungsrisiko zu mindern. Eine Möglichkeit ist, in ETFs zu investieren, die Währungsabsicherungen (Hedging) nutzen. Diese ETFs verwenden Finanzinstrumente wie Futures oder Optionen, um die Auswirkungen von Wechselkursschwankungen zu reduzieren. Allerdings ist das Hedging nicht kostenlos und kann zusätzliche Kosten verursachen.

Eine andere Strategie ist eine Diversifikation Ihrer Investments. Indem Sie in ETFs investieren, die verschiedene Märkte und Währungen abdecken, können Sie das Risiko reduzieren, dass starke Schwankungen bei einer bestimmten Währung große Auswirkungen auf Ihre gesamte Investition haben.

Zukunft von ETFs

Exchange Traded Funds, kurz ETFs, haben in den letzten Jahren erheblich an Beliebtheit gewonnen. Die Zukunft dieser Anlageform wird von verschiedenen Faktoren beeinflusst, und es ist spannend zu sehen, wie sich diese entwickeln könnten. Lassen Sie uns einige wichtige Aspekte betrachten, die die Zukunft von ETFs prägen könnten.

Wachsende Beliebtheit und Akzeptanz

ETFs sind transparente, kostengünstige und leicht zugängliche Finanzinstrumente. Diese Vorteile haben dazu geführt, dass immer mehr Privatanleger und professionelle Investoren ETFs in ihr Portfolio aufnehmen. Es ist wahrscheinlich, dass diese Tendenz anhalten wird, da immer mehr Menschen die Vorteile von ETFs erkennen und nutzen wollen.

Innovation und neue Produkte

Die ETF-Branche bleibt nicht stehen. Es werden ständig neue ETFs entwickelt, die sich auf verschiedene Anlagesektoren, geografische Regionen oder spezifische Anlagestrategien konzentrieren. Smart-Beta-ETFs, die versuchen, herkömmliche Marktindikatoren zu übertreffen, oder thematische ETFs, die sich auf Megatrends wie Technologie oder nachhaltige Investitionen konzentrieren, sind Beispiele für solche Innovationen.

Regulierung und Transparenz

Ein weiterer wichtiger Faktor, der die Zukunft von ETFs beeinflussen wird, ist die Regulierung. Sowohl in den USA als auch in Europa wurden in den letzten Jahren neue Vorschriften erlassen, um den ETF-Markt zu überwachen und sicherzustellen, dass die Anleger geschützt sind. Diese Vorschriften könnten weiter verschärft werden, um die Transparenz und Sicherheit zu erhöhen, was wiederum das Vertrauen in ETFs stärken könnte.

Technologische Fortschritte

Technologie spielt eine entscheidende Rolle in der Welt der ETFs. Von der Art und Weise, wie ETFs gehandelt werden, bis hin zu den Algorithmen, die zur Gestaltung neuer ETFs verwendet werden – technologische Fortschritte werden weiterhin Innovationen in diesem Bereich fördern. Es ist nicht unwahrscheinlich, dass auch künstliche Intelligenz und maschinelles Lernen eine größere Rolle spielen werden.

Nachhaltigkeit und ESG-Investitionen

Ein immer wichtiger werdendes Thema ist die Nachhaltigkeit. Anleger legen zunehmend Wert auf Umwelt, Soziales und Unternehmensführung – kurz ESG (Environmental, Social, Governance). ETFs, die diesen ESG-Kriterien entsprechen, gewinnen an Bedeutung und es ist davon auszugehen, dass ihr Marktanteil weiter steigen wird. Anleger suchen nach Möglichkeiten, ihre Portfolios nachhaltiger zu gestalten, und ESG-ETFs bieten hierfür eine attraktive Lösung.

Personalisierte ETFs

Ein weiterer spannender Trend könnte die Personalisierung von ETFs sein. Dank fortschrittlicher Technologien und Algorithmen könnten Anleger in der Zukunft maßgeschneiderte ETFs erstellen, die exakt ihren individuellen Anlagebedürfnissen und Risikoprofilen entsprechen. Dies könnte die Attraktivität von ETFs weiter steigern und ihnen einen noch größeren Marktanteil verschaffen.

Globalisierung des Marktes

Der ETF-Markt ist bereits global, aber die Wachstumsmöglichkeiten sind nach wie vor enorm. Länder mit wachsenden Wirtschaften wie China und Indien könnten in den kommenden Jahren eine wichtige Rolle spielen. Es ist zu erwarten, dass ETFs, die sich auf diese Regionen konzentrieren oder dort aufgelegt werden, verstärkt nachgefragt werden.

Wettbewerb und Kosten

Die Konkurrenz im ETF-Markt ist groß: Viele Anbieter kämpfen um die Gunst der Anleger. Dies führt in der Regel zu niedrigeren Kosten und Gebühren für die Anleger. Auch in Zukunft dürften die Anbieter bemüht sein, durch Kostensenkungen und innovative Produkte wettbewerbsfähig zu bleiben.

Die Zukunft von ETFs erscheint also überaus vielversprechend. Während sich die Märkte und die Anlegerbedürfnisse weiterentwickeln, werden auch ETFs mit diesen Veränderungen Schritt halten und wahrscheinlich eine noch größere Rolle in der Welt des Investierens spielen.

IMPRESSUM
Angaben gemäß § 5 TMG:
Markus Gohlke
c/o IP-Management #16265
Ludwig-Erhard-Str. 18
20459 Hamburg
Kontakt:
E-Mail: elcamondobeach@gmail.com
Telefon: +491751555847
Imprint: Independently published

www.ingramcontent.com/pod-product-compliance
Lightning Source LLC
Chambersburg PA
CBHW052239220526
45471CB00001B/107